Weiß

Grundrechte in der Fallbearbeitung

unter besonderer Berücksichtigung polizeilicher und strafprozessualer Eingriffsbefugnisse

Grundrechte in der Fallbearbeitung

unter besonderer Berücksichtigung polizeilicher
und strafprozessualer Eingriffsbefugnisse

von

Dr. Regina Weiß

Professorin an der Hochschule für
Öffentliche Verwaltung in Bremen

RICHARD BOORBERG VERLAG
STUTTGART · MÜNCHEN · HANNOVER
BERLIN · WEIMAR · DRESDEN

Bibliografische Information Der Deutschen Bibliothek

Die Deutsche Bibliothek verzeichnet diese Publikation
in der Deutschen Nationalbibliografie; detaillierte
bibliografische Daten sind im Internet über
http://dnb.ddb.de abrufbar.

1. Auflage, 2007
ISBN 3-415-03812-2
ISBN 978-3-415-03812-7

www.boorberg.de

Satz: RPS Satzstudio GmbH, Düsseldorf
Druck und Verarbeitung: Aalexx Druck GmbH, Großburgwedel
Papier: säurefrei, aus chlorfrei gebleichtem Zellstoff hergestellt; alterungsbeständig.

Vorwort

Die Ausbildung zum gehobenen und höheren Dienst ist in Bewegung. Die dreijährige, bisher nicht modularisierte Ausbildung zur Polizeikommissarin und zum Polizeikommissar wird mehr und mehr durch Bachelorstudiengänge ersetzt. Die zweijährige, bis vor kurzem nicht modularisierte Ausbildung zur Polizeirätin und zum Polizeirat an der Polizeiführungsakademie in Münster-Hiltrup wurde zum Masterstudiengang an der Deutschen Hochschule der Polizei. Diese Entwicklungen dienen nicht nur der Harmonisierung der Ausbildungen im europäischen Raum. Sie steigern auch ihre Qualität, indem durch eine neue Zuordnung der Ausbildungsinhalte fachübergreifendes Denken gefördert, aber auch gefordert wird. Es ist klar, dass sich damit nach und nach auch die Anforderungen in den Prüfungen ändern werden. Mehr denn je kommt es daher darauf an, den Überblick zu behalten.

In dem vorliegenden Werk geht es um diesen Überblick, nicht um die Vermittlung von Lehrbuchwissen.

Im 1. Teil erfahren Sie, wie und warum die juristische Methodik sicher zur Lösung eines Falles führt und wie sie willkürliche Entscheidungen und zufällige Prüfungsergebnisse zu vermeiden hilft. Sie ist auf Rechtsfragen aus allen Rechtsgebieten anwendbar, nicht nur auf das Verfassungsrecht.

Im 2. Teil geht es darum, ob sich aus der Anwendung der Methodik Aufbauschemata entwickeln lassen, die Ihnen die Prüfung eines Falles erleichtern. Sie werden am Beispiel des Verfassungsrechts und des Verwaltungsrechts sehen, dass das in der Tat der Fall ist.

Im 3. Teil finden Sie Sachverhalte, die allesamt bereits Gegenstand schriftlicher Prüfungen und Übungen an der Hochschule für Öffentliche Verwaltung in Bremen und an der Deutschen Hochschule für Polizei im 1. Studienjahr gewesen sind. Quelle der Inspiration waren die täglichen Ereignismeldungen der Polizei Bremen, Berichte von Polizeibeamten und natürlich zahlreiche Gerichtsentscheidungen aus dem Bereich der Gefahrenabwehr und Strafverfolgung. Bei der

Lösung der Fälle wird die im 1. Teil behandelte Methodik nachvollzogen. Sie werden anhand der Fußnoten sehen, bei welchem Schritt der Prüfung Sie angekommen sind und warum an einer bestimmten Stelle eine bestimmte Aussage steht. Zweck der Falllösungen ist dabei nicht, Sie zu versierten Verfassungsrechtlern zu machen. Der Sinn der Beschäftigung mit Grundrechten überhaupt besteht darin, das einfache Recht, also das Polizeirecht, das Versammlungsrecht oder die Strafprozessordnung mit Verstand zu erfassen und bei seiner Anwendung sicherer zu werden.

Das vorliegende Werk ist für die Studierenden in den Ausbildungen der mittleren, gehoben und höheren Polizeilaufbahn gedacht, aber auch für die Studierenden der Rechtswissenschaft, die sich für eine fächerübergreifende Darstellung der Methodik im Verfassungsrecht, Polizeirecht und Strafprozessrecht interessieren.

Das Werk wäre ohne den ständigen Dialog mit den Studierenden der Hochschule für Öffentliche Verwaltung und den Ratsanwärterinnen und Ratsanwärtern in der Ausbildung zum höheren Polizeivollzugsdienst nicht zustande gekommen. Ihnen gilt mein besonderer Dank.

Bremen, im September 2006 *Dr. Regina Weiß*

Inhaltsverzeichnis

Verzeichnis der abgekürzt zitierten Literatur

Baller/Eiffler/ Tschisch	Oesten Baller/Sven Eiffler/Andreas Tschisch, Allgemeines Sicherheits- und Ordnungsgesetz Berlin, Stuttgart 2004
Belz/Mußmann	Reiner Belz/Eike Mußmann, Polizeigesetz für Baden-Württemberg, 6. Auflage Stuttgart 2001 mit Ergänzung Stand Jan. 2005
Brenneisen/ Wilksen	Hartmut Brenneisen/Michael Wilksen, Versammlungsrecht, 2. Auflage Hilden 2006
Dietl/Gintzel/ Kniesel	Alfred Dietl/Kurt Gintzel/Michael Kniesel, Demonstrations- und Versammlungsfreiheit, 14. Auflage München 2005
Dörschuck	Michael Dörschuck, Polizeiliches Eingriffsrecht, Polizei- und strafverfahrensrechtliche Rechtsgrundlagen vollzugspolizeilicher Eingriffe, Villingen-Schwenningen 2000
Ebert/Honnacker/ Seel	Frank Ebert/Heinz Honnacker/Lothar Seel, Thüringisches Gesetz über Aufgaben und Befugnisse der Polizei, 4. Auflage Stuttgart 2005
Gallwas	Hans-Ulrich Gallwas, Bayerisches Polizei- und Ordnungsrecht, 3. Auflage Stuttgart 2004
Ipsen	Jörn Jpsen, Niedersächsisches Polizei- und Ordnungsrecht, 3. Auflage Stuttgart 2004
Jarass/Pieroth	Hans Dieter Jarass/Bodo Pieroth, Grundgesetz für die Bundesrepublik Deutschland, 8. Auflage München 2006
Köhler/Dürig-Friedl	Gerd Michael Köhler/Cornelia Dürig-Friedl, Demonstrations- und Versammlungsrecht, 4. Auflage München 2001

Kopp/Ramsauer	Ferdinand Kopp/Ulrich Ramsauer, Verwaltungsverfahrensgesetz, 9. Auflage München 2005
Lackner/Kühl	Karl Lackner/Kristian Kühl, Strafgesetzbuch, 25. Auflage München 2004
Lisken/Denninger	Hans Lisken/Erhard Denninger, Handbuch des Polizeirechts, 3. Auflage München 2001
Maunz/Dürig	Theodor Maunz/Günter Dürig, Grundgesetz Bd. 1 bis 6, Loseblattausgabe München Stand 2006
Maurer	Hartmut Maurer, Allgemeines Verwaltungsrecht, 16. Auflage München 2006
ders.	Hartmut Maurer, Staatsrecht I, 4. Auflage München 2005
Meixner/Martell	Kurt Meixner/Jörg-Michael Martell, Gesetz über die öffentliche Sicherheit und Ordnung des Landes Sachsen-Anhalt, 3. Auflage Stuttgart 2001 mit Ergänzung Stand Juli 2003
Meyer-Goßner	Lutz Meyer-Goßner, Strafprozessordnung, 48. Auflage München 2005
Niehorster	Frank Niehorster, Brandenburgisches Polizeigesetz, 2. Auflage Stuttgart 2003
Palandt	Otto Palandt (Hrsg.), Bürgerliches Gesetzbuch (Kommentar), 66. Auflage München 2007
Pausch	Wolfgang Pausch, Polizei- und Ordnungsrecht in Hessen, 4. Auflage Stuttgart 2005
Pieroth/Schlink	Bodo Pieroth/Bernhard Schlink, Grundrechte Staatsrecht II, 20. Auflage Heidelberg 2004
Pieroth/Schlink/Kniesel	Bodo Pieroth/Bernhard Schlink/Michael Kniesel, Polizei- und Ordnungsrecht, München 2002
Rommelfanger/Rimmele	Ulrich Rommelfanger/Peter Rimmele, Polizeigesetz des Freistaats Sachsen, Stuttgart 2000
Roos	Jürgen Roos, Polizei- und Ordnungsbehördengesetz Rheinland-Pfalz, 3. Auflage Stuttgart 2004
Rüthers	Bernd Rüthers, Rechtstheorie, 2. Auflage München 2005

Schipper/Bock/ Brenneisen/ Schneider/ Wilksen	Dieter Schipper/Klaus Bock/Hartmut Brenneisen/Wolfgang Schneider/Michael Wilksen, Polizeirecht in Schleswig-Holstein, 4. Auflage Stuttgart 2003
Schönke/Schröd-der	Adolf Schönke/Horst Schröder, Strafgesetzbuch, 27. Auflage München 2006
Seifert/Hömig	Karl-Heinz Seifert/Dieter Hömig, Grundgesetz für die Bundesrepublik Deutschland, 7. Auflage Baden-Baden 2003
Tegtmeyer/Vahle	Henning Tegtmeyer/Jürgen Vahle, Polizeigesetz Nordrhein-Westfalen, 9. Auflage Stuttgart 2004
v. Münch/Kunig (Hrsg.)	Ingo v. Münch/Kunig (Hrsg.),Grundgesetzkommentar Bd. 1, 5. Auflage München 2000
Wolf/Stephan	Polizeigesetz für Baden-Württemberg, 5. Auflage Stuttgart 1999

Entscheidungen des Bundesverfassungsgerichts, die ohne Angabe der Fundstelle zitiert werden, finden Sie auf der Homepage des Bundesverfassungsgerichts *www.bundesverfassungsgericht.de*, andere Entscheidungen, die ohne Angabe der Fundstelle zitiert werden, finden Sie auf der Homepage des jeweiligen Gerichts.

1. Teil: Einführung in die juristische Methodik

A. Einleitung

Es gibt verschiedene Wege, Konflikte in einer Gesellschaft zu lösen. In einem Rechtsstaat hat man sich dafür entschieden, Konflikte ausschließlich und letztverbindlich mit Hilfe des *Rechts* zu lösen. Dieses ist primärer Ordnungsfaktor, sowohl für die Entscheidung privater Konflikte als auch für hoheitliches Verhalten.

Erscheinungsform des Rechts ist das *Gesetz*.

Aufgabe des Gesetzes ist es, für eine unbestimmte Vielzahl von Fällen zu regeln, welche Rechte und Pflichten bestimmte Rechtssubjekte[1] haben, ob und unter welchen Voraussetzungen ein Hoheitsträger rechtmäßig in diese Rechte eingreifen kann, ob und unter welchen Voraussetzungen Rechtssubjekte Ansprüche gegeneinander haben usw.

Dabei ist klar, dass solche Regelungen umso sicherer anwendbar sind, je präziser das jeweilige Gesetz den konkreten Lebenssachverhalt wiedergibt, und umso unsicherer, je stärker der Inhalt eines Gesetzes verallgemeinert (*abstrahiert*) ist.

Beispiel:

Der Gesetzgeber könnte die Fälle, in denen ein Täter als Mörder mit lebenslanger Freiheitsstrafe bestraft werden soll, konkret und damit notwendigerweise auch abschließend beschreiben. Er könnte z. B. regeln, dass derjenige, der aus krasser Selbstsucht, aus verschmähter Liebe, zur Beseitigung des Partners als „Störfaktor" oder mit der Absicht, andere Mittäter einer Körperverletzung zu „übertrumpfen", einen anderen tötet, ein Mörder ist und mit lebenslanger Freiheitsstrafe bestraft wird. Die

1 Zur Erinnerung: Rechtssubjekte sind Träger von Rechten und Pflichten, also natürliche und juristische Personen.

Folge einer solchen Regelung wäre, dass nur diejenigen Täter mit lebenslanger Freiheitsstrafe bestraft werden könnten, die ihre Tat aus einem der genannten Gründe begangen haben, während andere Täter mit noch niederträchtigeren Motiven von der Höchststrafe verschont blieben, weil der Gesetzgeber an diese Fälle einfach nicht gedacht hat.

Das Beispiel zeigt, dass es oft unmöglich ist, eine auch nur annähernd abschließende konkrete Regelung zu finden und damit zu erreichen, dass wirklich alle Sachverhalte, die wesentlich gleich sind, auch der gleichen Rechtsfolge unterworfen werden.
Deshalb sind die Gesetze, mit denen wir leben, allgemein (abstrakt) und richten sich an eine unbestimmte Vielzahl von Personen (generell). Sie sind *abstakt-generelle Regelungen*. Der Gesetzgeber fasst darin das Wesentliche einer Vielzahl gedachter Lebenssachverhalte zusammen und unterwirft sie einer bestimmten Rechtsfolge.

Beispiel:

Nach § 211 Strafgesetzbuch (StGB) wird u. a. derjenige als Mörder bestraft, der „aus niedrigen Beweggründen" einen Menschen tötet. Die Gemeinsamkeit der Taten, die mit lebenslanger Freiheitsstrafe bestraft werden, liegt darin, dass die Motive der Tötung nach allgemeiner sittlicher Anschauung verachtenswert sind und auf tiefster Stufe stehen. Geregelt ist damit abstrakt-generell eine unüberschaubare Vielfalt von Sachverhalten. Erfasst wird die Tötung aus krasser Selbstsucht, aus verschmähter Liebe, zur Beseitigung des Partners als „Störfaktor" ebenso wie eine Tötung mit der Absicht, andere Mittäter einer Körperverletzung zu „übertrumpfen" sowie die Tötung aus anderen verachtenswerten Gründen, die unser Vorstellungsvermögen übersteigen.

Neben dem Vorteil dieser Gesetzgebungstechnik wird an dem Beispiel aber auch der Preis abstrakt-genereller Regelungen und damit einer übersichtlichen, aber gleichwohl vollständigen Kodifizierung deutlich. Dieser liegt darin, dass der Rechtsanwender die Übereinstimmung zwischen dem konkreten Lebenssachverhalt und dem abstrakt-generellen Gesetz prüfen muss und zwar in einer Weise, die zumindest annähernd so sicher und vorhersehbar ist wie die Anwendung kasuistischer Gesetze.
Genau diese Schwierigkeit will die juristische Methodik überwinden.

B. Aufbau und Funktionen der Rechtsordnung

Die Gesetze bilden zusammen die *Rechtsordnung*, in der gewisse Regeln herrschen. Beides sollten Sie zumindest in den Grundzügen kennen, bevor Sie sich mit der Rechtsanwendung befassen. Hier zunächst ein Überblick über die Rechtsordnung:

I. Normenhierarchie[2]

Die rechtliche Grundordnung eines Gemeinwesens ist die *Verfassung*. Die Verfassung der Bundesrepublik Deutschland heißt *Grundgesetz* (GG). Dieses besteht wie alle westlichen Verfassungen aus einem Grundrechtsteil[3], der die staatsbürgerlichen Rechte und Pflichten regelt, und einem staatsorganisationsrechtlichen Teil[4], der die Aufgaben und Rechte der Staatsorgane regelt. Das Grundgesetz steht an der Spitze der Normenhierarchie. Das ergibt sich daraus, dass gemäß Art. 1 Abs. 3 GG die „nachfolgenden Grundrechte Gesetzgebung, vollziehende Gewalt und Rechtsprechung“ binden. Das bedeutet, dass kein Hoheitsakt Grundrechte Einzelner verletzen darf, und Hoheitsakte, die das gleichwohl tun, verfassungswidrig sind. Ergänzt wird Art. 1 Abs. 3 GG durch Art. 20 Abs. 3, wonach die Gesetzgebung an die verfassungsmäßige Ordnung und die vollziehende Gewalt und die Rechtsprechung an Gesetz und Recht gebunden sind. Jedes staatliche Handeln muss sich daher nach dem Grundgesetz richten.
Im Rang unter dem Grundgesetz stehen die *formellen Gesetze.* Unter formellen Gesetzen versteht man ohne Rücksicht auf ihren Inhalt solche Rechtsvorschriften, die in einem förmlichen Gesetzgebungsverfahren des Bundestages (formelle Bundesgesetze) oder eines Landtages (formelle Landesgesetze) zustande gekommen sind.

Beispiele:

Formelle Gesetze des Bundes sind u. a. das Versammlungsgesetz, das Waffengesetz, das Ausländergesetz, das Strafgesetzbuch, die Strafprozessordnung, das Ordnungswidrigkeitengesetz, das Straßenverkehrsgesetz.
Formelle Gesetze der Bundesländer sind u. a. die Polizeigesetze, die Verwaltungsverfahrensgesetze und die Verwaltungsvollstreckungsgesetze der Länder.

2 S. auch: Maurer, Allgemeines Verwaltungsrecht, § 4 Rn. 37 ff.
3 Art. 1 bis 19 GG.
4 Art. 20 ff. GG.

Formelle Gesetze haben ihrerseits *Vorrang* vor dem nachgeordneten Recht. Das bedeutet, dass kein nachgeordnetes Gesetz den Regelungen formellen Bundes- oder Landesrechts widersprechen darf.

Im Rang unter den formellen Gesetzen stehen die (nur) *materiellen Gesetze*. Das sind Rechtsvorschriften, die nicht in einem förmlichen Gesetzgebungsverfahren durch das Bundes- oder ein Landesparlament zustande gekommen sind, sondern allein aufgrund ihres Inhalts Gesetze sind. Das Wort „materiell" bedeutet, dass diese Vorschriften einen inhaltlichen Regelungsgehalt haben. Sie werden entweder als *Rechtsverordnungen* durch Exekutivorgane oder als *Satzungen* von Selbstverwaltungskörperschaften zur Regelung eigener Angelegenheiten erlassen.

Beispiele:

Zu den Rechtsverordnungen gehören u. a. die Polizeiverordnungen über das Halten von Hunden oder Verordnungen betreffend das Verbot des Absingens und Spielens nationalsozialistischer oder die Völkerverständigung gefährdender Lieder und Märsche.

Zu den Satzungen gehören u. a. die Satzung der Kammern für die freien Berufe (Architekten-, Ärzte-, Rechtsanwaltskammern).

Die Normenhierarchie bedeutet also nach allem, dass rangniedrigeres nicht gegen ranghöheres Recht verstoßen darf, Satzungen also nicht gegen Rechtsverordnungen und höheres Recht, Rechtsverordnungen nicht gegen förmliche Gesetze und höheres Recht, förmliche Gesetze nicht gegen das Grundgesetz. Für die Rechtsanwendung bedeutet das Folgendes: Wenn ein Gesetz mehrere Auslegungsmöglichkeiten zulässt, scheidet jedenfalls diejenige im Ergebnis aus, die zu einem Verstoß des Gesetzes gegen höherrangiges Recht führen würde[5].

II. Rechtsgebiete

Die bisher genannten Gesetze werden auch *Außenrechtssätze* genannt. Man versteht darunter Gesetze, die Rechtsverhältnisse zwischen eigenständigen Rechtssubjekten regeln.

Außenrechtssätze kann man in solche des *öffentlichen Rechts* und des *Privatrechts* unterteilen. Die Abgrenzung ist dabei nicht immer einfach. Unter öffentlichem Recht versteht man solche Rechtsvorschriften, die Hoheitsträger berech-

5 Ein Beispiel finden Sie in den Fällen „Boykottaufruf" und „Rettet die Wildnis".

tigen oder verpflichten. Man kann auch vertreten, dass öffentliches Recht Über-/Unterordnungsverhältnisse regelt, während sich das Privatrecht in Gleichordnungsverhältnissen abspielt.

Beispiele:

Zum öffentlichen Recht gehören u. a. das Verwaltungsverfahrensrecht, die Verwaltungsgerichtsordnung, das Polizeirecht, das Umweltrecht, das Beamtenrecht und das Versammlungsrecht, aber auch das Strafrecht und das Strafprozessrecht, weil diese die Verwirklichung des staatlichen Strafverfolgungsanspruchs gegenüber dem Einzelnen regeln.
Zum Privatrecht gehören u. a. das bürgerliche Recht, das Arbeitsrecht und das Gesellschaftsrecht.

Zwischen dem öffentlichen Recht und dem Privatrecht liegen Welten. Im öffentlichen Recht geht es in erster Linie um die Gefahrenabwehr und um die Normierung der Voraussetzungen für Eingriffe in Freiheit und Eigentum. In zweiter Linie geht es um die Voraussetzungen für Leistungsansprüche des Bürgers gegen den Staat. Im Privatrecht geht es im Wesentlichen um Inhalt und Grenzen der *Privatautonomie*. Darunter versteht man z. B. die Freiheit, Rechtsgeschäfte zu schließen, Gesellschaften zu gründen etc.
Für die Rechtsanwendung bedeutet das Folgendes:
Wertungen des Privatrechts dürfen Sie nicht unbesehen in das öffentliche Recht und umgekehrt übernehmen. Gleiche Begriffe in beiden Rechtsgebieten müssen also nicht zwingend die gleiche Bedeutung haben. Und es kann auch vorkommen, dass ein Verhalten, das privatrechtlich nicht zu beanstanden ist, einen Eingriffstatbestand im Ordnungsrecht erfüllt und umgekehrt.

Beispiel:

Jemand hat aufgrund eines Pachtvertrages das Recht, auf einem Grundstück einen Friedhof zu betreiben. Zivilrechtlich steht dieser Nutzung also nichts im Wege. Aus öffentlich-rechtlicher Sicht kann der Betrieb eines Friedhofs gleichwohl unzulässig sein, z. B. weil der Betreiber nicht die Zuverlässigkeit, die nach der Gewerbeordnung erforderlich ist, besitzt oder weil das Gelände im Überschwemmungsgebiet oder in einem Wasserschutzgebiet liegt und sich deshalb nicht als Friedhof eignet.

Neben den Außenrechtssätzen gibt es noch die *Innenrechtssätze*. Man versteht darunter Rechtsvorschriften, die keine unmittelbare Wirkung auf Rechtssubjekte außerhalb der Verwaltung haben, sondern die lediglich verwaltungsintern wirken. Zu den Innenrechtssätzen gehören die zahlreichen *Verwaltungsvorschriften*, die von einer übergeordneten Stelle innerhalb der Exekutive zu dem Zweck erlassen werden, eine einheitliche und den Gleichheitsgrundsatz wahrende Verwaltungspraxis zu gewährleisten. Für die Rechtsanwendung haben Verwaltungsvorschriften insoweit Bedeutung, als sie die Auslegung insbesondere unbestimmter Rechtsbegriffe, in dem o. g. Beispiel die Auslegung des Rechtsbegriffs „in ausreichender Anzahl", und damit die Rechtsanwendung erleichtern.

Beispiel:

Bundeseinheitliche Polizeidienstvorschriften wie die PDV 100 im Bereich der Prävention, Richtlinien für das Straf- und Bußgeldverfahren (RiStBV) im Bereich der Repression.

III. Rechtsnormen

Die Rechtsgebiete werden ausgefüllt durch Rechtsvorschriften. Diese kann man nicht verstehen und deshalb auch nicht richtig anwenden, wenn man nicht weiß, wie sie aufgebaut sind.

1. Überblick

Wenn Sie sich vorstellen, was Rechtsnormen alles regeln müssen, wird deutlich, dass es Vorschriften geben muss, die Ge- und Verbote aussprechen, die Befugnisse und Ansprüche regeln, die Rechtsbegriffe definieren und die Ausnahmen von bestimmten Regeln gestatten.

2. Rechtsgrundlagen für Eingriffe

Zu den wichtigsten Rechtsnormen zählen diejenigen, die der Exekutive ein bestimmtes Handeln erlauben. Man nennt diese Rechtsnormen *Ermächtigungs-* oder *Rechtsgrundlagen*. Sie sind dadurch gekennzeichnet, dass sie einen *Tatbestand* mit einer bestimmten *Rechtsfolge* verbinden. Unter Tatbestand versteht man die gesetzlichen Merkmale, die erfüllt sein müssen, damit eine bestimmte Rechtsfolge eintreten kann. Die Erfüllung des Tatbestandes ist dabei Bedingung für den Eintritt einer Rechtsfolge.

Beispiel:

Gemäß § 15 Abs. 3 VersG kann die zuständige Behörde eine Versammlung auflösen, wenn sie nicht angemeldet ist, wenn von den Angaben der Anmeldung abgewichen oder den Auflagen zuwider gehandelt wird oder wenn die Voraussetzungen zu einem Verbot nach Absatz 1 oder 2 gegeben sind. Gesetzlicher Tatbestand ist hier das Vorliegen eines Auflösungsgrundes. Die Rechtsfolge besteht darin, dass die Polizei die Versammlung auflösen darf. Nur wenn der Tatbestand erfüllt ist, können Sie nach § 15 Abs. 3 VersG einschreiten.

Nicht immer ist die Sache so einfach.
Es kann sein, dass das Gesetz für den Eintritt der Rechtsfolge nur verlangt, dass eines von mehreren Tatbestandsmerkmalen vorliegt.
Es kann aber auch sein, dass das Gesetz nicht alle Tatbestandsvoraussetzungen in einer einzigen Bestimmung regelt. Sie müssen daher, wenn Sie im Gesetz die „passende" Rechtsgrundlage für eine beabsichtigte Maßnahme gefunden haben, immer auch den Kontext lesen, damit Sie keine Tatbestandsvoraussetzungen übersehen.

3. Ge- und Verbotsnormen

Neben den Rechtsgrundlagen für polizeiliches oder ordnungsbehördliches Einschreiten gibt es auch Gesetze, die ohne die Rechtsfolge zu regeln, Ge- oder Verbote enthalten[6]. In diesen Fällen ist Rechtsgrundlage für ein polizeiliches Einschreiten im Fall der Zuwiderhandlung die polizeiliche oder ordnungsbehördliche Generalklausel in Verbindung mit der Spezialvorschrift. Diese konkretisiert den allgemeinen Gefahrentatbestand der polizeilichen Generalklausel, während sich die Rechtsfolge allein aus der Generalklausel ergibt.

4. Anspruchsgrundlagen/subjektiv-öffentliche Rechte

Es gibt nicht nur Rechtsgrundlagen für staatliche Eingriffe, sondern natürlich auch solche, mit denen man staatliche oder private Leistungen verlangen kann. Im Zivilrecht nennt man solche Vorschriften Anspruchsgrundlagen, im öffentlichen Recht nennt man sie auch subjektiv-öffentliche Rechte[7]. Für die Tätigkeit der Polizei, die in erster Linie im Bereich der Eingriffsverwaltung handelt, haben diese Vorschriften keine große Relevanz.

6 Z. B. dürfen gemäß § 34 Abs. 2 Wasserhaushaltsgesetz (WHG) Stoffe nur so gelagert oder abgelagert werden, dass eine schädliche Verunreinigung des Grundwassers oder eine sonstige nachteilige Veränderung seiner Eigenschaften nicht zu besorgen ist. Diese Vorschrift enthält einen Verbotstatbestand, der gegenüber der Generalklausel lex specialis ist und deshalb Anwendungsvorrang hat.

7 Gemäß § 823 Abs. 1 Bürgerliches Gesetzbuch (BGB) ist derjenige, der vorsätzlich oder fahrlässig das Leben, den Körper, die Gesundheit, die Freiheit, das Eigentum oder ein sonstiges Recht eines anderen widerrechtlich verletzt (Tatbestand), dem anderen zum Schadensersatz verpflichtet (Rechtsfolge). Gemäß § 3 Abs. 1 Satz 1 Bundesbesoldungsgesetz haben die Beamten, Richter und Soldaten (Tatbestand) einen Anspruch auf Besoldung (Rechtsfolge).

5. Definitionsnormen

Als Definitionsnormen bezeichnet man solche Vorschriften, die einen Rechtsbegriff definieren[8]. An solche *Legaldefinitionen* sind Sie gebunden. Sie sind zwingendes Recht. Bei der Prüfung einer Vorschrift müssen Sie sich daher immer vergewissern, ob die darin genannten Rechtsbegriffe nicht legaldefiniert sind. Wenn Sie das übersehen und sich Ihre eigenen Überlegungen zu der Bedeutung eines Rechtsbegriffs machen, wird Ihr Ergebnis entweder *zufällig* richtig oder aber falsch.

6. Spezialitätsgrundsätze

In den Fällen, in denen nach dem Wortlaut mehrere Vorschriften, z. B. mehrere Ermächtigungsgrundlagen passen, verdrängt das speziellere Gesetz das allgemeine[9]. Wichtiger Anwendungsfall sind die polizeilichen Standardmaßnahmen, die in ihrem Anwendungsbereich der Generalklausel vorgehen. Bei den Grundrechten gehen die speziellen Freiheitsrechte wie Art. 4 Abs. 1, 5 Abs. 1, 8 Abs. 1 GG dem sog. Auffanggrundrecht aus Art. 2 Abs. 1 GG (allgemeine Handlungsfreiheit) vor. Dieses ist gegenüber den speziellen Gewährleistungen subsidiär.

C. Grundsätze rechtsstaatlichen Handelns

Die Anwendung der Gesetze erfolgt nach den Grundsätzen rechtsstaatlichen Handelns, die sich mittelbar und unmittelbar aus dem Grundgesetz ergeben. Diese Grundsätze sind deshalb so wichtig, weil sie u. a. bei der Entscheidung helfen, ob ein Organ der Exekutive im Einzelfall überhaupt einschreiten darf und welche von mehreren in Betracht kommenden Maßnahmen rechtsfehlerfrei ergriffen werden kann.

8 § 2 BremPolG definiert u. a. die Rechtsbegriffe Polizei, öffentliche Sicherheit, Gefahr, gegenwärtige Gefahr, erhebliche Gefahr, Gefahr für Leib und Leben sowie Straftat. § 1 Waffengesetz definiert den Rechtsbegriff Waffe.

9 Lex specialis derogat lex generalis.

I. Überblick

Rechtsstaatlichkeit heißt Schutz vor Willkür. Dieser Schutz wird erreicht durch so wichtige Dinge wie den Grundsatz des Vorrangs und des Vorbehalts des Gesetzes, die Grundrechtsbindung, das Verhältnismäßigkeitsprinzip, den Grundsatz der Bestimmtheit, Klarheit und Verlässlichkeit der Rechtsordnung sowie durch die Rechtsschutzgarantie in Art. 19 Abs. 4 GG.
Vorbehalt und Vorrang des Gesetzes geben den Aufbau für die Prüfung belastender Verwaltungsakte vor[10].
Aus der Grundrechtsbindung ergibt sich der Aufbau für die Prüfung von Freiheitsrechten[11].

II. Vorbehalt des Gesetzes

Gemäß Art. 20 Abs. 3 GG ist die vollziehende Gewalt an Gesetz und Recht gebunden. Das bedeutet, dass sie nicht aus eigener Machtvollkommenheit, sondern nur *vorbehaltlich eines Gesetzes*, also nur dann handeln darf, wenn eine gesetzliche Grundlage vorhanden ist. Man spricht hier vom Vorbehalt des Gesetzes. Also:
Kein Handeln ohne Gesetz!
Das bedeutet, dass z. B. eine Polizeimaßnahme nur dann rechtmäßig sein kann, wenn eine gesetzliche Grundlage vorhanden ist. Genau aus diesem Grund beginnt die Prüfung der Rechtmäßigkeit eines belastenden Verwaltungsakts immer mit der Frage, ob es dafür überhaupt eine taugliche Rechtsgrundlage gibt. Wenn es einmal keine Rechtsgrundlage für ein staatliches Handeln gibt, ist die gleichwohl ausgeführte Maßnahme wegen Verstoßes gegen Art. 20 Abs. 3 GG verfassungswidrig, sie wäre zugleich wegen Verstoßes gegen einfaches Recht rechtswidrig[12].

III. Vorrang des Gesetzes

Aus der Bindung der vollziehenden Gewalt an Gesetz und Recht gemäß Art. 20 Abs. 3 GG ergibt sich weiterhin, dass bei der Anwendung der Rechtsgrundlage das Recht immer *Vorrang* gegenüber der individuellen (willkürlichen) Entschei-

10 S. dazu 2. Teil Aufbauschema D. Rechtmäßigkeit eines belastenden Verwaltungsakts.
11 S. dazu 2. Teil Aufbauschema A. Verletzung von Freiheitsrechten.
12 Ein Beispiel für das Fehlen einer Rechtsgrundlage finden Sie in dem Fall „Uniformverbot".

dung des handelnden Beamten hat, dieser sich also nicht über das Gesetz hinweg setzen darf. Man spricht hier deshalb vom Vorrang des Gesetzes. Also: Kein Handeln gegen das Gesetz!
Das bedeutet, dass eine Amtsführung nur dann und nur so lange rechtmäßig ist, wie sie nicht gegen Rechtsvorschriften verstößt. Genau aus diesem Grund wird die Prüfung der Rechtmäßigkeit eines belastenden Verwaltungsakts immer mit der Frage fortgesetzt, ob er in formeller oder materieller (inhaltlicher) Hinsicht gegen Rechtsvorschriften verstößt. Wenn im Einzelfall einmal Gesetze missachtet werden, ist die hoheitliche Maßnahme (formell und/oder materiell) rechtswidrig, möglicherweise sogar verfassungswidrig.
Auf die Frage, ob ein Verwaltungsakt rechtmäßig ist, wird daher geantwortet:
Der Verwaltungsakt ist rechtmäßig, wenn er auf einer tauglichen Rechtsgrundlage beruht sowie formell und materiell rechtmäßig ist.
Mit diesem Satz beginnen Sie Ihr Gutachten im Verwaltungs- bzw. Polizeirecht. Prüfungsmaßstab ist hier einfaches, d. h. im Rang unter der Verfassung stehendes Recht.

IV. Verhältnismäßigkeitsgrundsatz[13]

Zu den wichtigsten Leitlinien rechtsstaatlichen Handelns gehört der Verhältnismäßigkeitsgrundsatz. Danach dürfen die Auswirkungen staatlichen Handelns nicht außer Verhältnis zu dem damit verfolgten Zweck stehen. Der Verhältnismäßigkeitsgrundsatz ist im Bereich der Eingriffsverwaltung so außerordentlich wichtig, dass es der Gesetzgeber in den Polizeigesetzen der Länder noch einmal ausdrücklich genannt hat[14].
Die Verhältnismäßigkeit in diesem Sinne setzt zunächst voraus, dass mit der staatlichen Maßnahme ein legitimer, also rechtmäßiger Zweck verfolgt wird[15]. Sinnlose Maßnahmen braucht der Adressat nicht zu dulden.

13 Der Verhältnismäßigkeitsgrundsatz wird in jeder Falllösung behandelt, bei der Prüfung einer Grundrechtsverletzung an zwei Stellen, nämlich einmal bei der Prüfung der materiellen Verfassungsmäßigkeit des grundrechtsbeschränkenden Gesetzes, darüber hinaus bei der Prüfung der Verfassungsmäßigkeit des Einzelaktes. S. dazu 2. Teil Aufbauschema A. Verletzung von Freiheitsrechten.

14 § 2 PolG NW, § 5 Bad-Württ PolG, § 4 BayPAG, § 11 ASOG Bln, § 3 BbgPolG, § 3 BremPolG, § 4 Hmb GesDatVPolG, § 4 HSOG, § 15 SOG MV, § 4 NGefAG, § 2 POG RP, § 2 SPolG, § 3 SächsPolG, § 5 SOG LSA, § 4 Thür PAG.

15 Ordnen Sie eine Identitätsfeststellung an, nur um eine offene Rechnung zu begleichen oder eine nette Person kennen zu lernen, würden Sie keinen von der Rechtsordnung geschützten und damit legitimen Zweck verfolgen, weil legitimer Zweck solcher Maßnahmen nur die Gefahrenabwehr oder die Strafverfolgung sein kann.

Darüber hinaus muss die Maßnahme zur Zweckerreichung geeignet, erforderlich und angemessen sein.

Geeignet ist die Maßnahme dann, wenn sie den verfolgten Zweck zumindest fördert[16]. Nutzlose Maßnahmen braucht der Adressat ebenfalls nicht zu dulden.

Erforderlich ist die Maßnahme, wenn sie ggf. unter mehreren gleich geeigneten Maßnahmen für den Adressaten das mildeste Mittel ist (*Interventionsminimum*)[17].

Angemessen ist die Maßnahme, wenn sie nicht außer Verhältnis zu dem damit verfolgten Zweck steht, unangemessen ist eine Maßnahme, die zu unverhältnismäßigen Nachteilen für den Einzelnen oder für die Allgemeinheit führen würde (*Zweck-Mittel-Relation*)[18].

V. Bestimmtheitsgrundsatz

Neben dem Übermaßverbot ist der *Bestimmtheitsgrundsatz* wichtiger Ausdruck des Rechtsstaatsprinzips[19]. Der Bestimmtheitsgrundsatz verlangt, dass Hoheitsakte für den jeweiligen Adressaten nach Art und Umfang aus sich heraus verständlich sein und ihn in die Lage versetzen müssen, zu erkennen, was genau von ihm gefordert wird oder welche Ansprüche er hat[20].

D. Gutachten- und Subsumtionstechnik

Die Methodik ist das einzig legitime Mittel um festzustellen, ob die Voraussetzungen eines gesetzlichen Tatbestandes im Einzelfall vorliegen und welche Rechtsfolgen eintreten, ob also ein Gesetz auf einen konkreten Lebenssachver-

16 Ungeeignet sind z. B. rechtlich oder tatsächlich unmögliche Maßnahmen. Darunter fällt z. B. die Aufforderung, eine Sache herauszugeben, die schon vernichtet worden ist, oder die Aufforderung, über eine Sache zu verfügen, über die der Adressat keine Verfügungsbefugnis hat.

17 Wenn die Identität einer Person schon durch die Aufforderung, sich auszuweisen, festgestellt werden kann, ist die Verbringung zur Wache zum Zwecke der Identitätsfeststellung nicht erforderlich.

18 Bei der Identitätsfeststellung z. B. darf der Betroffene ggf. nur so lange auf der Dienststelle festgehalten werden, bis die Identität festgestellt ist. Ein längeres Festhalten wäre nicht angemessen oder verhältnismäßig im engeren Sinne.

19 Er ist in § 37 Abs. 1 VwVfG und allen Landes-Verwaltungsverfahrensgesetzen geregelt und findet damit auch ausdrücklich Anwendung auf Verwaltungsakte, die von der Polizei erlassen werden. Danach muss ein Verwaltungsakt inhaltlich hinreichend *bestimmt* sein.

20 Rechtswidrig wegen Verstoßes gegen den Bestimmtheitsgrundsatz wäre die Anordnung der Polizei, „einen ordnungsgemäßen Zustand“ herzustellen. Aus dem gleichen Grund rechtswidrig wäre eine Verfügung, die ihren Adressaten nicht sicher erkennen lässt.

halt „passt“ oder nicht. Kurz gesagt besteht dieses Mittel in der logischen Ableitung vom Allgemeinen auf das Besondere. Logik bedeutet Folgerichtigkeit. Allein die Folgerichtigkeit der Ableitung führt zu einer überzeugenden Argumentation. Ein Gutachten besteht daher weder in der Darlegung der eigenen Rechtsauffassung noch darin, die Rechtsauffassung Dritter nach Art eines Aufsatzes zu referieren. Das wäre nicht wissenschaftlich, sondern würde gerade das herbeiführen, was die Methodik verhindern soll, nämlich willkürliche Rechtsanwendung.

I. Grundzüge

1. Überblick

Ziel der Methodik ist es festzustellen, ob eine bestimmte Rechtsfolge eintritt oder nicht. Der Einstieg in die Lösung dieser Aufgaben ist immer die Bildung eines Konditionalsatzes, der abstrakt beantwortet, wann die bestimmte Rechtsfolge eintritt. Diesen Konditionalsatz nennt man *Obersatz*. Im Anschluss an die Bildung des Obersatzes wird geprüft, ob die Voraussetzungen, unter denen die Rechtsfolge eintritt, vorliegen. Das Ergebnis dieser Prüfung nennt man *Untersatz*. Aus Obersatz und Untersatz kann man die sog. *Schlussfolgerung* ableiten. Daraus ergibt sich, ob die vorgestellte Rechtsfolge eintritt oder nicht. Mit der Schlussfolgerung ist die unter dem Obersatz begonnene Prüfung abgeschlossen. Danach folgt entweder das Ergebnis des Falles oder ggf. die Prüfung eines weiteren Obersatzes.

Beispiel:

Gemäß § 15 Abs. 1 VersG kann die zuständige Behörde die Versammlung verbieten, wenn nach den zur Zeit des Erlasses der Verfügung erkennbaren Umständen die öffentliche Sicherheit oder Ordnung bei Durchführung der Versammlung unmittelbar gefährdet ist[21]. (...) Nach den zur Zeit des Erlasses der Verfügung erkennbaren Umständen des vorliegenden Falles ist die öffentliche Sicherheit oder Ordnung bei Durchführung der Versammlung unmittelbar gefährdet[22]. Daher kann die zuständige Behörde die Versammlung verbieten[23].

21 Obersatz. An die Tatbestandsvoraussetzungen der Rechtsgrundlage („unmittelbare Gefährdung der öffentlichen Sicherheit oder Ordnung bei Durchführung der Versammlung nach den zur Zeit des Erlasses der Verfügung erkennbaren Umständen“) ist eine Rechtsfolge geknüpft („die zuständige Behörde kann einschreiten“).

22 Untersatz, der nach der Prüfung der einzelnen Voraussetzungen (dazu sogleich) ggf. gebildet werden kann. Er könnte auch lauten, dass die Tatbestandsvoraussetzungen nicht erfüllt sind. Schlussfolgerung wäre dann, dass die zuständige Behörde nicht einschreiten kann.

23 Schlussfolgerung.

Man nennt diesen Dreischritt aus Obersatz, Untersatz und Schlussfolgerung auch *Syllogismus*. Er beschreibt den folgerichtigen (*logischen*) Schluss vom Allgemeinen auf das Besondere, also vom abstrakt-generellen Gesetz auf den konkreten Sachverhalt, deren Übereinstimmung festgestellt werden soll. Wie das geht, zeigt die *Gutachtentechnik*.

Exkurs: Urteilsstil

Der Gutachtenstil ist nicht der einzige Weg, jemanden davon zu überzeugen, dass ein konkreter Lebenssachverhalt eine bestimmte Rechtsfolge auslöst. Es geht auch umgekehrt, nämlich vom Besonderen zum Allgemeinen. Man nennt diesen Stil, weil er von den Gerichten bei der Abfassung von Entscheidungen verwendet wird, *Urteilsstil*. Kennzeichnend ist, dass das Ergebnis am Anfang der Ausführungen steht und danach Stück für Stück begründet wird. Der Verfasser eines Urteils weiß m. a. W. von Anfang an, welches Ergebnis (Tenor) herauskommt.

Beispiel:

Die zuständige Behörde kann die Versammlung verbieten[24]. Denn die Voraussetzungen des § 15 Abs. 1 VersG für ein Versammlungsverbot liegen vor[25]. Nach den zur Zeit des Erlasses der Verfügung erkennbaren Umständen des vorliegenden Falles ist die öffentliche Sicherheit oder Ordnung bei Durchführung der Versammlung nämlich unmittelbar gefährdet.

An dem Beispiel sehen Sie, dass der Urteilsstil nicht einfacher anzuwenden ist als der Gutachtenstil. Auch bei dem Urteilsstil bestehen die Ausführungen in einer Ableitung, die in sich folgerichtig sein muss. Der Schein, man könne hier einfach etwas behaupten, trügt also. Im Gegenteil geht auch der Abfassung einer Entscheidung im Urteilsstil zumindest gedanklich immer eine gutachterliche Prüfung voraus.
Bei der gutachterlichen Prüfung besteht die eigentliche Schwierigkeit in der Bildung des Untersatzes, d. h. in der Prüfung, ob ein konkreter Sachverhalt die Merkmale eines gesetzlichen Tatbestandes erfüllt. Diese Prüfung läuft in folgenden Schritten ab.

2. Ermittlung der Tatbestandsmerkmale

Überlegen Sie zuerst, welche Tatbestandsmerkmale erfüllt sein müssen, damit eine bestimmte Rechtsfolge eintritt[26].

24 Ergebnis am Anfang.
25 Folgerichtige Begründung des Ergebnisses.
26 Der Tatbestand einer Vorschrift wird dazu in seine einzelnen Bestandteile zerlegt.

3. Definition

Wenn Sie die Merkmale des gesetzlichen Tatbestandes festgestellt haben, beginnen Sie mit der Prüfung, ob die einzelnen Merkmale durch den Lebenssachverhalt erfüllt werden oder nicht. Diese Prüfung im engeren Sinne nennt man Subsumtion. Dazu müssen Sie zunächst die Bedeutung des jeweiligen Tatbestandsmerkmals erfassen. Denn jede Subsumtion setzt klare Rechtsbegriffe voraus. Die Ausführlichkeit, mit der Sie die Bedeutung des Rechtsbegriffs untersuchen, richtet sich danach, wie klar der Rechtsbegriff im Gesetz genannt wird und wie evident infolgedessen das Ergebnis ist. Die Definition eines Rechtsbegriffs ist einfach, wenn das Gesetz, in dem er verwendet wird, eine Legaldefinition enthält[27]. Ist keine Legaldefiniton vorhanden, müssen Sie den Rechtsbegriff selbst definieren.

Die Definition kann unproblematisch sein. Das ist dann der Fall, wenn es überhaupt nur eine einzige sinnvolle Definitionsmöglichkeit gibt und die Definitionsmerkmale in Ihrem Fall unproblematisch erfüllt sind[28].

Die Definition kann aber auch problematisch sein. Es kann nämlich vorkommen, dass man unterschiedlicher Auffassung darüber sein kann, was unter einem Rechtsbegriff oder unter einem Definitionsmerkmal zu verstehen ist. Führt die Subsumtion bei jeder denkbaren Definition zu demselben Ergebnis, haben Sie Glück gehabt. Denn in diesem Fall kann dahinstehen, welches die „richtige" Definition des Rechtsbegriffs ist. In jedem Fall ist das Tatbestandsmerkmal entweder sicher erfüllt oder ebenso sicher nicht erfüllt[29]. Führt die Subsumtion bei den denkbaren Definitionsmöglichkeiten dagegen zu unterschiedlichen Ergebnissen, wird der Fall interessant und Sie haben ein Problem[30]. Sie müssen dann zu einer Entscheidung darüber kommen, welcher Definitionsmöglichkeit der Vorzug vor den anderen zu geben ist. Auch das geschieht in einem Rechts-

27 Legaldefinitionen stehen meistens in den ersten Paragraphen eines Gesetzes. Sehen Sie sicherheitshalber immer dort nach, bevor Sie anfangen, sich eine eigene Definition zu überlegen. Beispiele für Legaldefinitionen finden Sie in § 1 Abs. 2 Waffengesetz (Rechtsbegriff Waffe), in § 35 Verwaltungsverfahrensgesetz (Rechtsbegriff Verwaltungsakt) oder in den Vorschriften Ihrer Polizeigesetze (u. a. Rechtsbegriffe Gefahr und öffentliche Sicherheit).

28 Es wird z. B. nicht bestritten, dass Versammlung i. S. d. Art. 8 Abs. 1 GG, § 15 VersG die Zusammenkunft mehrerer Personen zum Zweck gemeinsamer Meinungsbildung und Meinungskundgabe zu verstehen ist. Mit dieser Definition kommen Sie weiter, wenn es in Ihrem Sachverhalt um eine politische Kundgebung mit Hunderten von Teilnehmern geht.

29 Wenn sich in dem Beispielsfall 100 Personen treffen, braucht man sich nicht mit der Frage auseinander zu setzen, ob auch schon zwei Personen ausreichen, um eine Versammlung bejahen zu können.

30 Wenn sich in dem Beispielsfall nur zwei Personen treffen, wird man sich darüber streiten können, ob das schon mehrere im Sinne der Definition sind. In der Tat werden beide Möglichkeiten vertreten.

staat nicht willkürlich, sondern folgt gewissen Regeln, die man Auslegungsregeln nennt[31]. Der Sache nach handelt es sich dabei um nicht viel mehr als eine Art der Argumentation, an deren Ende festgestellt wird, was nun unter einem Rechtsbegriff zu verstehen ist.

4. Subsumtion

Erst dann, wenn Sie genau wissen, was ein Rechtsbegriff bedeutet, können Sie prüfen, ob der Sachverhalt auf den geklärten Rechtsbegriff passt.
Bei einem Gutachten kommt es an dieser Stelle darauf an, die Hinweise im Sachverhalt aufzunehmen und damit zu argumentieren. Geht es darum, im Ernstfall über eine Polizeimaßnahme zu entscheiden, kommt es darauf an, den entscheidungserheblichen Sachverhalt genauso vollständig und sorgfältig zu ermitteln, wie zuvor die Bedeutung des Gesetzes, das Ihnen eine Rechtsgrundlage gibt.
Regeln dafür, wie diese Argumentation mit dem Sachverhalt stattfindet, gibt es nicht. Das heißt aber nicht, dass Sie frei sind. Vielmehr ist auch hier immer das rechtstaatliche Willkürverbot zu beachten.

5. Schlussfolgerung

Zu einem gelungenen Gutachten gehört auch ein Ergebnis. Nach Beendigung der Subsumtion lassen Sie den Leser daher wissen, ob das Tatbestandsmerkmal erfüllt ist oder nicht.
Wenn Sie alle Tatbestandsmerkmale geprüft haben, die vorliegen müssen, um eine bestimmte Rechtsfolge eintreten zu lassen, teilen Sie auch das dem Leser mit.

6. Beispielsfall

„Anlässlich eines Empfangs führender militärischer Repräsentanten der Bananenrepublik B bei dem Bürgermeister versammeln sich vor dem Rathaus der Stadt B 100 Personen, um gegen die Bundeswehr zu demonstrieren. Handelt es sich bei der Veranstaltung um eine Versammlung?“

31 Der Umgang mit den Auslegungsregeln ist so wichtig, dass er sogleich unter II. dargestellt ist.

Unter einer Versammlung[32] versteht man das Zusammentreffen mehrerer Personen zum Zweck gemeinsamer Meinungsbildung und Kundgabe[33]. Bei den 100 Teilnehmern der Veranstaltung handelt es sich um mehrere Personen[34]. Der gemeinsame Zweck ihrer Zusammenkunft besteht in der Demonstration gegen die Bundeswehr[35]. Folglich handelt es sich bei der Veranstaltung um eine Versammlung[36].

7. Exkurs: Abgekürzte Subsumtion

Wenn das Ergebnis einer Prüfung so klar ist wie in dem kleinen Beispielsfall, erscheint eine ausführliche Prüfung oft umständlich oder übertrieben. Es besteht dann die Möglichkeit, ohne die methodischen Grundsätze aufzugeben, abgekürzt zu subsumieren, indem man die Schritte Benennung des Rechtsbegriffs, Definition und Subsumtion zusammenfasst.

Beispiel:
Bei der Demonstration gegen die Bundeswehr vor dem Rathaus der Stadt B handelt es sich um eine Zusammenkunft mehrerer Personen zum Zweck gemeinsamer Meinungsbildung und -kundgabe und damit um eine Versammlung[37].

II. Umgang mit problematischen Rechtsbegriffen

Es gibt Fälle, in denen es keine allgemein anerkannte Definition für einen Rechtsbegriff gibt oder in denen einzelne Definitionsmerkmale unterschiedlich verstanden werden können. In diesem Kapitel erfahren Sie, wie Sie mit solchen Rechtsproblemen umgehen können.

32 Benennung des Rechtsbegriffs.
33 Definition. Die Definition enthält die Merkmale Zusammenkunft mehrerer Personen sowie gemeinsame Meinungsbildung und -kundgabe.
34 Subsumtion unter das erste Definitionsmerkmal.
35 Subsumtion unter das zweite Definitionsmerkmal.
36 Ergebnis.
37 Der Rechtsbegriff Versammlung wird genannt, der Leser erfährt, was unter einer Versammlung zu verstehen ist und dass eine Demonstration von 100 Personen mit dem genannten Inhalt diese Voraussetzungen erfüllt. Wie bei jedem gelungenen Gutachten steht das Ergebnis am Ende.

1. Überblick

Um die Bedeutung eines Rechtsbegriffs zu ermitteln, muss man ihn auslegen. Die Auslegungsmethoden, mit denen man herkömmlicherweise arbeitet, sind Wortlaut, Systematik, Sinn und Zweck sowie Geschichte.

Daneben gibt es noch andere Methoden, die zur Auslegung eines Rechtsbegriffs herangezogen werden können. Es handelt sich dabei u. a. um die Rechtsprechung, die Dogmatik, die Politik und die gesellschaftlichen Anschauungen, die das Verständnis einer Rechtsnorm beeinflussen. Sie beruhen darauf, dass die rechtliche Verfassung im weiteren Sinne keine isolierte Materie ist, sondern in Wechselwirkung zu anderen Verfassungen (der gesellschaftlichen, politischen, kulturellen) steht. Diese Wechselwirkungen können dazu führen, dass Gesetze bei unverändertem Wortlaut mit der Zeit einen veränderten Regelungsgehalt bekommen, oder dass Gesetze, sofern sie nicht in diese Richtung auslegungsfähig sind, geändert werden[38]. Gegenüber den herkömmlichen Auslegungsregeln haben diese Kriterien zwar ein schwächeres Gewicht. Sie können aber dann Bedeutung erlangen, wenn Sie sich z. B. Gedanken darüber machen, welche Aussagekraft noch der geschichtlichen Auslegung eines älteren Gesetzes zukommt, wenn dieses einen Lebensbereich regelt, in dem sich die gesellschaftlichen Anschauungen in besonderer Weise geändert haben. Sie können auch dann Bedeutung erlangen, wenn Sie nach Abschluss der herkömmlichen Auslegung kein eindeutiges Ergebnis gefunden haben und die Auslegungsregeln zu unterschiedlichen Ergebnissen führen.

2. Auslegung von Rechtsbegriffen

a) Wortlaut

Der Wortlaut ist Ausgangspunkt und Grenze der Auslegung. Ausgangspunkt ist er deshalb, weil der Adressat den Normbefehl als erstes aufgrund des allgemeinen Sprachgebrauchs ermittelt. Grenze der Auslegung ist er deshalb, weil eine Auslegung jenseits des allgemeines Sprachverständnisses den Normbefehl nicht mehr erkennen ließe und die Rechtsfolge dann nicht mehr vorhersehbar wäre. Die Vorhersehbarkeit staatlichen Handelns, zu dem auch die Gesetzgebung gehört, ist aber unter dem Gesichtspunkt der Rechtssicherheit elementare Voraussetzung eines Rechtsstaats.

38 Z. B. Abschaffung der Strafbarkeit homosexueller Handlungen unter Erwachsenen, Lockerung der Strafbarkeit bei Schwangerschaftsabbrüchen, Lockerung der Rechtsprechung bei der Bestrafung des Besitzes/Konsums „weicher“ Drogen.

In einem Gutachten legen Sie den Rechtsbegriff immer mit Blick auf Ihren Fall, d. h. immer nur so weit aus, wie es für die Lösung des Falles erforderlich ist. Wenn also Gegenstand einer Durchsuchung eine Mietwohnung sein soll, die nach allen möglichen Auslegungsergebnissen eine Wohnung ist, definieren Sie nicht den Randbereich des Rechtsbegriffs, weil das die Lösung des Falles keinen Schritt weiter bringen würde[39]. Wenn Sie einen Erwachsenen vor sich haben, der nach allen möglichen Auslegungsergebnissen ein Mensch ist, definieren Sie nicht den Randbereich des Rechtsbegriffs und setzen sich nicht mit dem Problem auseinander, ab wann jemand entwicklungsphysiologisch ein Mensch ist.

Alles, was das Ergebnis Ihres Gutachtens nicht fördert, ist überflüssig (und damit genau genommen falsch).

Wenn nach dem Wortsinn mehrere Auslegungsmöglichkeiten bestehen und wenn die unterschiedlichen Möglichkeiten in Ihrem Fall auch noch zu unterschiedlichen Ergebnissen führen würden, müssen Sie versuchen, mit anderen Auslegungsregeln eine für Ihren Fall eindeutige Definition zu ermitteln. Zu diesen Auslegungsregeln gehört die *systematische Auslegung*[40].

b) Systematik[41]

Die systematische Auslegung beruht darauf, dass Rechtsvorschriften nicht für sich allein stehen, sondern regelmäßig Bestandteil eines übergeordneten Regelungszusammenhangs sind[42]. Sie stehen in einem bestimmten Abschnitt, dieser steht in einem bestimmten Gesetz, das Gesetz ist Bestandteil eines bestimmten Rechtsgebiets, dieses gehört zum öffentlichen Recht und das öffentliche Recht steht im Rang unter dem Grundgesetz. Ein Begriff ist immer so

39 Man kann dann schreiben, „dass *jedenfalls* solche abgrenzbaren Räume Wohnungen sind, die zum dauerhaften Aufenthalt von Menschen bestimmt sind". Das bezweifelt nämlich niemand. Ob daneben auch solche abgrenzbaren Räume Wohnungen sind, die nur zum Aufenthalt von Menschen geeignet sind (z. B. Zelte, Fahrzeuge), ist für die Falllösung egal, wenn es um diese Grenzfälle nicht geht.

40 Ein Beispiel, in dem der Wortlaut allein nicht zu überzeugenden Ergebnissen führt, finden Sie in dem Fall „Uniformverbot".

41 Die systematische Auslegung in dem besonderen Fall der verfassungskonformen Auslegung wird in den Fällen „Rettet die Wildnis" und „Boykottaufruf" behandelt.

42 Beispielsweise bedarf der Umgang mit Waffen und Munition der Erlaubnis nach § 2 Abs. 2 Waffengesetz (WaffG). Was das Gesetz in § 2 Abs. 2 WaffG unter einer Waffe versteht, geht aus der Vorschrift selbst nicht hervor, sondern muss im Wege der Auslegung ermittelt werden. Nach dem allgemeinen Sprachgebrauch kann man unter einer Waffe alles Mögliche verstehen, von der Pistole bis zur Bratpfanne, mit der der Familientyrann erschlagen wird. Legt man den Begriff allerdings unter Berücksichtigung der Gesetzessystematik aus, findet man in § 1 Abs. 2 WaffG eine Legaldefinition des Rechtsbegriffs Waffe und stößt in Anlage 2 zum WaffG auf eine Liste der erlaubnispflichtigen Waffen.

auszulegen, dass er sich widerspruchsfrei in das ihn umgebende System einfügt.

Besondere Rücksicht muss bei der systematischen Auslegung auf die Normenhierarchie genommen werden. Zum einen muss eine Rechtsnorm im Zweifel so ausgelegt werden, dass sie im Ergebnis mit dem Grundgesetz vereinbar ist (*verfassungskonforme Auslegung*)[43]. Zum anderen kann eine ranghöhere Vorschrift nicht zwingend mit einer Legaldefinition aus einer rangniedrigeren Vorschrift ausgefüllt werden[44], eine Vorschrift des Bundesrechts nicht zwingend mit einem landesrechtlich legaldefinierten Begriff, ein verwaltungsrechtlicher Begriff nicht zwingend mit einer Definition aus dem Zivilrecht.

Im Übrigen ist zu berücksichtigen, dass eine systematische Auslegung im Ergebnis umso sicherer ist, je enger der Systemumfang gezogen wird und umso unsicherer, je weiter er gezogen wird[45]. Die systematische Auslegung hat keinen Vorrang gegenüber der Auslegung nach Sinn und Zweck oder der geschichtlichen Auslegung. Aus diesem Grund legt man einen Rechtsbegriff in einem Gutachten auch dann noch weiter aus, wenn man meint, mit der systematischen Auslegung schon ein halbwegs sicheres Ergebnis gefunden zu haben.

Darüber hinaus gibt es Rechtsbegriffe, bei denen die systematische Auslegung versagt. Auch dann wird die Auslegung fortgesetzt.

c) Sinn und Zweck

Der Auslegung nach Sinn und Zweck (*teleologische Auslegung*) liegt das Effektivitätsprinzip zugrunde.

Von mehreren möglichen Auslegungen verdient danach diejenige den Vorzug, die am meisten dazu beiträgt, den Zweck der Vorschrift zu erreichen. Unproblematisch ist eine Auslegung nach Sinn und Zweck dann, wenn der Zweck schon im Wortlaut der Vorschrift oder in dem Gesetz genannt ist[46]. Problema-

43 Ein Bespiel für eine verfassungskonforme Auslegung ist § 14 Abs. 1 VersG. Danach muss eine Versammlung angemeldet werden. Die Vorschrift wird verfassungskonform so ausgelegt, dass die Anmeldungspflicht nur in den Fällen besteht, in denen sie überhaupt möglich ist. Ansonsten könnten Spontanversammlungen allein aufgrund fehlender Anmeldung aufgelöst werden. Das widerspräche Art. 8 Abs. 1 GG, der das Recht, sich ohne Anmeldung zu versammeln, schützt.

44 So ist es nicht zwingend, den Rechtsbegriff Waffe in Art. 8 Abs. 1 GG mit der Legaldefinition in § 2 WaffG auszufüllen, weil ansonsten Verfassungsrecht zur Disposition des einfachen Gesetzgebers gestellt würde. In der Tat versteht man unter beiden Rechtsbegriffen etwas Unterschiedliches.

45 Der Rechtsbegriff Waffe wird z. B. in Art. 8 Abs. 1 GG und im Waffengesetz unterschiedlich ausgelegt. Unter Waffen i. S. d. Art. 8 Abs. 1 GG versteht man nicht nur Waffen im technischen Sinn, sondern alle Werkzeuge, die geeignet und im konkreten Fall auch dazu bestimmt sind, anderen Personen Verletzungen zuzufügen oder nicht unerhebliche Sachschäden zu verursachen.

46 Zweck der Polizeigesetze ist z. B. die Gefahrenabwehr.

tisch kann die Auslegung nach Sinn und Zweck dann sein, wenn der Zweck der Vorschrift selbst durch Auslegung ermittelt werden muss. In diesem Fall besteht nämlich die Gefahr, dass die Auslegung des Rechtsbegriffs nicht eingesetzt wird, um den Grundgedanken gerade dieser Vorschrift zu fördern, sondern als Mittel eines allgemeinen Effektivitätsdenkens des Rechtsanwenders. Letzteres wäre Ausdruck von Willkür.

d) Geschichte[47]

Schlüsse auf die Bedeutung eines Rechtsbegriffs können schließlich auch aus der Entstehungsgeschichte einer Vorschrift gezogen werden. Diese ergibt sich aus den Materialien, die dem Beschluss eines Gesetzes vorangegangen sind, also Entwürfe, Erläuterungsberichte, Stellungnahmen, Sitzungsprotokolle. Sofern anhand der Gesetzgebungsmaterialien der Wille des Gesetzgebers eindeutig feststellbar ist, kommt er als weiteres Auslegungskriterium in Betracht. Dabei ist allerdings aufgrund der Veränderung der gesellschaftlichen und rechtlichen Rahmenbedingungen die Aussagekraft einer geschichtlichen Auslegung umso schwächer, je älter das Gesetz ist, und umso stärker, je aktueller das Gesetz ist. Die historische Auslegung hat weder bei der Fallbearbeitung in Klausuren noch in der Praxis eine große Bedeutung, weil Ihnen die Entstehungsgeschichte i. d. R. nicht schnell und ohne Weiteres zugänglich ist.

e) Gewichtung

Die einzelnen Auslegungsmethoden schließen sich nicht gegenseitig aus. Die eine hat auch keinen logischen Vorrang vor der anderen. Wenn Sie daher am Ende Ihrer Prüfung feststellen, dass Sinn und Zweck der Vorschrift für ein anderes Ergebnis sprechen als die systematische Auslegung, müssen Sie darlegen, aus welchen Gründen für Sie die eine Auslegung überzeugender ist als die andere. Richtig oder falsch kann an dieser Stelle kaum noch etwas sein. Es geht hier im Wesentlichen nur noch darum, ob Ihr Ergebnis vertretbar und gut begründet ist. Das genügt.

III. Analogie

Die Auslegung eines Rechtsbegriffs kann zu dem Ergebnis führen, dass die Rechtsnorm, die Sie geprüft haben, nicht einschlägig ist und deshalb die Rechtsfolge nicht eintreten kann. Das ist noch nichts Besonderes. Es gibt allerdings Fälle, in denen dieses Ergebnis ganz und gar unbefriedigend ist, weil es dazu

47 Die geschichtliche Auslegung wird am Beispiel des § 3 VersG in Fall „Uniformverbot" behandelt.

führen würde, dass die nicht erfassten Fälle und die von der Vorschrift erfassten Fälle trotz wesentlicher Übereinstimmung ohne einen sachlichen Grund ungleich behandelt würden. In diesen Fällen stellt sich die Frage, ob und unter welchen Voraussetzungen man die Vorschrift, die den geregelten Fall erfasst, entsprechend auf den nicht geregelten Fall anwenden kann. Die entsprechende Anwendung einer Vorschrift nennt man *Analogie*.

Eine Analogie ist wegen des Grundsatzes der Gewaltenteilung nur unter sehr engen Voraussetzungen erlaubt. Sie ist die Ausnahme. Bei einer analogen Anwendung riskieren Sie nämlich, sich über den Willen des Gesetzgebers hinwegzusetzen, der möglicherweise Ihren Fall der gewünschten Rechtsfolge gar nicht unterwerfen wollte. Aus diesen Gründen ergeben sich folgende zwingende Voraussetzungen für eine Analogie.

1. Planwidrige Regelungslücke

Ein Analogieschluss setzt zunächst eine *planwidrige Regelungslücke* voraus. Eine planwidrige Regelungslücke liegt vor, wenn Ihr Fall nur deshalb nicht geregelt ist, weil der Gesetzgeber ihn übersehen hat. Eine Analogie ist m. a. W. unzulässig, wenn die Regelungslücke vom Gesetzgeber beabsichtigt, also planmäßig ist, oder wenn der Gesetzgeber einen Analogieschluss sogar ausdrücklich verboten hat[48].

Wenn Sie daher einen Analogieschluss ziehen wollen, reicht es nicht, wenn Sie feststellen, dass eine bestimmte Vorschrift auf Ihren Fall nicht unmittelbar anwendbar ist. Sie müssen vielmehr zusätzlich den Nachweis erbringen, dass das vom Gesetzgeber so nicht beabsichtigt ist. In vielen Fällen wird Ihnen das nur mit Hilfe der Auslegung gelingen. In einigen Fällen ergibt sich bereits aus dem Gesetz selbst, dass und unter welchen Voraussetzungen die entsprechende Anwendung einer Vorschrift möglich ist[49].

Beispiel:

§ 28 Abs. 1 VwVfG – und mit ihm die Verwaltungsverfahrensgesetze der Länder – bestimmt, dass dem Beteiligten Gelegenheit zur Anhörung zu geben ist, bevor ein Verwaltungsakt erlassen wird, der in seine Rechte eingreift. Weder dort noch an anderer Stelle des Verwaltungsverfahrensgesetzes ist indes geregelt, ob Gelegenheit

48 Gemäß Art. 103 Abs. 2 GG ist eine analoge Anwendung von Straftatbeständen zu Lasten des Täters verboten.

49 Vgl. z. B. § 49 Abs. 2 Satz 2 VwVfG.

zur Anhörung auch bei belastenden Realakten[50] gegeben werden muss. Insoweit besteht eine Regelungslücke. Dafür, dass diese nicht planmäßig ist, spricht zum einen, dass das Verwaltungsverfahrensgesetz überhaupt keine Regelungen über Realakte enthält, obwohl diese als Handlungsform der Verwaltung unbestritten und unverzichtbar sind. Insofern kann man nicht davon ausgehen, dass der Gesetzgeber bei Realakten gerade auf die Anhörung verzichten wollte. Darüber hinaus kann nicht unterstellt werden, dass der Gesetzgeber sämtliche Verfahrensgrundsätze in §§ 9 ff. VwVfG auf Realakte nicht angewendet sehen wollte. Eine planwidrige Regelungslücke liegt daher vor.

2. Vergleichbarkeit der Interessenlage

Bei Vorliegen einer planwidrigen Regelungslücke prüfen Sie, ob der nicht geregelte Fall dem geregelten entspricht. Das wird Ihnen in den meisten Fällen nur mit Hilfe der Auslegung nach Sinn und Zweck gelingen. Entscheidend ist im Ergebnis, ob es gegen den Gleichheitsgrundsatz verstoßen würde, den geregelten und den nicht geregelten Fall ungleich zu behandeln.

Beispiel:

Im Gegensatz zu belastenden Verwaltungsakten, die lediglich ein Gebot oder Verbot beinhalten, ist ein belastender Realakt geeignet, sogleich vollendete Tatsachen zu schaffen, die später u. U. nicht mehr rückgängig zu machen sind. Der Beteiligte ist durch einen belastenden Realakt daher nicht weniger schwer betroffen als durch einen Verwaltungsakt, zumal bei Realakten nicht die Möglichkeit besteht, eine Vollziehung durch Erhebung des Widerspruchs auszusetzen. Insofern sind der geregelte und der nicht geregelte Fall vergleichbar. Der Grundsatz des rechtlichen Gehörs, der in der Anhörung vor Erlass eines belastenden Verwaltungsakts in § 28 Abs. 1 VwVfG Ausdruck findet, muss daher auch bei Vornahme eines Realakts gelten. Die Voraussetzungen einer analogen Anwendung liegen vor.

IV. Umkehrschluss

Neben der Analogie kann auch der *Umkehrschluss* (Gegenschluss) zur Ergänzung eines Gesetzes herangezogen werden. Sein Wesen besteht darin, dass aus der Verneinung einer gesetzlichen Aussage auf die gegenteilige Rechtsfolge geschlossen wird: „Für das Umgekehrte gilt das nicht.“

50 Darunter versteht man Verwaltungshandeln, das keine Regelung enthält, also nicht auf die Setzung einer Rechtsfolge gerichtet ist, sondern in einer Tathandlung besteht. Beispiele dafür sind insbesondere Maßnahmen der Verwaltungsvollstreckung wie das Absägen eines umsturzgefährdeten Baums, das Abschleppen eines Fahrzeugs etc.

Beispiele:

§ 43 Abs. 3 VwVfG regelt, dass ein nichtiger Verwaltungsakt unwirksam ist. Im Umkehrschluss bedeutet das, dass ein nicht nichtiger Verwaltungsakt wirksam ist. Nicht nichtig und damit wirksam sind alle rechtmäßigen und alle (nur) rechtswidrigen Verwaltungsakte.

Gemäß § 43 Abs. 1 Satz 1 VwVfG wird ein Verwaltungsakt in dem Zeitpunkt wirksam, in dem er dem Adressaten bekannt gegeben wird. Im Umkehrschluss bedeutet das, dass ein Verwaltungsakt ohne Bekanntgabe keine Wirksamkeit entfalten kann.

Gemäß § 100a Satz 2 StPO darf sich die Anordnung einer Telefonüberwachung auch gegen Personen richten, von denen anzunehmen ist, dass sie für den Beschuldigten bestimmte Mitteilungen entgegennehmen. Diese Personen können auch Angehörige des Beschuldigten sein, denen gemäß § 52 StPO ein Zeugnisverweigerungsrecht zusteht. Die Kollision zwischen § 100a Satz 2 und § 52 StPO kann durch einen Umkehrschluss aus § 100d Abs. 3 Satz 3 StPO aufgelöst werden. Darin ist geregelt, dass in dem Fall des § 52 StPO die aus einer Maßnahme nach *§ 100c Abs. 1 StPO* gewonnenen Erkenntnisse nur unter bestimmten Voraussetzungen verwertet werden dürfen. Maßnahmen nach § 100a StPO sind in der Vorschrift nicht genannt. Im Umkehrschluss bedeutet das, dass die aus einer Maßnahme nach § 100a StPO gewonnenen Erkenntnisse auch in den Fällen des § 52 StPO ohne Weiteres verwertet werden dürfen[51].

V. Erst-recht-Schluss[52]

Ein weiteres Mittel, ein Gesetz zu ergänzen, ist der *Erst-recht-Schluss* oder der Schluss „a maiore ad minus“. Sein Wesen besteht darin, von einem weitergehenden Tatbestand, sofern er erfüllt ist, auf eine engeren Tatbestand zu schließen, der im Gesetz nicht ausdrücklich geregelt ist, oder von einer weitergehenden Rechtsfolge auf eine engere Rechtsfolge zu schließen, die im Gesetz nicht ausdrücklich geregelt ist[53].

Beispiele:

Nach der polizeilichen Generalklausel darf die Polizei (schon dann) die notwendigen Maßnahmen treffen, wenn im einzelnen Fall eine Gefahr für die öffentliche Sicherheit besteht. Wenn aber die Polizei schon bei einer Gefahr einschreiten darf, gilt diese Befugnis erst recht dann, wenn nicht nur eine Gefahr, sondern bereits eine Störung der öffentlichen Sicherheit eingetreten ist.

Nach § 15 Abs. 3 VersG kann die Behörde bei Vorliegen eines Auflösungsgrundes die Versammlung auflösen. Wenn schon eine Auflösung möglich ist, dann erst recht die Ergreifung solcher Maßnahmen, die in ihrer Intensität hinter der Auflösung zurückbleiben (z. B. die Sicherstellung mitgeführter Transparente).

51 Dörschuck, Polizeiliches Eingriffsrecht, S. 265.

52 Der Erst-recht-Schluss wird am Beispiel von § 15 Abs. 3 VersG im Fall „Boykottaufruf“ behandelt.

53 Rüthers, Rechtstheorie, Rn. 897 f.

Zu berücksichtigen ist dabei aber immer, dass der Erst-recht-Schluss versagt, ein Rückgriff auf eine engere Rechtsfolge also nicht möglich ist, wenn der Tatbestand nicht erfüllt ist.

Beispiele:

Wenn gar kein Auflösungsgrund i. S. d. § 15 Abs. 3 VersG vorliegt, darf die zuständige Behörde überhaupt nicht, auch nicht mit einer hinter der Auflösung zurückbleibenden Maßnahme einschreiten.

Wenn die Voraussetzungen für eine Durchsuchung nach § 102 StPO nicht vorliegen, darf die Ermittlungsbehörde eine Wohnung auch nicht betreten.

E. Technik der Fallbearbeitung

I. Grundzüge

Bei der Fallbearbeitung gibt es gewisse Regeln, die man kennen muss und die im Folgenden dargestellt werden. Eine Garantie für ein technisch gelungenes Gutachten ist das aber noch nicht. Wichtig ist darüber hinaus, dass man sie auch anwenden kann. Nutzen Sie deshalb die Gelegenheit, Fälle schriftlich zu lösen.

1. Erfassen des Sachverhalts

Lesen Sie den Sachverhalt mehrfach durch, bevor Sie Überlegungen zur Rechtslage anstellen. Versetzen Sie sich in die Situation der Beteiligten. Versuchen Sie sich den dargestellten Geschehensablauf vorzustellen. Nehmen Sie den Sachverhalt so hin, wie er ist. Lesen Sie nichts hinein. Unterstellen Sie nichts[54]. Wenn mehrere Personen beteiligt sind, fertigen Sie eine Skizze an, in der Sie die Beziehungen der Personen untereinander darstellen. Wenn Zeitangaben mit-

54 Nach einem Klausursachverhalt rollten halbvolle Bierflaschen in einen Teich. Das Bier führte zum Tod der darin schwimmenden Fische. Bei der Falllösung kam es u. a. darauf an, ob unter normalen Umständen mit dem Tod der Fische gerechnet werden musste. An der Grenze lag es schon, dass in dem Gutachten von „rollendem Beck's“ die Rede war. Die Grenze zulässiger Sachverhaltsauslegung wurde jedoch vollends überschritten, als der Verfasser weiter ausführte, „der Biertod und der dadurch entstandene Zierfischschaden sei eine Verkettung äußerst unglücklicher Umstände und vor allem darauf zurückzuführen, dass eine für den norddeutschen Raum ungeeignete Zierfischart zum Einsatz kam.“

geteilt werden, erstellen Sie eine Chronologie über die Abfolge des Geschehens[55].
Unterstreichen Sie die Sachverhaltspassagen, in denen Rechtsauffassungen mitgeteilt werden. Diese enthalten i. d. R. wertvolle Hinweise auf die rechtliche Lösung und die Probleme des Falles.

2. Erfassen der Fallfrage

Bemühen Sie sich, die Fallfrage genau zu erfassen. Achten Sie ggf. auf den Bearbeitervermerk. Erfahrungsgemäß kommt es oft vor, dass die Bearbeiter Dinge prüfen, nach denen gar nicht gefragt ist.
Denken Sie daran, dass der erste Satz Ihres Gutachtens abstrakt auf die Fallfrage antwortet. Wenn Sie diese nicht richtig erfasst haben, finden Sie schon nicht den richtigen Einstieg und kommen auf Abwege.

3. Erstellung der Lösungsskizze

Arbeiten Sie den Obersatz für Ihr Gutachten heraus. Gliedern Sie die Arbeit anhand des Obersatzes. Suchen Sie dazu die Rechtsgrundlagen für die Lösung Ihres Falles. Lesen Sie das Gesetz aufmerksam, nicht nur die Vorschrift, die Ihrer Meinung nach einschlägig ist, sondern auch den Zusammenhang, in dem sie steht. Achten Sie dabei auf Spezialitätsgrundsätze[56]. Unterscheiden Sie zwischen Tatbestand und Rechtsfolge und machen Sie sich klar, welche einzelnen Tatbestandsvoraussetzungen erfüllt sein müssen, damit eine bestimmte Rechtsfolge eintritt.

4. Verarbeitung des Sachverhalts

Gehen Sie den Sachverhalt anhand Ihrer Lösungsskizze durch und versuchen Sie herauszufinden, wo die Schwerpunkte des Gutachtens liegen. I. d. R. sind das die Merkmale, zu denen im Sachverhalt ausführliche Angaben stehen oder zu denen Rechtsausführungen gemacht werden.

55 Wenn die Daten untereinander stehen, merken Sie sofort, ob möglicherweise Fristen nicht eingehalten wurden oder ob es um eine Verwirkung geht. Solche Feinheiten entgehen Ihnen leicht, wenn Sie die Zeitangaben nur im laufenden Text des Sachverhalts wahrnehmen.

56 Das speziellere Gesetz schließt, sofern es einschlägig ist, die Anwendung des allgemeineren Gesetzes aus. Falsch wäre es daher, die Generalklausel als Rechtsgrundlage für eine Polizeiverfügung zu prüfen, wenn die tatbestandlichen Voraussetzungen einer Standardmaßnahme vorliegen.

Wenn nach Ihrer Lösungsskizze Ausschnitte des Sachverhalts unberücksichtigt bleiben, prüfen Sie noch einmal ganz genau, ob Sie nicht einen rechtlichen Gesichtspunkt oder ein Tatbestandsmerkmal übersehen haben. Meistens haben solche Angaben im Sachverhalt nämlich eine rechtliche Bedeutung.

5. Stil

Nicht nur Klausuren, sondern auch Bescheide oder Berichte müssen für den Leser oder Adressaten verständlich sein. Sie müssen – abgesehen von ihrer inhaltlichen Richtigkeit – gewährleisten, dass die darin enthaltene Verfügung realisiert wird und der Adressat anhand der Begründung der Verfügung entscheiden kann, ob er dagegen Rechtsmittel ergreift oder nicht. Unsicherheiten bei der Auslegung eines Verwaltungsaktes gehen immer zulasten der Behörde. Unsicherheiten bei der Niederschrift eines Gutachtens gehen zulasten des Verfassers. Hier deshalb einige Regeln zum Stil.

Drücken Sie sich verständlich und präzise aus.

Zitieren Sie das Gesetz so genau wie möglich[57].

Verwenden Sie keine direkten Fragen.

Rechtfertigen Sie nicht Ihren Aufbau[58].

Vermeiden Sie Übertreibungen[59].

Vermeiden Sie Umgangssprache[60].

Vermeiden Sie Vertraulichkeiten[61].

Fordern Sie den Korrektor nicht heraus[62].

Vermeiden Sie es, das Gesetz oder den Sachverhalt abzuschreiben.

Stellen Sie keine Vermutungen an. Kommen Sie zu definitiven Ergebnissen[63].

57 Z. B. Art. 5 Abs. 1 Satz 1 1. HS GG, wenn es um die Meinungsäußerungsfreiheit geht, und nicht einfach Art. 5 Abs. 1 GG.

58 Z. B.: „Eigentlich müsste jetzt die formelle Rechtmäßigkeit geprüft werden. Aber davon wird jetzt abgesehen, weil ..."

59 Z. B.: „Der Platzverweis ist *hundertprozentig* rechtmäßig." Solche Behauptungen verraten nicht nur Unsicherheit, sie sind meistens auch noch falsch.

60 Z. B.: „Die Voraussetzungen des § 15 Abs. 3 VersG liegen nicht vor. Daher fällt diese Vorschrift flach."

61 Schreiben Sie nicht im „ich"-Stil. Weder: „Ich bin hier derselben Ansicht wie das Bundesverfassungsgericht." Noch: „Ich bin heute nicht in Form."

62 Gemeint sind die beliebten Einleitungssätze, die mit „Zu prüfen ist, ..." oder „Fraglich ist ... „ beginnen. Der Korrektor fragt sofort, *warum* dieses oder jenes zu prüfen ist. Die Folgerichtigkeit Ihrer Ausfügungen muss sich von selbst ergeben. In den Falllösungen des 3. Teils finden Sie diese Einleitungen nicht. Sie sind überflüssig.

63 Z. B.: „Die Maßnahme wird wohl rechtmäßig sein."

II. Umgang mit Rechtsproblemen

Ein Gutachten dient nicht dazu, dem Leser auf geheimnisvolle Weise nach und nach etwas zu vermitteln, was von Anfang an klar und unproblematisch ist. Wenn und soweit das der Fall ist, subsumieren Sie abgekürzt oder stellen einfach nur fest, dass ein bestimmtes Tatbestandsmerkmal vorliegt. Der Schwerpunkt Ihres Gutachtens liegt dort, wo ein Rechtsbegriff oder eine Rechtsfrage problematisch sind. Hier erwartet der Leser in einem Gutachten Ausführungen, die ihn in die Lage versetzen, selbst nachzuvollziehen, wo das Problem liegt, wie man das Problem lösen kann, welche Folgen das jeweils hat und welche Lösung Sie ihm aus welchen Gründen empfehlen.

Auch hier sollten Sie einige Grundsätze beachten.

Bedenken Sie, dass Zweck des Gutachtens die Lösung eines konkreten Falles ist. Es ist daher verfehlt, das zu referieren, was in einem Lehrbuch zu einem bestimmten Problem gesagt wird. Stellen Sie daher das Problem nicht, wie es in Lehrbüchern und Kommentaren geschieht, abstrakt dar, sondern versuchen Sie, es in die Falllösung einzubinden. Machen Sie es zum Bestandteil Ihrer eigenen Überlegungen. Das geschieht dadurch, dass Sie das Problem und die möglichen Lösungsmöglichkeiten benennen und seine Relevanz für den konkreten Fall darstellen.

Nur dann, wenn die unterschiedlichen Lösungsmöglichkeiten in Ihrem Fall auch zu unterschiedlichen Ergebnissen führen, besteht ein Anlass, darauf einzugehen, wie das Problem zu lösen ist. Wenn es dagegen auf das Problem nicht ankommt, weil alle möglichen Lösungen in Ihrem Fall zu demselben Ergebnis führen, wäre es überflüssig, sich mit ihm zu beschäftigen[64].

Wenn es tatsächlich darauf ankommt, wie ein bestimmter Rechtsbegriff auszulegen oder wie ein bestimmtes Rechtsproblem zu lösen ist, argumentieren Sie mit dem Gesetz.

Am Ende Ihrer Argumentation haben Sie eine Definition gefunden, die Grundlage für die weitere Bearbeitung des Falles ist. Sie können also subsumieren und die Schlussfolgerung unter den Obersatz ziehen. Danach setzen Sie die Prüfung mit dem nächsten Tatbestandsmerkmal fort.

64 Es ist ein häufiger Anfängerfehler, dass Bearbeiter ein bekanntes Problem vor lauter Freude darüber, dass sie überhaupt etwas Problematisches gefunden haben, auch gleich lang und breit erörtern, ohne dass ihnen dessen fehlende Relevanz für den Fall auffällt. Schädlich ist das abgesehen davon, dass Überflüssiges geschrieben wird, auch deshalb, weil dabei Zeit verschwendet wird, die für die Bearbeitung der wirklichen Probleme des Falles dringend benötigt wird.

2. Teil: Aufbauschemata

Aufbauschemata haben nicht nur Gutes. Sie tragen zwar auf der einen Seite dazu bei, dass Ihre Ausarbeitung folgerichtig ist und versetzen Sie in die Lage, an der richtigen Stelle auch die richtigen Obersätze zu schreiben. Schemata ersetzen aber nicht fehlendes Verständnis und fehlende Rechtskenntnisse. Auf folgende Gefahren soll deshalb besonders hingewiesen werden.

Maßgeblich für eine gelungene Falllösung ist immer der Bezug zur Fallfrage. Aufbauschemata verleiten nur zu oft dazu, etwas zu prüfen, wonach gar nicht gefragt ist. Das ist schlecht. Es führt nicht nur dazu, dass Überflüssiges geschrieben wird, man verschenkt dabei auch die Zeit, die für die wirklichen Probleme des Falles dringend benötigt wird.

Hinzu kommt, dass im Zuge interdisziplinärer Modulprüfungen der Bachelor-Studiengänge demnächst zunehmend Fragestellungen mit Bezug zu mehreren Rechtsgebieten oder mit Bezug zu Fragen aus dem Gebiet der Einsatzlehre auftreten werden[1]. Diese Fragestellungen werden Sie nur dann meistern können, wenn Sie den Inhalt der Schemata und die Folgerichtigkeit der darin enthaltenen Prüfungspunkte verstanden haben. Dazu sollen die Erläuterungen zu den nachfolgenden Schemata eine Hilfe sein.

Schemata können darüber hinaus die Falllösung nur verallgemeinern.

Einerseits sind sie regelmäßig nicht so vollständig, dass sie wirklich auf *jeden* Sachverhalt passen. Andererseits enthalten sie zuweilen auch Prüfungspunkte,

1 Solche Fragestellungen können z. B. dahin gehen, die grundrechtlichen Bezüge einer Eingriffsmaßnahme und ihre Rechtmäßigkeit zu prüfen. Hier passt keines der nachfolgenden Schemata genau. Man würde hier vielmehr in einem ersten Schritt prüfen, ob die Maßnahme den Schutzbereich eines Grundrechts betrifft (Ausschnitt aus dem Aufbauschema A. Verletzung von Freiheitsrechten), danach würde man die Rechtmäßigkeit am Maßstab einfachen Rechts untersuchen (Aufbauschema D. Rechtmäßigkeit belastender Verwaltungsakte). Diese Art der Fragestellung ist sinnvoll, um das Verständnis für die Bedeutung der Grundrechte bei der Auslegung und Anwendung einfachen Rechts und damit interdisziplinäres Denken zu fördern.

die in vielen Fällen keine Relevanz für den Fall haben[2]. Hinzu kommt, dass verschiedene Dozenten gelegentlich auch andere Vorstellungen vom Inhalt oder der Reihenfolge der Prüfungspunkte haben[3]. Dem sollten Sie in Ihrer Falllösung Rechnung tragen und die nachfolgenden Schemata deshalb lediglich als Hilfe, nicht aber als Dogma betrachten.

Die im 3. Teil vorgestellten Falllösungen folgen den Schemata. Sie können den Aufbau der Lösungen daher leicht nachvollziehen, wenn Sie die folgenden Schemata kopieren und daneben legen.

A. Verletzung von Freiheitsrechten

I. Aufbauschema

Das Grundrecht ist verletzt, wenn ein verfassungsrechtlich nicht gerechtfertigter (3.) Eingriff (2.) in den Schutzbereich (1.) vorliegt.

1. Betroffenheit des Schutzbereichs
   Der Schutzbereich ist durch die Maßnahme der öffentlichen Gewalt betroffen, wenn diese Auswirkungen auf ein Verhalten hat, das durch das Grundrecht geschützt ist.
2. Eingriff
   Ein Eingriff in den Schutzbereich liegt vor, wenn dieser *nachteilig* betroffen ist, insbesondere wenn ein grundrechtlich geschütztes Verhalten unmöglich gemacht oder sanktioniert wird.
3. Verfassungsrechtliche Rechtfertigung
   Ein Eingriff ist verfassungsrechtlich gerechtfertigt, wenn das Grundrecht unter dem Vorbehalt eines einschränkenden Gesetzes steht und dieses Gesetz sowie der darauf beruhende Einzelakt verfassungsmäßig sind.

2 Ein Beispiel dafür sind die zahlreichen Verfahrensanforderungen bei der formellen Rechtmäßigkeit eines Verwaltungsakts (Aufbauschema D. Rechtmäßigkeit eines belastenden Verwaltungsakts). Sie werden regelmäßig nur dann geprüft, wenn der Sachverhalt dazu Angaben enthält. S. dazu die Falllösung zur Rechtmäßigkeit des Aufenthaltsverbots in dem Fall „Taugenichts".

3 So kann man durchaus unterschiedlicher Auffassung darüber sein, an welcher Stelle die Rechtsfolgen von Verfahrensfehlern bei der Prüfung belastender Verwaltungsakte geprüft wird (Aufbauschema D. Rechtmäßigkeit belastender Verwaltungsakte).

a) Gesetzesvorbehalt

aa) Einfacher Gesetzesvorbehalt oder

bb) Qualifizierter Gesetzesvorbehalt oder

cc) Verfassungsimmanenter Vorbehalt

b) Verfassungsmäßigkeit des einschränkenden Gesetzes

aa) Erfüllung der qualifizierten Anforderungen bei einem qualifizierten Gesetzesvorbehalt

bb) Formelle Verfassungsmäßigkeit des einschränkenden Gesetzes

(1) Zuständigkeit, Art. 70 ff. GG

(2) Verfahren, Art. 76 ff. GG

(3) Form, Art. 82 GG

(4) Ergebnis

cc) Materielle Verfassungsmäßigkeit des einschränkenden Gesetzes

(1) Anforderungen des Art. 19 Abs. 1 und 2 GG

- Einzelfallgesetzverbot, Art. 19 Abs. 1 Satz 1 GG
- Zitiergebot, Art. 19 Abs. 1 Satz 2 GG
- Wesensgehaltsgarantie, Art. 19 Abs. 2 GG

(2) Verhältnismäßigkeit des einschränkenden Gesetzes

- Legitimer Zweck des Gesetzes
- Eignung des Gesetzes zur Zweckerreichung
- Erforderlichkeit der gesetzlichen Ermächtigung
- Angemessenheit des Gesetzes

(3) Bestimmtheit des einschränkenden Gesetzes

dd) Ergebnis

c) Verfassungsmäßigkeit des Einzelakts

aa) Verhältnismäßigkeit des Einzelaktes

(1) Legitimer Zweck des Einzelaktes

(2) Eignung des Einzelaktes zur Zweckerreichung

(3) Erforderlichkeit des Einzelaktes

(4) Angemessenheit des Einzelaktes

bb) Bestimmtheit des Einzelaktes[4]

cc) Ggf. besondere Anforderungen des Grundgesetzes an den Einzelakt[5]

4. Ergebnis

II. Erläuterungen

Gemäß Art. 1 Abs. 3 GG ist die vollziehende Gewalt an die Grundrechte gebunden. Das bedeutet, dass jeder Eingriff in Grundrechte, der nicht von diesen selbst erlaubt ist oder der nicht die Bedingungen erfüllt, die an Eingriffe gestellt werden, verfassungswidrig ist. Soweit die Polizei in Freiheitsrechte des Bürgers eingreift, muss sie daher sicherstellen, dass daraus keine Grundrechts*verletzung* resultiert[6].

1. Betroffenheit des Schutzbereichs

Eine Grundrechts*verletzung* kann dabei von vornherein nicht eintreten, wenn die konkrete Maßnahme keine Auswirkungen auf das geschützte Recht hat. Deshalb beginnt die Prüfung einer Grundrechtsverletzung immer mit der Frage, ob der Schutzbereich des Grundrechts durch die hoheitliche Maßnahme betroffen ist.

Beispiel:

Art. 2 Abs. 2 Satz 1 GG schützt die körperliche Unversehrtheit. Darunter versteht man u. a. die Gesundheit im physiologischen Sinn. Ein Schuss des Polizeibeamten ins Bein des Tankstellenräubers führt zu Schmerzen und einer Wunde und hat daher Auswirkungen auf dessen Gesundheit. Der Schutzbereich des Art. 2 Abs. 2 Satz 1 GG ist durch die hoheitliche Maßnahme betroffen[7].

4 Die Bestimmtheit kann nur bei Geboten oder Verboten, also dann geprüft werden, wenn der Grundrechtseingriff durch Verwaltungsakt erfolgt. Realakte sind der Prüfung der Bestimmtheit nicht zugänglich.

5 Z. B. Art. 104, Art. 13 Abs. 2 GG.

6 Ausführliches zu dem Thema Grundrechtsdogmatik und Grundrechtsprüfung finden Sie u. a. in: Pieroth/Schlink, Grundrechte, Rn. 18 ff.

7 Die vollständige Lösung finden Sie in dem Fall „Tankstellenüberfall“.

2. Eingriff

Auch wenn eine konkrete Maßnahme den Schutzbereich eines Grundrechts betrifft, bedeutet das noch nicht, dass das für den Bürger nachteilig ist. Oft greift der Staat nämlich nicht in Rechte des Bürgers ein, sondern verteilt Leistungen. Da aber nur Beeinträchtigungen eines grundrechtlich geschützten Rechts zu einer Verletzung führen können, folgt als zweiter Schritt die Prüfung eines Eingriffs in den Schutzbereich.

Beispiel:

Der Schutzbereich des Art. 2 Abs. 2 Satz 1 GG ist infolge des Schusswaffengebrauchs *nachteilig* betroffen. Ein Eingriff liegt daher vor.

3. Verfassungsrechtliche Rechtfertigung

Hoheitliche Eingriffe in Grundrechte sind in vielen Fällen zur Gefahrenabwehr oder Strafverfolgung unvermeidlich, um Grundrechtskollisionen zu verhindern oder zu beseitigen. Aus dem Vorliegen eines Eingriffs folgt daher noch nicht zwangsläufig ein Verstoß gegen Art. 1 Abs. 3 GG und damit eine Grundrechtsverletzung. Das zeigt sich daran, dass viele Grundrechte bereits ihrem Wortlaut nach Beschränkungsmöglichkeiten enthalten[8]. Daher muss als dritter Schritt die (verfassungsrechtliche) Rechtfertigung des Eingriffs in den Schutzbereich geprüft werden. Das läuft folgendermaßen ab:

a) Gesetzesvorbehalt

Ein Eingriff kann von vornherein nicht gerechtfertigt sein, wenn das Grundrecht überhaupt keine Beschränkung zulässt[9]. In diesem Fall liegt ohne Weiteres eine Grundrechtsverletzung vor. Die erste Voraussetzung für eine verfassungsrechtliche Rechtfertigung ist daher immer eine entsprechende Erlaubnis der Verfassung zur Grundrechtsbeschränkung, ein sog. Gesetzesvorbehalt.
Die Grundrechte enthalten z. T. Vorbehalte, in denen keine besonderen Anforderungen an das einschränkende Gesetz gestellt werden (sog. einfache Gesetzesvorbehalte)[10]. Hier genügt es, wenn das einschränkende Gesetz formell und materiell verfassungsmäßig ist, Art. 20 Abs. 3 GG.

8 Z. B. Art. 2 Abs. 2 Satz 3 GG; Art. 5 Abs. 2 GG; Art. 8 Abs. 2 GG; Art. 10 Abs. 2 GG; Art. 11 Abs. 2 GG.

9 Das einzige Grundrecht, das keine Beschränkung zulässt, bei dem also jeder Eingriff automatisch zu einer Verletzung führt, ist Art. 1 Abs. 1 GG.

10 Z. B. Art. 2 Abs. 1 GG; 8 Abs. 2 GG; Art. 10 Abs. 2 Satz 1 GG; Art. 12 Abs. 1 Satz 2 GG.

Einige Grundrechte enthalten aber Gesetzesvorbehalte, in denen die Verfassung zusätzliche Anforderungen an das einschränkende Gesetz stellt (sog. qualifizierte Vorbehalte). Hier genügt es nicht, dass das Gesetz formell und materiell verfassungsmäßig ist. Es muss darüber hinaus besondere Anforderungen erfüllen, um Grundlage für eine Beschränkung des betreffenden Grundrechts sein zu können[11].

Schließlich gibt es Grundrechte, die ihrem Wortlaut nach keine geschriebene Erlaubnis enthalten, sie zu beschränken, obwohl offensichtlich ist, dass auch bei der Ausübung dieser Freiheiten Konflikte mit anderen Grundrechten auftreten können, die durch Beschränkungen gelöst werden müssen[12]. Ob hier eine (ungeschriebene) Erlaubnis der Verfassung für eine Beschränkung besteht, muss im Einzelfall im Wege der Auslegung ermittelt werden. Die Erlaubnis zur Beschränkung dieser Grundrechte kann sich insbesondere dann ergeben, wenn im Einzelfall kollidierende Rechtsgüter Dritter oder andere Werte mit Verfassungsrang das betroffene Grundrecht überwiegen[13]. Man spricht dann von einem sog. verfassungsimmanenten Vorbehalt.

b) Verfassungsmäßigkeit des einschränkenden Gesetzes

Die in den Gesetzesvorbehalten gewährte Erlaubnis ist zunächst immer an den Gesetzgeber gerichtet, nie an die vollziehende Gewalt, weil diese gemäß Art. 20 Abs. 3 GG ohne eine gesetzliche Grundlage überhaupt nicht handeln darf. Da aber der Gesetzgeber gemäß Art. 20 Abs. 3 GG an die Verfassung gebunden ist, muss das Gesetz, das ein Grundrecht einschränkt und z. B. die Rechtsgrundlage für polizeiliche Eingriffe bietet, seinerseits verfassungsmäßig sein. Die Erlaubnis zur Grundrechtsbeschränkung ist also kein Freibrief für den Erlass willkürlicher Gesetze. Aus diesem Grund muss als zweite Voraussetzung für eine verfassungsrechtliche Rechtfertigung untersucht werden, ob das einschränkende Gesetz selbst verfassungsmäßig ist. Da das Grundgesetz formelle und materielle (inhaltliche) Anforderungen an Gesetze stellt, wird die Prüfung sinnvollerweise in diese Punkte unterteilt. Soweit einzelne Grundrechte selbst noch weitere, qualifizierte Anforderungen an einschränkende Gesetze stellen, werden auch diese hier geprüft[14].

11 Art. 5 Abs. 2 GG verlangt ein „allgemeines Gesetz“ (Fall „Wahlparty“). Art. 11 Abs. 2 GG verlangt, dass das die Freizügigkeit beschränkende Gesetz den dort aufgezählten Zwecken dient. Zu anderen Zwecken darf die Freizügigkeit nicht beschränkt werden (Fall „Taugenichts“; Fall „Tschüss!“).

12 Z. B. Art. 4 Abs. 1 GG; Art. 5 Abs. 3 GG; Art. 8 Abs. 1 GG für Versammlungen in geschlossenen Räumen.

13 Ein Beispiel dafür finden Sie im Fall „Wahlparty“ und im Fall „Die zehn Gebote“.

14 Zu qualifizierten Gesetzesvorbehalten finden Sie Beispiele im Fall „Wahlparty“, im Fall „Taugenichts“ und im Fall „Eau de Toilette“.

Der Schwerpunkt der gutachterlichen Prüfung liegt bei der materiellen Verfassungsmäßigkeit. Das Grundgesetz verlangt gemäß Art. 19 Abs. 1 und 2 GG die Beachtung des Einzelfallgesetzverbots, des Zitiergebots sowie die Beachtung der Wesensgehaltsgarantie. Diese Voraussetzungen sind i. d. R. völlig unproblematisch. Darüber hinaus muss das einschränkende Gesetz aber auch verhältnismäßig und hinreichend bestimmt sein. Der Prüfung der Verhältnismäßigkeit der Rechtsgrundlage kommt dabei gerade in den Tätigkeitsfeldern der Vollzugspolizei ein besonderes Gewicht zu. Das beruht darauf, dass viele Rechtsgrundlagen nur bei einer Auslegung im Lichte des Grundgesetzes verhältnismäßig sind, bei wörtlicher Auslegung dagegen zu verfassungswidrigen Ergebnissen führen würden[15]. Dieses Risiko geht man ein, wenn man das einfache Recht ohne Blick auf das grundrechtskonforme Verständnis der Rechtsgrundlagen anwendet[16]. Beachten Sie bei der Prüfung unbedingt, dass es an dieser Stelle noch um die Prüfung des Gesetzes geht. In keinem Fall dürfen Sie hier schon mit dem Einzelakt argumentieren.

c) Verfassungsmäßigkeit des Einzelaktes

Auch wenn das Grundrecht einen Eingriff erlaubt (Gesetzesvorbehalt) und wenn der Gesetzgeber von dieser Erlaubnis durch Erlass eines verfassungsmäßigen Gesetzes Gebrauch gemacht hat, kann immer noch dadurch eine Grundrechtsverletzung eintreten, dass die vollziehende Gewalt verfassungsrechtliche Bindungen missachtet, Art. 20 Abs. 3 GG. Solche Bindungen ergeben sich unmittelbar aus den Grundrechten[17] sowie aus dem Rechtsstaatsprinzip, nämlich aus dem sogleich zu behandelnden Verhältnismäßigkeitsgrundsatz und aus dem Bestimmtheitsgebot.

4. Hinweise zur Fallbearbeitung

Wenn eine Maßnahme der Polizei nach allem nicht gegen Vorschriften des Grundgesetzes verstößt, kann auch kein Grundrecht verletzt sein. Beachten Sie also, dass Prüfungsmaßstab bei einer Grundrechtsprüfung immer Verfassungsrecht ist, niemals einfaches (unterverfassungsrechtliches) Recht. In einer

15 Beispiele dafür finden Sie insbesondere in den Fällen „Rettet die Wildnis", „Boykottaufruf", „Uniformverbot" und „Taugenichts".

16 Beispiele dafür finden Sie in der Gegenüberstellung von verfassungs- und verwaltungsrechtlichen Prüfungen in dem Fall „Taugenichts".

17 Art. 13 Abs. 2 GG verlangt das Vorliegen eines richterlichen Beschlusses vor einer Durchsuchung. Art. 104 Abs. 2 ff. GG enthält eine Reihe von Rechtsgarantien für Freiheitsentziehungen. Werden diese nicht beachtet, ist die Durchsuchung oder Freiheitsentziehung verfassungswidrig, der Eingriff in das Grundrecht nicht gerechtfertigt und das Grundrecht verletzt.

Grundrechtsprüfung untersuchen Sie daher niemals, ob ein Einzelakt mit dem Polizeigesetz Ihres Landes übereinstimmt, ob jemand Störer ist oder ob die Voraussetzungen einer Rechtsgrundlage vorliegen.
Bei mehreren Personen und betroffenen Grundrechten prüfen Sie die Personen und die jeweils betroffenen Grundrechte nacheinander. Nur wenn Sie ganz sicher sind, dass der Inhalt der Prüfungen identisch ist, können Sie mehrere Personen zusammenfassen. Grundrechte sollten Sie niemals zusammen, sondern immer nacheinander prüfen.
Aus der Grundrechtsprüfung können und sollten Sie Gewinn für die polizeirechtliche Prüfung eines Falles ziehen. Die Betroffenheit des Schutzbereichs gibt Auskunft über die Bedeutung des Grundrechts, das von einer polizeilichen Maßnahme betroffen ist. Die Prüfung der (materiellen) Verfassungsmäßigkeit der Rechtsgrundlage zeigt, ob Sie bei ihrer Anwendung besondere verfassungsrechtliche Wertungen beachten müssen oder ob Sie die Rechtsgrundlage wörtlich nehmen können. Die Prüfung des Einzelakts auf Verhältnismäßigkeit und Bestimmtheit wiederholt sich bei der Prüfung der Rechtmäßigkeit eines belastenden Hoheitsaktes (s. Aufbauschema D. Rechtmäßigkeit eines belastenden Verwaltungsaktes).

B. Verletzung des Gleichheitssatzes

I. Aufbauschema

Eine Verletzung des allgemeinen Gleichheitssatzes liegt bei einer verfassungsrechtlich nicht gerechtfertigten (2.) Ungleichbehandlung (1.) vor.

1. Ungleichbehandlung
   a) Ungleichbehandlung von wesentlich Gleichem
   b) Gleichbehandlung von wesentlich Ungleichem
2. Verfassungsrechtliche Rechtfertigung
   a) Legitimer Zweck der Ungleichbehandlung
   b) Eignung der Ungleichbehandlung zur Zweckerreichung
   c) Erforderlichkeit der Ungleichbehandlung
   d) Angemessenheit der Ungleichbehandlung

II. Erläuterungen

Gemäß Art. 1 Abs. 3 GG binden die nachfolgenden Grundrechte u. a. die Exekutive. Zu den nachfolgenden Grundrechten gehört auch der allgemeine Gleichheitssatz, wonach alle Menschen vor dem Gesetz gleich sind.

1. Ungleichbehandlung

Erste Voraussetzung für eine Verletzung des Gleichheitssatzes ist daher das Vorliegen einer Ungleichbehandlung. Diese kann sowohl dadurch eintreten, dass wesentlich Gleiches ungleich behandelt wird, als auch dadurch, dass wesentlich Ungleiches gleich behandelt wird. Was *wesentlich* gleich ist, wird im Grundgesetz selbst nicht definiert, sondern ist durch Auslegung zu ermitteln[18]. Zu berücksichtigen ist dabei, dass, sobald die wesentliche Gleichheit zweier Sachverhalte verneint wird, die Notwendigkeit einer sachlichen Rechtfertigung entfällt und damit die Möglichkeit einer Gleichheitsverletzung ausscheidet. Ein strenger Maßstab bei der Prüfung, ob zwei Sachverhalte wesentlich gleich sind, würde daher zu einer Verminderung des Grundrechtsschutzes führen[19]. Aus diesem Grund sind die Anforderungen an die Feststellung von wesentlich Gleichem im Sinne einer grundrechtsfreundlichen Auslegung jedenfalls nicht zu überspannen. Für die Beantwortung der Frage, ob zwei Sachverhalte wesentlich gleich sind, kommt es daher darauf an, ob der Bezugspunkt, der für die behördliche Entscheidung maßgeblich ist, in beiden Fällen identisch ist oder nicht, ob sich also ein gemeinsamer Oberbegriff finden lässt[20].

Beispiele:

Bei einem Großschadensereignis können Polizei und Feuerwehr nicht allen Verletzten helfen. Die leichter Verletzten werden den Todgeweihten vorgezogen. Alle Personen sind verletzt und damit wesentlich gleich. Eine Ungleichbehandlung liegt darin, dass den einen geholfen wird, den anderen nicht.

Nach einem Fußballspiel sperrt die Polizei alle Personen aus der Fankurve in einen sog. Käfig, um ein Aufeinandertreffen mit den Fans der gegnerischen Mannschaft zu vermeiden. Unter den Personen in der Fankurve ist auch eine Mutter mit ihrem kleinen Kind, die nicht zu den Fans gehört. Mit Blick auf den Anlass, der die Polizei bewogen

18 Dazu eingehend, Rüthers, Rechtstheorie, Rn. 362 ff.; Pieroth/Schlink, Grundrechte, Rn. 428 ff.

19 Genau genommen gleicht keine Person der anderen, kein Sachverhalt dem anderen. Daraus zu folgern, dass so gut wie nichts wesentlich gleich ist, würde bedeuten, dass auch nichts ungleich handelt werden kann. Es könnte dann keine Gleichheitsverstöße geben, die Gewährleistung in Art. 3 Abs. 1 GG liefe leer.

20 Pieroth/Schlink, Grundrechte, Rn. 431 ff.

hat, die Personen vom Verlassen der Fankurve abzuhalten, sind sie und die Fans nicht wesentlich gleich. In diesem Fall wird wesentlich Ungleiches gleich behandelt.

Das erste Beispiel zeigt, dass es ein absolutes Verbot der Ungleichbehandlung insbesondere dann, wenn eine absolute Gleichbehandlung nicht möglich ist, nicht geben kann. Art. 3 Abs. 1 GG verlangt demgemäß auch nichts Unmögliches, sondern will nur eine *willkürliche* Differenzierung verhindern.

2. Verfassungsrechtliche Rechtfertigung

Willkür liegt dann vor, wenn es für die Ungleichbehandlung keinen sachlichen Grund gibt oder wenn die Ungleichbehandlung unverhältnismäßig ist[21].

Beispiele:
Die Bevorzugung der leichter Verletzten gegenüber den Todgeweihten diente dazu, im Ergebnis möglichst viele Leben zu retten. Hätten Polizei und Feuerwehr zuerst Personen versorgt, die ohnehin keine Überlebenschance hatten, wären aller Wahrscheinlichkeit nach leichter Verletzte, die bei rechtzeitiger Versorgung noch eine Chance gehabt hätten, aufgrund der verzögerten oder unterbliebenen Hilfe gestorben. Ein sachlicher Grund für die Ungleichbehandlung liegt daher vor. Die Ungleichbehandlung ist verfassungsrechtlich gerechtfertigt. Ein Verstoß gegen Art. 3 Abs. 1 GG liegt daher nicht vor.
Die Gleichbehandlung der Mutter und ihrem kleinen Kind mit den Fans müsste einem legitimen Zweck gedient haben. Ziel der Polizeimaßnahme war es, ein Aufeinandertreffen gegnerischer Fans und damit eine Massenschlägerei mit Körperverletzungen zu verhindern. Diesem Zweck diente das Festhalten der Mutter und ihres Kindes nicht. Die Gleichbehandlung mit den Fans ist daher nicht verfassungsrechtlich gerechtfertigt. Ein Verstoß gegen Art. 3 Abs. 1 GG liegt vor.

3. Hinweise zur Fallbearbeitung

Auch aus der Prüfung des Art. 3 Abs. 1 GG können und sollten Sie Gewinn für die polizeirechtliche Prüfung eines Falles ziehen. Ein Verstoß gegen den Gleichheitsgrundsatz führt nämlich zwangsläufig zu einem Ermessensfehlgebrauch (s. Aufbauschema D. Rechtmäßigkeit eines belastenden Verwaltungsakts).

21 Bei klaren Fällen wie hier genügt es regelmäßig, dass das Vorliegen eines sachlichen Grundes geprüft wird. In den Fällen, in denen die Rechtfertigung einer Ungleichbehandlung nicht so offensichtlich ist, prüft das Bundesverfassungsgericht die Verhältnismäßigkeit. Beides ist vertretbar und kommt im Ergebnis auf das Gleiche hinaus. Ein Beispiel für eine ausführliche Prüfung der verfassungsrechtlichen Rechtfertigung finden Sie in dem Fall „Valentins Tag". S. dazu auch Pieroth/Schlink, Grundrechte, Rn. 438 ff. m. w. N.

C. Zulässigkeit einer Verfassungsbeschwerde

I. Aufbauschema

Eine Verfassungsbeschwerde ist zulässig, wenn die in Art. 93 Abs. 1 Nr. 4a GG, §§ 13 Nr. 8a, 23, 90 ff. BVerfGG genannten Zulässigkeitsvoraussetzungen vorliegen.

1. Ordnungsgemäßer Antrag, § 23 BVerfGG
   a) Schriftliche Einreichung, § 23 Abs. 1 Satz 1 BVerfGG
   b) Begründung, §§ 23 Abs. 1 Satz 2, 92 BVerfGG
2. Beteiligtenfähigkeit, § 90 Abs. 1 BVerfGG
   Beteiligtenfähig ist gemäß § 90 Abs. 1 BVerfGG jedermann. Das ist derjenige, der Träger des als verletzt gerügten Grundrechts ist.
3. Prozessfähigkeit
   Prozessfähig ist derjenige, der in der Lage ist, selbst oder durch einen Vertreter Prozesshandlungen vorzunehmen.
4. Beschwerdegegenstand, § 90 Abs. 1 BVerfGG
   Die Verfassungsbeschwerde muss sich gegen einen Akt der öffentlichen Gewalt richten. Darunter versteht man Handlungen oder Unterlassungen der Gesetzgebung, der vollziehenden Gewalt und der Rechtsprechung, §§ 92, 93, 94 Abs. 2, 95 BVerfGG.
5. Beschwerdebefugnis, § 90 Abs. 1 BVerfGG
   Der Beschwerdeführer muss behaupten, in einem seiner Grundrechte oder grundrechtsgleichen Rechte verletzt zu sein.
   a) Möglichkeit einer Grundrechtsverletzung (Möglichkeitstheorie)
      Die Möglichkeit einer Grundrechtsverletzung besteht dann, wenn sie nach dem Vortrag des Beschwerdeführers nicht von vornherein und nach jeder Betrachtungsweise ausgeschlossen ist.
   a) Möglichkeit einer spezifischen Grundrechtsverletzung
      Richtet sich die Verfassungsbeschwerde gegen eine Gerichtsentscheidung, ist die Möglichkeit einer *spezifischen* Grundrechtsverletzung erforderlich. Diese liegt dann vor, wenn
      - durch das gerichtliche Verfahren selbst Grundrechte verletzt wurden,
      - das Gericht seine Entscheidung auf eine verfassungswidrige Norm gestützt hat oder

- wenn das Gericht bei der Auslegung und Anwendung einfachen Rechts grundrechtliche Wertungen missachtet hat.

c) Beschwer

Der Beschwerdeführer muss durch den Akt der öffentlichen Gewalt darüber hinaus selbst, gegenwärtig und unmittelbar betroffen sein[22].

aa) Eigene Bescher

Der Beschwerdeführer ist selbst betroffen, wenn er Adressat des Aktes der öffentlichen Gewalt ist.

bb) Unmittelbare Beschwer

Die unmittelbare Beschwer ist gegeben, wenn kein Vollzugsakt mehr erforderlich ist.

cc) Gegenwärtige Beschwer

Die gegenwärtige Beschwer ist gegeben, wenn der Beschwerdeführer aktuell und nicht erst in der Zukunft betroffen ist.

6. Rechtswegerschöpfung, § 90 Abs. 2 Satz 1 BVerfGG
7. Frist, § 93 BVerfGG

   a) Verfassungsbeschwerden gegen Einzelakte, § 93 Abs. 1 Satz 1 BVerfGG (ein Monat)

   b) Verfassungsbeschwerden gegen Gesetze, § 93 Abs. 3 BVerfGG (ein Jahr)
8. Allgemeines Rechtsschutzinteresse
9. Ergebnis

II. Erläuterungen

1. Erfolgsaussichten einer Verfassungsbeschwerde

Die Effektivität des Grundrechtsschutzes wird insbesondere durch die Individualverfassungsbeschwerde zum Bundesverfassungsgericht gewährleistet, Art. 19 Abs. 4, 93 Abs. 1 Nr. 4a GG. In diesem Verfahren kann der Beschwerdeführer geltend machen, durch eine Maßnahme der öffentlichen Gewalt in einem seiner Grundrechte oder grundrechtsgleichen Rechte[23] verletzt zu sein. Ziel des An-

22 Die Beschwer ist bei Verfassungsbeschwerden gegen Exekutivakte oder Gerichtsentscheidungen immer gegeben und kann – wenn überhaupt – kurz abgehandelt werden. Eine eigene Bedeutung erhält sie nur bei Verfassungsbeschwerden gegen Gesetze.

23 Darunter versteht man diejenigen Rechte, die nicht im Grundrechtsteil der Verfassung (Art. 1 bis 19 GG), sondern an anderer Stelle geregelt sind. Sie werden in § 90 Abs. 1 BVerfGG aufgezählt.

trags ist daher ausschließlich die Feststellung einer Grundrechtsverletzung. Prüfungsmaßstab ist ausschließlich Verfassungsrecht. In keinem Fall prüft das Bundesverfassungsgericht die Übereinstimmung eines Hoheitsaktes mit einfachem Recht. Das ist Sache der Instanzgerichte[24].

Die Verfassungsbeschwerde hat Aussicht auf Erfolg, wenn sie zulässig und begründet ist[25].

Die Verfassungsbeschwerde ist zulässig, wenn die Zulässigkeitsvoraussetzunggen erfüllt sind[26].

In der Zulässigkeit prüft das Bundesverfassungsgericht, ob überhaupt die Voraussetzungen für eine Prüfung des Vorbringens in der Sache vorliegen. Wenn z. B. schon kein ordnungsgemäßer Antrag gestellt wurde, wird die Verfassungsbeschwerde als unzulässig abgewiesen. Das Bundesverfassungsgericht befasst sich dann gar nicht mehr mit der inhaltlichen Frage, ob Grundrechte verletzt worden sind. Insofern dient die Hürde der Zulässigkeit der Prozessökonomie und der Effektivität der Gerichtsbarkeit. Das Bundesverfassungsgericht soll von der Prüfung offensichtlich aussichtsloser Verfahren entlastet werden[27]. Die Zulässigkeitsvoraussetzungen ergeben sich mit Ausnahme der Prozessfähigkeit und des Rechtsschutzinteresses aus dem Bundesverfassungsgerichtsgesetz. Beides sind allgemeine Grundsätze des Prozessrechts, die in allen anderen Prozessrechtsordnungen geregelt sind und aus nahe liegenden Gründen auch für den Verfassungsprozess gelten. Das Verfahren ist nämlich sinnlos, wenn der Beschwerdeführer nicht in der Lage ist, einen wirksamen Antrag zu stellen. Es ist ebenfalls sinnlos, wenn kein rechtlich geschütztes Interesse des Beschwerdeführers an einem erfolgreichen Ausgang des Verfahrens erkennbar

24 Das sind bei Maßnahmen der Polizei die Verwaltungsgerichte und Oberverwaltungsgerichte und das Bundesverwaltungsgericht. Diese prüfen die Rechtmäßigkeit einer Maßnahme, nicht deren Verfassungsmäßigkeit.

25 Das ist der Obersatz für die Fallfrage, ob die Verfassungsbeschwerde des Bürgers Aussicht auf Erfolg hat.

26 Das ist der Obersatz für die Prüfung der Zulässigkeit der Verfassungsbeschwerde. Einzelheiten zur Zulässigkeit der Verfassungsbeschwerde erfahren Sie bei Pieroth/Schlink, Grundrechte, Rn. 1121 ff.

27 Dieser Grundsatz gilt deshalb nicht nur für den Verfassungsprozess, sondern gleichermaßen für den Verwaltungsprozess und alle anderen Rechtsbehelfs- und Rechtsmittelverfahren. Der gegen ein Versammlungsverbot erhobene Widerspruch hat also Aussicht auf Erfolg, wenn er zulässig und begründet ist. Die später gegen das Versammlungsverbot gerichtete Anfechtungsklage hat Aussicht auf Erfolg, wenn sie zulässig und begründet ist. Die Zulässigkeitsvoraussetzungen ergeben sich hier aus den Bestimmungen der Verwaltungsgerichtsordnung, dazu: Kopp/Schenke, Verwaltungsgerichtsordnung (Kommentar), 14. Auflage München 2005; Würtenberger, Verwaltungsprozessrecht, 2. Auflage München 2006.

ist. Liegen alle Zulässigkeitsvoraussetzungen vor, prüft das Bundesverfassungsgericht die Begründetheit[28] der Verfassungsbeschwerde[29].
Die Verfassungsbeschwerde ist begründet, wenn der Beschwerdeführer in einem seiner Grundrechte oder grundrechtsgleichen Rechte verletzt ist[30].
Eine Grundrechtsverletzung liegt bei einem rechtswidrigen Eingriff in den Schutzbereich eines Grundrechts vor[31].

2. Hinweise zur Fallbearbeitung

Der Schwerpunkt eines Gutachtens, in dem es um die Erfolgsaussichten einer Verfassungsbeschwerde geht, liegt regelmäßig nicht bei der Prüfung der Zulässigkeit. Ihr Umfang sollte daher angemessen gering im Verhältnis zu dem Rest der Ausarbeitung sein. Darauf kann nicht eindringlich genug hingewiesen werden. Es ist nämlich erfahrungsgemäß überaus verlockend, bei den sicheren und leicht zu prüfenden Zulässigkeitsvoraussetzungen wertvolle Seiten zu verschwenden, die in der Bewertung einer Ausarbeitung letztlich nicht so sehr ins Gewicht fallen. Fassen Sie sich also kurz.
Die Reihenfolge der Zulässigkeitsvoraussetzungen wird durch das Bundesverfassungsgerichtsgesetz nicht vorgegeben. Sie können daher auch variieren.

D. Rechtmäßigkeit eines belastenden Verwaltungsakts

I. Aufbauschema

Ein Verwaltungsakt ist rechtmäßig, wenn er auf einer tauglichen Rechtsgrundlage beruht (1.) und formell (2.) sowie materiell (3.) rechtmäßig ist.

28 Sie ist nicht zu verwechseln mit der Begründung des Schriftsatzes, mit dem der Beschwerdeführer die Verfassungsbeschwerde erhebt, § 23 BVerfGG.

29 Zu den Zulässigkeitsvoraussetzungen der Verfassungsbeschwerde: Zuck, Das Recht der Verfassungsbeschwerde, 3. Auflage München 2006; Schlaich/Korioth, Das Bundesverfassungsgericht, 6. Auflage München 2004; Lechner/Zuck, Bundesverfassungsgerichtsgesetz (Kommentar), 5. Auflage München 2006.

30 Das ist der Obersatz für die Begründetheit der Verfassungsbeschwerde.

31 Das ist der Obersatz für die Grundrechtsprüfung. Sie sehen, dass Sie an dieser Stelle auf das Aufbauschema A. Verletzung von Freiheitsrechten und B. Verletzung von Gleichheitsrechten zurückgreifen können.

1. Rechtsgrundlage

2. Formelle Rechtmäßigkeit des Verwaltungsakts

   a) Zuständigkeit

      aa) Sachliche Zuständigkeit

      bb) Instanzielle Zuständigkeit

      cc) Örtliche Zuständigkeit

   b) Verfahren, §§ 9 ff. VwVfG[32], insbesondere

      aa) Keine Mitwirkung ausgeschlossener oder befangener Personen, §§ 20, 21 VwVfG

      bb) Untersuchungsgrundsatz, § 24 VwVfG

      cc) Berücksichtigung aller erforderlichen Beweismittel, § 26 VwVfG

      dd) Gelegenheit zur Anhörung, § 28 VwVfG

         (1) Grundsatz: Erforderlichkeit, § 28 Abs. 1 VwVfG

         (2) Unterbleiben einer Anhörung, § 28 Abs. 3 VwVfG

         (3) Entbehrlichkeit einer Anhörung, § 28 Abs. 2 VwVfG

         (4) Begründung, § 39 VwVfG

         (5) Besondere Verfahrensanforderungen aus spezialgesetzlichen Rechtsgrundlagen

   c) Form

      aa) Grundsatz: Formfreiheit, § 37 Abs. 2 VwVfG

      bb) Bekanntgabe, § 41 VwVfG

   d) Rechtsfolgen formeller Fehler[33]

      aa) Rechtswidrigkeit, ausnahmsweise Nichtigkeit, § 44 Abs. 2 Nr. 1 – 3, Abs. 3 VwVfG

      bb) Heilung der formellen Rechtswidrigkeit, § 45 VwVfG

32 Achtung! Das Verwaltungsverfahren richtet sich in den Fällen, in denen Landesbehörden tätig werden, nach den jeweiligen Landesverwaltungsverfahrensgesetzen, die entweder inhaltlich mit dem hier zitierten (Bundes-)Verwaltungsverfahrensgesetz übereinstimmen oder das Verwaltungsverfahrensgesetz des Bundes durch Verweisung zum Bestandteil des Landesrechts gemacht haben.

33 Sie haben die Möglichkeit, die jeweilige Fehlerfolge ggf. gleich im Anschluss an den jeweiligen Verfahrensfehler zu prüfen. Vertretbar ist es aber auch, die Folgen eines formellen Fehlers am Ende der formellen Rechtmäßigkeit zu prüfen. Die Unbeachtlichkeit eines Fehlers gemäß § 46 BremVwVfG kann jedenfalls in den Fällen, in denen eine gebundene Entscheidung angefochten wird, sinnvollerweise sogar erst nach der materiellen Rechtmäßigkeit geprüft werden, weil erst dann feststeht, ob der Fehler Auswirkungen auf die Entscheidung gehabt hat.

(1) Keine Nichtigkeit, § 45 Abs. 1 VwVfG

(2) Noch kein Abschluss eines verwaltungsgerichtlichen Verfahrens, § 45 Abs. 2 VwVfG

(3) Vorliegen eines Heilungstatbestandes, § 45 Abs. 1 Nr. 1 bis 5 VwVfG

(4) Ergebnis: Der Verwaltungsakt wird rechtmäßig.

cc) Unbeachtlichkeit der formellen Rechtswidrigkeit, § 46 VwVfG

(1) Keine Nichtigkeit, § 46 VwVfG

(2) Verstoß gegen Verfahren, Form, *örtliche* Zuständigkeit

(3) Offensichtlichkeit, dass der Fehler die Entscheidung in der Sache nicht beeinflusst hat

(4) Ergebnis: Der Verwaltungsakt bleibt rechtswidrig, es besteht aber kein Aufhebungsanspruch.

3. Materielle Rechtmäßigkeit des Verwaltungsakts

a) Tatbestandsvoraussetzungen der Ermächtigungsgrundlage

b) Richtiger Adressat

Verhaltensstörer, Zustandsstörer, Notstandspflichtiger oder sonstiger in der Rechtsgrundlage genannter Adressat.

c) Fehlerfreie Ermessensausübung, § 40 VwVfG, § 114 VwGO

aa) Kein Ermessensausfall

bb) Kein Überschreiten des Ermessensspielraums

cc) Kein Ermessensfehlgebrauch

(1) Zweck- oder sachfremde Erwägungen

(2) Strukturelle Mängel (logische Fehler, Widersprüche, Außerachtlassen wesentlicher Gesichtspunkte)

(3) Verwertung falscher Tatsachen

(4) Verstoß gegen den Gleichbehandlungsgrundsatz

d) Verhältnismäßigkeit

aa) Legitimer Zweck

bb) Geeignetheit

cc) Erforderlichkeit

dd) Angemessenheit

e) Bestimmtheit

4. Rechtsfolgen materieller Fehler

   a) Rechtswidrigkeit

      aa) Rechtswirksamkeit bis zur Erledigung, vgl. § 43 Abs. 2 und 3 VwVfG[34]

      bb) Anfechtbarkeit bis zum Eintritt der Unanfechtbarkeit

      cc) Bestandskraft nach Ablauf der Anfechtungsfristen

   b) Nichtigkeit, § 44 Abs. 1, Abs. 2 Nr. 4 bis 6 VwVfG[35]

5. Ergebnis

II. Erläuterungen

Das Aufbauschema für die Rechtmäßigkeit belastender Exekutivakte ist schnell erklärt. Es ergibt sich aus den rechtsstaatlichen Grundsätzen vom Vorbehalt und vom Vorrang des Gesetzes[36].

1. Vorbehalt des Gesetzes

Die Exekutive ist gemäß Art. 20 Abs. 3 GG an Gesetz und Recht gebunden und darf demzufolge nicht ohne ein Gesetz handeln. Deshalb muss zunächst eine Rechtsgrundlage gefunden werden, die auf der Rechtsfolgenseite das Verwaltungshandeln trägt. Daraus folgt der Prüfungspunkt „1. Rechtsgrundlage".
Es versteht sich von selbst, dass nur verfassungsmäßige Gesetze als taugliche Rechtsgrundlagen in Betracht kommen. Die meisten Gesetze sind verfassungsgemäß. Sie wären daher schlecht beraten, wenn Sie im Rahmen einer polizeirechtlichen Ausarbeitung zu dem Schluss kommen würden, die gefundene Rechtsgrundlage sei verfassungswidrig. Deshalb genügt es in der Fallbearbeitung in der Regel, wenn Sie die Rechtsgrundlage nur nennen und dem Leser mitteilen, unter welchen Voraussetzungen sie zu welchen Hoheitsakten ermächtigt.
In den folgenden Fällen werden Sie jedoch einige Rechtsgrundlagen kennenlernen, die bei wörtlicher Auslegung verfassungswidrig sind und nur bei restriktiver, verfassungskonformer Auslegung mit dem Grundgesetz übereinstimmen[37]. Wenn Sie in einer polizeirechtlichen Ausarbeitung auf eine solche

34 Die Rechtswirksamkeit hat zur Folge, dass ein Verwaltungsakt, der lediglich rechtswidrig ist, vollstreckt werden kann.

35 Nichtige Verwaltungsakte sind unwirksam und dürfen folglich nicht vollstreckt werden.

36 Zu allem: Pieroth/Schlink/Kniesel, Polizei- und Ordnungsrecht, S. 417 ff.

37 Z. B. §§ 3 Abs. 1, 15 Abs. 3 VersG.

Rechtsgrundlage treffen, freut sich der Leser, wenn Sie darauf hinweisen, dass die betreffende Vorschrift nur bei verfassungskonformer Auslegung wirksam ist und welchen Inhalt die Vorschrift bei verfassungskonformer Auslegung hat.

2. Vorrang des Gesetzes

Die Bindung der Exekutive an Gesetz und Recht verbietet auch ein Handeln gegen das Gesetz. Daher muss im Anschluss an die Rechtsgrundlage geprüft werden, ob die betreffende Maßnahme gegen einfaches Recht verstößt. Dieses enthält sowohl Vorschriften über die Art und Weise des Erlasses eines Verwaltungsaktes als auch Vorschriften, die den Inhalt der Maßnahme betreffen. Um diese Vorschriften in eine gewisse Ordnung zu bringen, hat es sich als nützlich erwiesen, zunächst unter dem Prüfungspunkt „2. Formelle Rechtmäßigkeit" die gesetzlichen Anforderungen an Zuständigkeit, Verfahren und Form und sodann unter Prüfungspunkt „3. Materielle Rechtmäßigkeit" die Vorschriften über die inhaltliche Rechtmäßigkeit zu behandeln. Prüfungsmaßstab ist hier – anders als bei der Grundrechtsprüfung – nicht das Grundgesetz, sondern das in den Parlamentsgesetzen, den Rechtsverordnungen und den Satzungen enthaltene Recht.

3. Hinweise zur Fallbearbeitung

Prüfen Sie alle Maßnahmen nacheinander. Da für einige Polizeimaßnahmen unterschiedliche Zuständigkeiten und Verfahrensanforderungen gelten[38], sollten Sie nicht „ökonomisch" denken und z. B. die formelle Rechtmäßigkeit für alle Maßnahmen gemeinsam prüfen. Bei der Reihenfolge der Prüfungen hat es sich bewährt, möglichst chronologisch vorzugehen, weil einige Standardmaßnahmen der Polizei in ihrem Tatbestand eine andere Maßnahme enthalten. Zu nennen ist hier z. B. die Befugnis zur Durchsuchung einer Person, die zuvor in Gewahrsam genommen wurde. Hier wäre es ungeschickt, mit der Durchsuchung der Person zu beginnen und inzident die Rechtmäßigkeit der vorangegangenen Ingewahrsamnahme zu prüfen. Bei der formellen Rechtmäßigkeit prüfen Sie in der Regel nur diejenigen Verfahrensvorschriften, zu denen der Sachverhalt etwas aussagt. Wenn also keine Anhaltspunkte für die Mitwirkung ausgeschlossener Personen gegeben sind, referieren Sie nicht über § 20 VwVfG, sondern lassen den Punkt einfach weg und schreiben am Ende der formellen Rechtmäßigkeit, dass Anhaltspunkte für eine Nichtbeachtung anderer als der

38 Z. B. beim Durchsuchen der Wohnung oder bei der häuslichen Wohnungsverweisung.

geprüften Verfahrensvorschriften nicht gegeben sind. Eine besondere Stellung nimmt wegen des verfassungsrechtlichen Grundsatzes auf rechtliches Gehör allerdings die Anhörung gemäß § 28 VwVfG ein, die immer geprüft werden sollte.

3. Teil: Fälle und Lösungen

Der Schwerpunkt der nachfolgenden Fälle liegt bei den polizeirelevanten Grundrechten aus Art. 2, 5, 8, 10, 11, 13, 14 GG. Die anderen Gewährleistungen des Grundgesetzes sind zwar für den Grundrechtsträger ebenfalls von großer Bedeutung, Eingriffe in diese Gewährleistungen erfolgen aber regelmäßig nicht durch die Vollzugspolizei, sondern durch andere für die Gefahrenabwehr zuständige Behörden. Aus diesem Grund werden diese Grundrechte hier nur am Rande behandelt.

Die Sachverhalte sind der Polizeipraxis entlehnt. Die darin behandelten Rechtsfragen sind zum größten Teil auch gerichtlich entschieden. Praxisfremd ist allein der Umstand, dass viele der hier vorgestellten Maßnahmen der Beamten verfassungswidrig sind. Das ist deshalb erfolgt, um Ihr Problembewusstsein zu schärfen. Aus Fehlern lernt man.

Inhaltlich sind die Fälle anspruchsvoll. Sie behandeln zum Teil Grenzfälle, die zurzeit die polizeirechtliche Diskussion bewegen und die in der Polizeipraxis der einzelnen Bundesländer durchaus unterschiedlich gelöst werden. Aus diesem Grund können die hier vorgestellten Lösungen nur Vorschläge sein. Gerade dort, wo es um Wertungsfragen geht, sind abweichende Lösungen bei entsprechender Begründung ohnehin oft vertretbar. Sie finden dazu Hinweise in den Fußnoten. Sollten Sie auf den guten Gedanken kommen, die Fälle in Gruppenarbeit zu lösen, werden Sie an der einen oder anderen Stelle kontroverse Auffassungen zu den auftretenden Rechtsfragen haben. Das ist ein ebenso sicheres wie erfreuliches Anzeichen dafür, dass Sie auf das Problem gestoßen sind. Mit Hilfe der juristischen Arbeitstechniken werden Sie die Probleme auch lösen können, vorausgesetzt, Sie kennen sich bereits ein wenig mit den Standardmaßnahmen und den Rechtsgrundlagen im Versammlungsgesetz und der Strafprozessordnung aus.

A. Tankstellenüberfall

Sachverhalt

T braucht Geld. Er beschließt daher, an einer nahe gelegenen Tankstelle etwas „abzuheben". Ausgerüstet mit einer geladenen Pistole fährt er auf seinem Motorrad in den Abendstunden zu der Tankstelle und betritt, den Helm noch auf dem Kopf, den Verkaufsraum. Er zeigt dem Kassierer die Pistole, wirft eine Einkaufstüte über den Ladentisch und sagt: „Geld her!" Der Kassierer, der den T durch den Helm zuerst gar nicht verstanden hat und zweimal nachfragen muss, entgegnet ihm, dass die Kasse fast leer sei und einen Überfall nicht lohne. Ob es sich T nicht noch anders überlegen und ihnen beiden den ganzen Ärger ersparen wolle. Dieser verneint das mit den nun deutlich zu vernehmenden Worten „Geld oder Leben!", denen er dadurch Nachdruck verleiht, dass er die Pistole hörbar entsichert und auf den Kassierer richtet. Dieser ist schon im Begriff, den Inhalt der Kasse in die Tüte zu stecken, als zufällig eine Polizeistreife des Weges kommt, um für die Nachtschicht noch eine Zeitung zu kaufen. P 1 wartet im Wagen, während P 2 ahnungslos den Verkaufsraum betritt. Die Lage wird ernst.

T, der denkt, der Kassierer habe die Polizei gerufen und ihn die ganze Zeit nur hingehalten, packt ihn, fuchtelt mit der Pistole herum und fordert P 2 auf, den Verkaufsraum zu verlassen. Nachdem alle Versuche des P 2, auf T einzureden und ihn zur Aufgabe zu bewegen, nur dazu geführt haben, dass T noch ungeduldiger und aggressiver wurde, verlässt P 2 den Verkaufsraum. Draußen verfolgen mittlerweile einige andere Tankstellenkunden interessiert das Geschehen. Diese werden von P 1 aufgefordert, sich „in Sicherheit zu bringen", worauf einige in ihr Auto springen und davonfahren, andere wegrennen und einer sich hinter einer Tanksäule versteckt. T verlässt mit dem Kassierer, den er am Kragen gepackt hat, den Verkaufsraum, um sich auf seinem Motorrad davon zu machen. Seine Pistole hält er in der Hand, ohne diese aber auf den Kassierer gerichtet zu haben. P 1 zieht daraufhin seine Waffe und richtet sie auf T mit der Aufforderung: „Waffe weg, oder ich schieße!" Damit will er die Gefahr für den Kassierer abwenden und zugleich die Voraussetzungen für eine Festnahme des T herbeiführen. Da T nicht Folge leistet, gibt P 1 einen Schuss auf T ab, der diesen am Bein streift. T kommt durch den Knall und den Schmerz zur Besinnung, gibt mit Rücksicht auf die tatsächlich geringe Beute in seiner Einkaufstüte auf und entlässt den Kassierer aus seiner Gewalt.

Werden die Tankstellenkunden durch die Aufforderung des P 1, „sich in Sicherheit zu bringen", in ihren Grundrechten verletzt? Wird T durch die Aufforderung, die Waffe wegzulegen und durch den Schuss des P 1 in seinen Grundrechten verletzt? Wird der Kassierer durch den Schuss des P 1 in seinen Grundrechten verletzt?

Bearbeitervermerk: Zu prüfen sind nur Grundrechte aus Art. 2 GG.

✔ Falllösung

I. Verletzung der Tankstellenkunden in ihrem Grundrecht aus Art. 2 Abs. 2 Satz 2 GG

Die Aufforderung des P 1, sich in Sicherheit zu bringen, könnte die Tankstellenkunden in ihrem Grundrecht aus Art. 2 Abs. 2 Satz 2 GG verletzen. Voraussetzung dafür ist ein rechtswidriger Eingriff in den Schutzbereich[1].

1. Betroffenheit des Schutzbereichs

Art. 2 Abs. 2 Satz 2 GG schützt die Freiheit der Person[2]. Darunter fällt auch die Entscheidung darüber, seinen Aufenthaltsort nicht zu verändern[3]. Die Aufforderung des P 1, sich in Sicherheit zu bringen, führt dazu, dass die Tankstellenkunden diese Entscheidung nicht mehr betätigen können und hat daher Auswirkungen auf das geschützte Rechtsgut[4]. Der Schutzbereich der Freiheit der Person ist daher durch die Aufforderung des P 1 betroffen[5].

2. Eingriff

Die Aufforderung begründet für die Tankstellenkunden die Pflicht, den gegenwärtigen Ort zu verlassen und beschränkt damit ihre Freiheit, an dem Ort zu bleiben. Ein Eingriff liegt daher vor.

3. Verfassungsrechtliche Rechtfertigung

Der Eingriff ist verfassungsrechtlich gerechtfertigt, wenn die Freiheit der Person unter einem Gesetzesvorbehalt steht und das einschränkende Gesetz sowie der darauf beruhende Einzelakt selbst verfassungsmäßig sind.

a) Gesetzesvorbehalt

Art. 2 Abs. 2 Satz 2 GG steht unter qualifiziertem Gesetzesvorbehalt, Art. 2 Abs. 2 Satz 3, Art. 104 Abs. 1 GG. Danach sind Freiheitsbeschränkungen aufgrund

1 Obersatz für die Grundrechtsverletzung.
2 Benennung des Rechtsbegriffs.
3 Definition.
4 Subsumtion.
5 Ergebnis. Für die Betroffenheit der Freiheit der Person durch Platzverweise: Lisken/Denninger, Handbuch des Polizeirechts, F Rn. 442; Schipper/Bock/Brenneisen/Schneider/Wilksen, Polizei- und Ordnungsrecht, Rn. 397; Tegtmeyer/Vahle, PolG NW, § 34 Rn. 1.

eines Gesetzes zulässig, das die besonderen Anforderungen des Art. 104 Abs. 1 GG erfüllt. Als ausfüllendes Gesetz kommt hier § 14 Abs. 1 BremPolG[6] in Betracht. Danach darf die Polizei jede Person vorübergehend das Betreten eines Ortes verbieten, soweit das zur Abwehr einer Gefahr erforderlich ist.

b) Verfassungsmäßigkeit des § 14 Abs. 1 BremPolG

§ 14 Abs. 1 BremPolG müsste formell und materiell verfassungsmäßig sein und die qualifizierten Anforderungen des § 104 Abs. 1 GG erfüllen.

aa) Formelle Verfassungsmäßigkeit

Das Recht der Gefahrenabwehr durch die Vollzugspolizei fällt nicht in die Regelungsgegenstände der Art. 73, 74 oder 75 GG. Die Gesetzgebungszuständigkeit für den Erlass des § 14 Abs. 1 BremPolG ergibt sich daher aus Art. 70 Abs. 1 GG. Fehler im Gesetzgebungsverfahren und bei der Form liegen nicht vor. § 14 Abs. 1 BremPolG ist formell verfassungsmäßig.

bb) Materielle Verfassungsmäßigkeit

(1) Anforderungen aus Art. 19 Abs. 1 und 2 GG

Gemäß Art. 19 Abs. 1 Satz 2 GG muss das Gesetz in den Fällen, in denen ein Grundrecht durch oder aufgrund eines Gesetzes eingeschränkt werden kann, das betroffene Grundrecht unter Angabe des Artikels nennen. Das ist hier der Fall, § 9 BremPolG[7]. Verstöße gegen das Einzelfallgesetzverbot und die Wesensgehaltsgarantie sind nicht ersichtlich.

(2) Verhältnismäßigkeit

§ 14 Abs. 1 BremPolG verfolgt den Zweck der Gefahrenabwehr. Dieser Zweck ist legitim. Die Ermächtigung der Polizei, Personen des Ortes zu verweisen, erweitert die polizeilichen Befugnisse zur Gefahrenabwehr und ist damit zur Zweckerreichung geeignet. Mildere Mittel als die Einräumung einer Ermächtigung zum Einschreiten sind in den Fällen, in denen die Erteilung eines Platzverweises i. S. d. § 14 Abs. 1 BremPolG erforderlich ist, nicht ersichtlich. Die Vorschrift gewährt der Polizei Ermessen und damit auch die Möglichkeit, im Einzelfall von einem Einschreiten auch abzusehen. Die Vorschrift ist daher auch angemessen.

6 § 34 PolG NW, § 3 PolG BW (Generalklausel, weil keine spezielle Eingriffsermächtigung für einen Platzverweis normiert ist, Wolf/Stephan, Polizeigesetz für Baden-Württemberg, § 3 Rn. 26), Art. 16 BayPAG, § 29 Abs. 1 ASOG Bln, § 16 Abs. 1 BbgPolG, § 12a HmbSOG, § 31 Abs. 1 HSOG, § 52 Abs. 1 SOG MV, § 17 Abs. 1 Nds.SOG, § 13 Abs. 1 POG RP, § 12 Abs. 1 SPolG, § 21 Abs. 1 SächsPolG, § 36 Abs. 1 SOG LSA, § 201 LVwG SH, § 18 Abs. 1 ThürPAG.

7 § 7 PolG NW, § 4 PolG BW, Art. 74 BayPAG, § 66 ASOG Bln, § 8 BbgPolG, § 31 HmbSOG, § 10 HSOG, § 78 SOG MV, § 10 Nds.SOG, § 8 POG RP, § 7 SPolG, § 79 SächsPolG, § 11 SOG LSA, § 247 LVwG SH, § 11 ThürPAG.

(3) Bestimmtheit

Zweifel an der Bestimmtheit des § 14 Abs. 1 BremPolG bestehen nicht.

(4) Anforderungen des Art. 104 Abs. 1 GG

§ 14 BremPolG ist ein förmliches Gesetz und erfüllt damit auch die Anforderungen der Qualifikation in Art. 104 Abs. 1 GG.

c) Verfassungsmäßigkeit der Aufforderung, sich in Sicherheit zu bringen

aa) Verhältnismäßigkeit

Die Aufforderung des P 1 diente dem Zweck, die Tankstellenkunden von der möglicherweise bevorstehenden Auseinandersetzung mit dem bewaffneten T fern zu halten und eine Gefährdung von Leib und Leben durch T zu vermeiden. Dieser Zweck ist legitim. Die Aufforderung, sich in Sicherheit zu bringen, hatte zur Folge, dass sich die Tankstellenkunden entfernten und förderte damit den Zweck. Die Verfügung war daher geeignet. Mildere Mittel als der Platzverweis, um eine Gefährdung der Tankstellenkunden zu vermeiden, bestanden nicht. Die Verfügung war daher auch erforderlich. Der nur vorübergehende Eingriff in die Freiheit der Person stand nicht außer Verhältnis zu dem damit bezweckten Schutz von Leben und Gesundheit der Grundrechtsträger. Aus diesem Grund war der Platzverweis auch angemessen. Die Aufforderung, sich in Sicherheit zu bringen, war verhältnismäßig.

bb) Bestimmtheit

Die Aufforderung müsste inhaltlich so bestimmt gewesen sein, dass die Adressaten hinreichend sicher den Inhalt der Verfügung erkennen und ihr Verhalten darauf einrichten konnten. Der Platzverweis wurde mit den Worten „Bringen Sie sich in Sicherheit!" erteilt. Mit dieser Verfügung war zwar für die Adressaten ersichtlich bezweckt, eine Ortsveränderung vorzunehmen. Aus ihr ging aber nicht klar hervor, wie diese Ortsveränderung geschehen sollte, wohin sich die Tankstellenkunden m. a. W. begeben sollten. Das wird insbesondere daran deutlich, dass diese sich auf die Verfügung völlig unterschiedlich verhielten, z. T. sogar in einer Weise, die dem Zweck des Platzverweises widersprach. Das Verstecken hinter einer Tanksäule war nämlich nicht geeignet, einen effektiven Schutz gegen die Gefahren eines möglichen Schusswaffengebrauchs durch T zu gewährleisten. Der Platzverweis hätte mit Rücksicht auf den konkreten Sachverhalt auch präziser erteilt werden können, z. B. durch die Bezeichnung des Ortes oder der Richtung, in die sich die Tankstellenbesucher in Sicherheit bringen sollten. Aus diesen Gründen war die Verfügung inhaltlich nicht hinreichend bestimmt[8].

8 Bei entsprechender Begründung ist auch ein anderes Ergebnis vertretbar.

4. Ergebnis

Der durch den Platzverweis vermittelte Eingriff in die Freiheit der Person ist verfassungsrechtlich nicht gerechtfertigt[9]. Die Tankstellenkunden sind daher in ihrem Grundrecht aus Art. 2 Abs. 2 Satz 2 GG verletzt[10].

II. Verletzung des T in seinem Grundrecht aus Art. 2 Abs. 1 GG

T könnte durch die Aufforderung, die Waffe wegzulegen, in seinem Grundrecht aus Art. 2 Abs. 1 GG verletzt sein[11].

1. Betroffenheit des Schutzbereichs

Der Schutzbereich ist betroffen, wenn die Maßnahme des P 1 Auswirkungen auf die allgemeine Handlungsfreiheit des T hatte. Man versteht darunter die Freiheit des Einzelnen, zu tun und zu lassen was er will. Darunter fällt auch die Freiheit, eine Waffe zu tragen und zu benutzen. Die Aufforderung, die Waffe wegzulegen, hat Auswirkungen auf dieses Verhalten. Der Schutzbereich ist damit betroffen.

2. Eingriff

Die Aufforderung führte dazu, dass T seinen Entschluss, die Waffe weiterhin zu führen und ggf. auch einzusetzen, nicht mehr betätigen durfte, und hatte damit negative Auswirkungen auf die allgemeine Handlungsfreiheit. Ein Eingriff lag daher vor.

3. Verfassungsrechtliche Rechtfertigung

a) Gesetzesvorbehalt

Die allgemeine Handlungsfreiheit steht unter dem Vorbehalt der verfassungsmäßigen Ordnung als der Gesamtheit aller formell und materiell verfassungsmäßigen Gesetze (einfacher Gesetzesvorbehalt). Als den Vorbehalt ausfüllendes

9 Untersatz.

10 Schlussfolgerung. Bei Bejahung der Bestimmtheit der Verfügung läge keine Grundrechtsverletzung vor.

11 Bei der Aufforderung handelt es sich um den Grundverwaltungsakt i. S. d. § 11 BremVwVG, der später vollstreckt wird. Die Vollstreckung geschieht im Wege des gestreckten Verfahrens durch Androhung des Schusswaffengebrauchs gemäß §§ 11, 40, 44 BremPolG und anschließenden Schusswaffengebrauch gemäß §§ 47 Abs. 1 Nr. 1, 3, 46 Abs. 2 Satz 1 BremPolG. Lt. Fallfrage sollte die Androhung, die selbst Verwaltungsakt ist, nicht geprüft werden. Die dort relevanten Rechtsfragen stellen sich ohnehin bei der Prüfung des Schusswaffengebrauchs.

Gesetz kommt hier § 10 Abs. 1 BremPolG[12] in Betracht. Danach darf die Polizei die notwendigen Maßnahmen treffen, um eine im einzelnen Fall bestehende Gefahr für die öffentliche Sicherheit abzuwehren.

b) Verfassungsmäßigkeit des § 10 Abs. 1 BremPolG

aa) Formelle Verfassungsmäßigkeit

Die Gesetzgebungsbefugnis für den Erlass des § 10 Abs. 1 BremPolG liegt gemäß Art. 70 Abs. 1 GG bei der Freien Hansestadt Bremen. Es ist davon auszugehen, dass das Gesetzgebungsverfahren in der Bremischen Bürgerschaft ordnungsgemäß durchgeführt wurde und auch die Ausfertigung und Verkündung fehlerfrei erfolgt sind. § 10 Abs. 1 BremPolG ist deshalb formell verfassungsmäßig.

bb) Materielle Verfassungsmäßigkeit

§ 10 Abs. 1 BremPolG ist materiell verfassungsmäßig, wenn die Anforderungen des Art. 19 Abs. 1 und 2 GG sowie des Rechtsstaatsprinzips erfüllt sind.

(1) Anforderungen des Art. 19 Abs. 1 und 2 GG

Die Ermächtigung in § 10 Abs. 1 BremPolG gilt für eine unbestimmte Vielzahl von Personen und Sachverhalten. Sie ist abstrakt-generell und verstößt aus diesem Grund nicht gegen das Einzelfallgesetzverbot in Art. 19 Abs. 1 Satz 1 GG.

Soweit ein Grundrecht durch oder aufgrund eines Gesetzes eingeschränkt werden kann, muss das einschränkende Gesetz das Grundrecht unter Angabe des Artikels nennen, Art. 19 Abs. 1 Satz 2 GG. Art. 2 Abs. 1 GG spricht nach seinem Wortlaut nicht von einer Beschränkung durch oder aufgrund eines Gesetzes. Hinzu kommt, dass allein die Existenz eines Gesetzes irgendwie geartete Auswirkungen auf die allgemeine Handlungsfreiheit hat. Bei Geltung des Zitiergebots wäre der Gesetzgeber daher gehalten, gleichsam vorsorglich immer auch Art. 2 Abs. 1 GG zu zitieren. Art. 19 Abs. 1 Satz 2 GG verkäme dadurch zu einem bloßen Formalismus. Die dadurch bezweckte Appell- und Warnfunktion würde nicht erreicht. Aus diesen Gründen gilt das Zitiergebot bei einer Beschränkung des Art. 2 Abs. 1 GG nicht.

Die Regelung in § 10 Abs. 1 BremPolG dürfte ferner den Wesensgehalt der allgemeinen Handlungsfreiheit nicht antasten. Unter dem Wesensgehalt versteht man den Mindestgehalt eines Grundrechts als eine feste, vom einzelnen Fall

12 § 8 Abs. 1 PolG NW, § 3 PolG BW, Art. 11 Abs. 1 BayPAG, § 17 Abs. 1 ASOG Bln, § 10 Abs. 1 BbgPolG, § 3 Abs. 2 HmbSOG, § 11 HSOG, § 13 SOG MV, § 11 Nds.SOG, § 9 Abs. 1 POG RP, § 8 Abs. 1 SPolG, § 3 Abs. 1 SächsPolG, § 13 SOG LSA, § 176 Abs. 1 LVwG SH, § 12 Abs. 1 ThürPAG.

losgelöste Größe. Diese wird dann angetastet, wenn Eingriffe in das Grundrecht so intensiv sind, dass dessen vollständige Preisgabe droht. § 10 Abs. 1 BremPolG ermächtigt weder im Einzelfall noch für die Allgemeinheit zu Beschränkungen, die zur völligen Preisgabe der allgemeinen Handlungsfreiheit führen würden. Ein Verstoß gegen die Wesensgehaltsgarantie liegt daher nicht vor.

(2) Verhältnismäßigkeitsgrundsatz

Die Regelung in § 10 Abs. 1 BremPolG müsste verhältnismäßig sein. Das ist dann der Fall, wenn sie einen legitimen Zweck verfolgt und zur Erreichung dieses Zwecks geeignet, erforderlich und angemessen ist.

§ 10 Abs. 1 BremPolG ist auf die Abwehr von Gefahren für Rechtsgüter der öffentlichen Sicherheit gerichtet. Der Schutz dieser Rechtsgüter ist ein legitimer Zweck. Um geeignet zu sein, müsste § 10 Abs. 1 BremPolG diesen Zweck zumindest fördern. Durch die Ermächtigung der Polizei, im Einzelfall die notwendigen Maßnahmen zu ergreifen, werden die Eingriffsbefugnisse der Polizei erweitert. Damit wird die Gefahrenabwehr gefördert. § 10 Abs. 1 BremPolG ist daher zur Gefahrenabwehr geeignet. Erforderlich ist die Regelung dann, wenn sie unter mehreren gleich geeigneten Maßnahmen das mildeste Mittel ist. § 10 Abs. 1 BremPolG ermächtigt die Polizei nur zur Ergreifung der *notwendigen* Maßnahmen. Notwendig ist eine Maßnahme aber nur dann, wenn keine anderen, gleich geeigneten Mittel zur Gefahrenabwehr in Betracht kommen, wenn also eine effektive Gefahrenabwehr ohne die Ermächtigung der Polizei nicht gewährleistet wäre. Insofern ist die Ermächtigung in § 10 Abs. 1 BremPolG auch erforderlich. Angemessen ist die Ermächtigung dann, wenn sie nicht außer Verhältnis zu dem damit verfolgten Zweck steht. § 10 Abs. 1 BremPolG verpflichtet die Polizei nicht zum Einschreiten, sondern eröffnet Ermessen. Dadurch wird gewährleistet, dass eine belastende Maßnahme trotz Vorliegens der tatbestandlichen Voraussetzungen für ein Einschreiten der Polizei unterbleibt, wenn sie im Einzelfall außer Verhältnis zu dem verfolgten Zweck steht. Darüber hinaus bestimmt das Gesetz in § 3 Abs. 2 BremPolG für alle Eingriffsermächtigungen, dass eine darauf gestützte Maßnahme nicht außer Verhältnis zu dem damit verfolgten Zweck stehen darf. Die Angemessenheit ist daher gegeben. Die Ermächtigung in § 10 Abs. 1 BremPolG ist verhältnismäßig.

(3) Bestimmtheitsgrundsatz

Die in § 10 Abs. 1 BremPol enthaltenen Rechtsbegriffe sind in § 2 BremPolG legaldefiniert. Die Vorschrift ist daher auch so bestimmt gefasst, wie es mit Rücksicht auf den zu regelnden Lebenssachverhalt möglich ist. Ein Verstoß gegen den Bestimmtheitsgrundsatz ist nicht gegeben.

(4) Ergebnis

Die Anforderungen des Art. 19 Abs. 1 und 2 GG sowie des Rechtsstaatsprinzips sind erfüllt. § 10 Abs. 1 BremPolG ist materiell verfassungsmäßig.

c) Verfassungsmäßigkeit der Aufforderung

Mit der Aufforderung die Waffe wegzulegen wollte P 1 die Fortsetzung der Gefährdung des Kassierers und anderer Personen verhindern und die Voraussetzungen für eine Festnahme des T schaffen. Die Maßnahme diente damit dem Schutz der Rechtsgüter Leben und Gesundheit und verfolgte damit einen legitimen Zweck. Zur Erreichung dieses Zwecks war die Aufforderung auch geeignet. Mildere, gleich geeignete Mittel zur Verringerung der Gefahr für den Kassierer und der Durchsetzung des Strafverfolgungsanspruchs waren nicht ersichtlich. Die Aufforderung war daher auch erforderlich. Gegenüber der Freiheit des T überwog hier das Interesse an Leben und Gesundheit des Kassierers und anderer Personen und an der Durchsetzung des Strafverfolgungsanspruchs. Die Aufforderung war deshalb auch angemessen. Die Maßnahme des P 1 war verhältnismäßig.
Sie war auch hinreichend bestimmt.

4. Ergebnis

T wird durch die Aufforderung die Waffe wegzulegen nicht in seinem Grundrecht aus Art. 2 Abs. 1 GG verletzt.

III. Verletzung des T in seinem Grundrecht aus Art. 2 Abs. 2 Satz 1 GG

T könnte durch den Schuss des P 1, der ihn am Bein streifte, in seinem Grundrecht auf körperliche Unversehrtheit verletzt sein.

1. Betroffenheit des Schutzbereichs

Art. 2 Abs. 2 Satz 1 GG schützt die körperliche Unversehrtheit, also die Gesundheit im biologisch-physiologischen Sinn. Auswirkungen in diesem Sinne liegen jedenfalls dann vor, wenn die Gesundheit beschädigt wird. Das war hier der Fall. Der von P 1 abgegebene Schuss verletzte T am Bein. Der Schutzbereich des Grundrechts ist daher betroffen.

2. Eingriff

Durch das Verhalten des P 1 wurde die körperliche Unversehrtheit des T zielgerichtet nachteilig betroffen. Ein Eingriff liegt daher vor.

3. Verfassungsrechtliche Rechtfertigung

Der Eingriff ist verfassungsrechtlich gerechtfertigt, wenn das Grundrecht unter einem Gesetzesvorbehalt steht und das ausfüllende Gesetz sowie der darauf beruhende Einzelakt verfassungsmäßig sind.

a) Gesetzesvorbehalt

Art. 2 Abs. 2 Satz 1 GG steht unter einem einfachen Gesetzesvorbehalt, Art. 2 Abs. 2 Satz 3 GG. Als den Vorbehalt ausfüllendes Gesetz kommen hier §§ 46 Abs. 2 Satz 1, 47 Abs. 1 Nr. 1 BremPolG[13] in Betracht. Danach dürfen Schusswaffen gegen Personen nur gebraucht werden, um eine gegenwärtige Gefahr für Leib oder Leben abzuwehren, und nur zu dem Zweck, um angriffs- und fluchtunfähig zu machen.

b) Verfassungsmäßigkeit der §§ 46 Abs. 2 Satz 1, 47 Abs. 1 Nr. 1 BremPolG

aa) Formelle Verfassungsmäßigkeit

§§ 46, 47 BremPolG beruhen auf der Gesetzgebungskompetenz des Landes, Art. 70 Abs. 1 GG. Fehler im Gesetzgebungsverfahren und bei der Form der Verkündung liegen nicht vor. Die Vorschriften sind daher formell verfassungsmäßig.

bb) Materielle Verfassungsmäßigkeit

(1) Anforderungen des Art. 19 Abs. 1 und 2 GG

Das Zitiergebot für die Einschränkung des Rechts auf körperliche Unversehrtheit wurde in § 9 BremPolG[14] beachtet. Verstöße der §§ 46 Abs. 2 Satz 1, 47 Abs. 1

13 §§ 63 Abs. 1, 64 Abs. 1 Nr. 1 PolG NW, §§ 53 Abs. 1, 54 PolG BW, Art. 66 Abs. 2, 67 Abs. 1 Nr. 1 BayPAG, §§ 9 Abs. 2 Satz 1, 11 Gesetz über die Anwendung unmittelbaren Zwanges bei der Ausübung öffentlicher Gewalt durch Vollzugsbeamte des Landes Berlin – UZwG Bln – (s. dazu Berg/Knape/Kiworr, Allgemeines Polizei- und Ordnungsrecht für Berlin, 7. Auflage Hilden 1997), §§ 66 Abs. 2, 67 Abs. 1 Nr. 1 BbgPolG, §§ 24 Abs. 2, 25 Abs. 1 Nr. 1 HmbSOG, §§ 60 Abs. 2, 61 Abs. 1 Nr. 1 HSOG, §§ 108 Abs. 1, 109 Abs. 2 Nr. 1 SOG MV, §§ 76 Abs. 2, 77 Abs. 1 Nr. 1 Nds.SOG, §§ 63 Abs. 2, 64 Abs. 1 Nr. 1 POG RP, §§ 56 Abs. 1, 57 Abs. 1, 2 Nr. 1 SPolG, §§ 33 Abs. 1, 34 Abs. 1 Nr. 1 SächsPolG, §§ 65 Abs. 2, 66 Abs. 1 Nr. 1 SOG LSA, §§ 257 Abs. 1, 258 Abs. 1, 2 Nr. 1 LVwG SH, §§ 64 Abs. 1, 65 Abs. 1 Nr. 1 ThürPAG.

14 § 7 PolG NW, § 4 PolG BW, Art. 74 BayPAG, § 7 UzwG Bln, § 8 BbgPolG, § 31 HmbSOG, § 10 HSOG, § 78 SOG MV, § 10 Nds.SOG, § 8 POG RP, § 7 SPolG, § 79 SächsPolG, § 11 SOG LSA, § 261 LVwG SH, § 11 ThürPAG.

Nr. 1, 3 BremPolG gegen das Einzelfallgesetzverbot und die Wesensgehaltsgarantie liegen nicht vor[15].

(2) Verhältnismäßigkeit

Die Vorschriften verfolgen nach ihrem ausdrücklichen Wortlaut den Zweck, die Polizei zur Abwehr einer gegenwärtigen Gefahr für Leib oder Leben sowie zur Durchsetzung des staatlichen Strafverfolgungsanspruchs zu ermächtigen. Diese Zwecke sind von der Rechtsordnung geschützt und damit legitim. Zur Erreichung der Zwecke ist die Ermächtigung zum Schusswaffengebrauch auch geeignet. Gegenüber einem Schusswaffeneinsatz, der unvermeidbar zu einer Verletzung des Betroffenen führt, ist der Schusswaffeneinsatz gegen Sachen regelmäßig ein milderes Mittel, um das Leben und die körperliche Unversehrtheit einer Person zu schützen. In den Fällen, in denen die Angriffsunfähigkeit mit diesen Mitteln aber nicht erreicht werden kann, gibt es gegenüber dem Schusswaffengebrauch gegen die Person kein gleich geeignetes Mittel. Nach dem Wortlaut ermächtigt § 46 Abs. 2 Satz 1 BremPolG zum Schusswaffengebrauch gegen Personen nur in den Fällen, in denen der Schusswaffeneinsatz das einzige Mittel zur Zweckerreichung ist, § 46 Abs. 1 Satz 2 BremPolG. Die Vorschrift regelt damit nur die Fälle, in denen mildere Mittel nicht gleich geeignet sind. § 46 Abs. 2 Satz 1 BremPolG ist daher auch erforderlich.

Angemessen ist die Ermächtigung zum Schusswaffengebrauch dann, wenn die Verletzung der betroffenen Person nicht außer Verhältnis zu dem damit verfolgten Zweck steht. § 47 Abs. 1 Nr. 1 BremPolG beschränkt den Schusswaffeneinsatz gegen Personen auf die Fälle, in denen eine gegenwärtige Gefahr für Leib oder Leben abzuwehren ist. Darüber hinaus verpflichtet § 46 Abs. 2 Satz 1 BremPolG die Polizei nicht zum Schusswaffengebrauch, sondern eröffnet Ermessen. Dadurch wird gewährleistet, dass ein Schusswaffeneinsatz trotz Vorliegens der tatbestandlichen Voraussetzungen für ein Einschreiten der Polizei unterbleibt, wenn er im Einzelfall außer Verhältnis zu dem verfolgten Zweck steht. Die Ermächtigung ist daher insoweit auch angemessen.

§ 47 Abs. 1 Nr. 3 BremPolG sieht den Schusswaffengebrauch darüber hinaus für diejenigen Fälle vor, in denen er erforderlich ist, um eine Person anzuhalten, die sich der Festnahme entziehen will, wenn sie eines Verbrechens dringend verdächtig ist oder wenn sie Schusswaffen mit sich führt. Zu diesem Zweck steht die

15 Über einen Verstoß gegen die Wesensgehaltsgarantie kann man sich allenfalls bei der Ermächtigung für den finalen Rettungsschuss auslassen, der im Einzelfall den Verlust des Lebens zur Folge hat. Eine Verletzung des Wesensgehalts durch die Ermächtigung, eine Person angriffs- und fluchtunfähig zu machen, ist nicht ersichtlich.

Ermächtigung zum Schusswaffengebrauch gegen Personen nur dann im Verhältnis, wenn Tatsachen die Annahme rechtfertigen, dass bei ungehindertem Fortgang der Ereignisse eine unmittelbare Gefährdung Dritter zu besorgen ist. Mit Rücksicht darauf, dass der Schusswaffengebrauch gegen Personen auch dann, wenn diese nur fluchtunfähig gemacht werden sollen, immer auch das Risiko des Todes der Person bergen, erscheint es nicht gerechtfertigt, diesen Einsatz ausschließlich zu dem Zweck, den Strafverfolgungsanspruch durchzusetzen, zu legitimieren.

Die Ermächtigungsgrundlage in §§ 46 Abs. 2 Satz. 1, 47 Abs. 1 Nr. 1, 3 BremPolG ist in dieser verfassungskonformen Auslegung verhältnismäßig.

(3) Bestimmtheit

Die Ermächtigungsgrundlage ist so klar und präzise formuliert, dass der Normanwender und der Adressat der dadurch ermöglichten Maßnahmen erkennen können, unter welchen Voraussetzungen und zu welchen Zwecken ein Schusswaffengebrauch zulässig ist. Zweifel an der Bestimmtheit der Vorschriften bestehen daher nicht.

c) Verfassungsmäßigkeit des Schusswaffengebrauchs

aa) Legitimer Zweck

Mit dem Schusswaffengebrauch wollte P 1 den T davon abhalten, die Schusswaffe gegen den Kassierer und möglicherweise gegen andere Personen einzusetzen. Das ist gemäß § 47 Abs. 1 Nr. 1 BremPolG ein legitimer Zweck.

Darüber hinaus diente der Schusswaffengebrauch dazu, den T von der Flucht und ggf. einer Gefährdung Dritter abzuhalten und damit den staatlichen Strafverfolgungsanspruch durchzusetzen. Auch dieser Zweck ist legitim, § 47 Abs. 1 Nr. 3 BremPolG.

bb) Eignung

Die Zwecke müssten durch die Maßnahme des P 1 zumindest gefördert worden sein. Im Zeitpunkt des Schusswaffengebrauchs war aufgrund der vorangegangenen Ereignisse zweifelhaft, ob T dadurch von einer Fortsetzung der Tat Abstand nehmen und den als Geisel genommenen Kassierer frei lassen würde. Aus diesem Grund kann nicht festgestellt werden, dass der Schusswaffengebrauch den Zweck, die Gefahr für den Kassierer zu vermindern, förderte. Die Maßnahme ist daher in Bezug auf diesen Zweck nicht geeignet.

Die Maßnahme förderte daneben aber den weiteren Zweck, T an einer Flucht zu hindern. Insoweit ist sie geeignet.

cc) Erforderlichkeit

Dem Schuss auf T waren Versuche des P 2 vorangegangen, den T durch gutes Zureden von der Fortsetzung seiner Tat abzuhalten. Diese blieben erfolglos und führten nur dazu, dass T aggressiver wurde. Gleich geeignete mildere Mittel zur Durchsetzung des Strafverfolgungsanspruchs waren daher gegenüber dem Schusswaffeneinsatz nicht gegeben.

dd) Angemessenheit

Der Schusswaffeneinsatz gegen T dürfte nicht außer Verhältnis zu dem damit verfolgten Zweck stehen. Der einzige Zweck, zu dessen Erreichung der Schuss geeignet war, bestand hier in der Durchsetzung des staatlichen Strafverfolgungsanspruchs. Mit Rücksicht darauf, dass T sich auf seinem Motorrad davon machen wollte, das mit einem Nummernschild versehen war, und dass das Mitführen der Pistole nur dazu diente, den Tankstellenüberfall zu unterstützen, erscheint das Risiko einer Tötung des T unangemessen hoch. Der Schusswaffeneinsatz des P 1 war daher unangemessen.

ee) Ergebnis

Der Schusswaffengebrauch des P 1 ist verfassungsrechtlich nicht gerechtfertigt. T ist daher durch die Maßnahme in seinem Grundrecht auf körperliche Unversehrtheit verletzt.

IV. Verletzung des Kassierers in seinem Grundrecht aus Art. 2 Abs. 2 Satz 1 GG

Der Kassierer könnte dadurch, dass P 1 einen Schuss auf T abgab, in seinem Grundrecht aus Art. 2 Abs. 2 Satz 1 GG verletzt sein. Voraussetzung dafür ist ein rechtswidriger Eingriff in den Schutzbereich.

1. Betroffenheit des Schutzbereichs

Der Schutzbereich ist betroffen, wenn die hoheitliche Maßnahme Auswirkungen auf die in Art. 2 Abs. 2 Satz 1 GG geschützte körperliche Unversehrtheit, also die Gesundheit im biologisch-physiologischen Sinn hat. Auswirkungen in diesem Sinne liegen jedenfalls dann vor, wenn die Gesundheit beschädigt wird. Das war hier nicht der Fall, da der Kassierer von dem Schuss nicht getroffen wurde. Man kann vertreten, dass die körperliche Unversehrtheit darüber hinaus auch schon dann betroffen ist, wenn die Gesundheit nur gefährdet wird, wenn also die hinreichende Wahrscheinlichkeit dafür besteht, dass es infolge eines hoheitlichen Handelns zu einer Beschädigung der Gesundheit kommt. Dafür spricht, dass Zweck der Grundrechte die Gewährleistung eines effektiven Grundrechtsschutzes ist. Dieser ließe sich nicht erreichen, wenn der Einzelne nur vor Verletzungen seiner körperlichen Unversehrtheit geschützt würde, nicht aber vor Gefährdungen. In diesem Fall wäre der Schutz aus Art. 2 Abs. 2 Satz 1 GG unvollständig. Das Grundrecht schützt daher auch vor Gesundheitsgefährdungen. Der Schuss des P 1 führte unmittelbar dazu, dass die Gesundheit des Kassierers gefährdet wurde. Die Gefährdung bestand in dem Risiko, von der Kugel des P 1 oder von einem Schuss des bewaffneten T getroffen zu werden. Der Schutzbereich des Art. 2 Abs. 2 Satz 1 GG ist daher betroffen.

2. Eingriff

Ein Eingriff liegt vor, wenn der Schutzbereich durch das hoheitliche Handeln nachteilig betroffen ist. Der von P 1 abgegebene Schuss traf den Kassierer zwar nicht. Er erhöhte aber objektiv die Gefahr einer Gesundheitsbeeinträchtigung. Ein Eingriff liegt daher vor.

3. Verfassungsrechtliche Rechtfertigung

a) Gesetzesvorbehalt

Das Grundrecht auf körperliche Unversehrtheit steht unter dem einfachen Gesetzesvorbehalt des Art. 2 Abs. 2 Satz 3 GG, der erlaubt, das Grundrecht aufgrund eines Gesetzes zu beschränken. Als Gesetz, das diesen Vorbehalt ausfüllt, kommen §§ 46 Abs. 2 Satz 1, 47 Abs. 1 Nr. 1 BremPolG[16] in Betracht, wonach die Beamten der Vollzugspolizei unter den darin geregelten Voraussetzungen Schusswaffen gegen Personen einsetzen dürfen.

b) Verfassungsmäßigkeit der §§ 46 Abs. 2 Satz 1, 47 Abs. 1 Nr. 1 BremPolG

§§ 46 Abs. 2 Satz 1, 47 Abs. 1 Nr. 1 BremPolG sind, wie gezeigt, formell und materiell verfassungsmäßig.

16 §§ 63 Abs. 1, 64 Abs. 1 Nr. 1 PolG NW, §§ 53 Abs. 1, 54 PolG BW, Art. 66 Abs. 2, 67 Abs. 1 Nr. 1 BayPAG, §§ 9 Abs. 2 Satz 1, 11 UZwG Bln, §§ 66 Abs. 2, 67 Abs. 1 Nr. 1 BbgPolG, §§ 24 Abs. 2, 25 Abs. 1 Nr. 1 HmbSOG, §§ 60 Abs. 2, 61 Abs. 1 Nr. 1 HSOG, §§ 108 Abs. 1, 109 Abs. 2 Nr. 1 SOG MV, §§ 76 Abs. 2, 77 Abs. 1 Nr. 1 Nds.SOG, §§ 63 Abs. 2, 64 Abs. 1 Nr. 1 POG RP, §§ 56 Abs. 1, 57 Abs. 1, 2 Nr. 1 SPolG, §§ 33 Abs. 1, 34 Abs. 1 Nr. 1 SächsPolG, §§ 65 Abs. 2, 66 Abs. 1 Nr. 1 SOG LSA, §§ 257 Abs. 1, 258 Abs. 1, 2 Nr. 1 LVwG SH, §§ 64 Abs. 2, 65 Abs. 1 Nr. 1 ThürPAG.

c) Verfassungsmäßigkeit des Schusswaffengebrauchs

aa) Legitimer Zweck

P 1 verfolgte mit seinem Schuss auf T den Zweck, die gegenwärtige Gefahr für Leben oder Gesundheit des Kassierers, die von dem bewaffneten T ausging, abzuwenden. Dieser Zweck ist legitim.

bb) Eignung

Geeignet war der Schusswaffengebrauch dann, wenn der damit verfolgte Zweck zumindest gefördert wurde. Das ist zweifelhaft. Aufgrund der Tatsache, dass T einen Motorradhelm trug, war es von vornherein ausgeschlossen, durch einen finalen Rettungsschuss einen Angriff des T auf den Kassierer sicher zu verhindern. Da T schon im Verkaufsraum der Tankstelle mit der Waffe hantiert hatte, konnte im Zeitpunkt des Schusswaffengebrauchs zudem nicht ausgeschlossen werden, dass T die Waffe gegen den als Geisel genommenen Kassierer richten würde, zumal T im Verlauf des Geschehens immer aggressiver geworden ist. Durch den Schusswaffengebrauch durch P 1 wurde daher die Gefahr für den Kassierer, die abgewehrt werden sollte, tatsächlich vergrößert. Aus diesem Grund war der Schusswaffengebrauch nicht geeignet, die Gefahr, die von dem bewaffneten T ausging, für den Kassierer zu vermindern. Der Schusswaffengebrauch durch P 1 war daher nicht geeignet und damit auch nicht verhältnismäßig[17].

4. Ergebnis

Der Eingriff in die körperliche Unversehrtheit des Kassierers ist verfassungsrechtlich nicht gerechtfertigt. Der Kassierer ist in seinem Grundrecht aus Art. 2 Abs. 2 Satz 1 GG verletzt.

B. Eau de Toilette

Sachverhalt

Die Polizeibeamten P und K werden am Vormittag des 22. 4. 2005 kurz nach Öffnung der Geschäfte von der Inhaberin einer in der Bremer Innenstadt gelegenen Parfümerie gerufen, nachdem ein junger Mann erwischt wurde, als er zwei Flaschen teueren Parfüms und ein

17 Vertretbar erscheint mit guter Begründung auch ein anderes Ergebnis. Sie müssten sich dann mit der Erforderlichkeit und der Angemessenheit auseinandersetzen.

Eau de Toilette für den Herrn in den äußeren Taschen seiner Jacke verschwinden ließ, um die Parfümerie mit den Waren ohne Bezahlung zu verlassen. Nach ihrem Eintreffen befragen die Polizeibeamten den M zunächst nach seinen Personalien, die dieser auch widerwillig bekannt gibt. Der Mann erklärt den Polizeibeamten in seiner Verwirrung sinngemäß auch, er sei drogenabhängig und aufgrund seiner Erwerbslosigkeit darauf angewiesen, das Geld für den Erwerb der benötigten Rauschmittel aus dem Verkauf gestohlener Waren zu beschaffen. Ohne seine tägliche Menge an Rauschmitteln würde er „durchdrehen", was angesichts seines Verhaltens auch glaubhaft ist. Wenn die Beamten ihm jetzt die Beute wegnehmen würden, müsse er sich eben auf andere Weise das nötige Geld besorgen. P und K durchsuchen M daraufhin vor Ort, um festzustellen, ob sich in den Taschen seiner Jacke tatsächlich die Artikel aus der besagten Parfümerie und eventuell noch anderes Diebesgut befinden. Aufgrund der Ankündigung des M nehmen ihn die Polizeibeamten mit zur Wache. Das ist aus ihrer Sicht die einzige Möglichkeit, um M von der Fortsetzung seines Diebeszuges abzuhalten und die Inhaberin der Parfümerie und andere Geschäftsleute in der Bremer Innenstadt vor den zeitnah angekündigten Diebstählen zu schützen. M wird auf der Wache festgehalten, ohne dass sich die Polizeibeamten weiter um die Sache kümmern. Erst um 21.00 Uhr wird er aus dem Polizeigewahrsam entlassen, nachdem die Geschäfte, in denen er Diebstähle begehen könnte, mittlerweile schon lange geschlossen haben.

M fragt seinen Betreuer, ob er gegen die Maßnahmen etwas unternehmen könne. Er sei offenbar an Anfänger geraten. Der eine Polizeibeamte hätte den anderen gefragt, ob sie die Feststellung der Personalien und die Durchsuchung denn zur Gefahrenabwehr oder zur Strafverfolgung durchführen sollten. Darauf hätte der andere gesagt, es gehe dabei um die Aufklärung einer Straftat, ob er noch nie etwas von „§ 163b und § 102 StPO oder so" gehört hätte. Wenn die Polizeibeamten schon ihre Befugnisse nicht kennen würden, läge doch sicherlich auch etwas mit deren Anwendung im Argen. Darüber hinaus habe er auch durch den viel zu langen Aufenthalt auf der Wache sehr gelitten. Den Beamten müsste überdies klar gewesen sein, dass er sich das nötige Geld nach seiner Entlassung beschaffen würde. Die Ingewahrsamnahme zur Gefahrenabwehr sei daher völlig sinnlos und genau genommen schikanös gewesen. Suspekt sei auch, dass nicht einmal ein Richter vorbeigeschaut habe.

Wurde M durch die Befragung nach seinen Personalien und durch die Durchsuchung sowie durch die anschließende Ingewahrsamnahme zum Zweck der Verhinderung weiterer Straftaten in seinen Grundrechten verletzt?

✔ Falllösung

I. Verletzung des Art. 2 Abs. 1, 1 Abs. 1 GG durch Befragung des M nach seinen Personalien

M ist durch das Fragen nach seinen Personalien dann in seinem Grundrecht aus Art. 2 Abs. 1, 1 Abs. 1 GG verletzt, wenn die Maßnahme einen rechtswidrigen Eingriff in den Schutzbereich darstellt.

1. Betroffenheit des Schutzbereichs

Der Schutzbereich eines Grundrechts ist betroffen, wenn die hoheitliche Maßnahme, hier das Befragen nach den Personalien, Auswirkungen auf den geschützten Freiheitsbereich hat. Art. 2 Abs. 1, 1 Abs. 1 GG schützt die freie Entfaltung der Persönlichkeit. Man versteht darunter u. a. das allgemeine Persönlichkeitsrecht, das die Befugnis des Grundrechtsträgers, selbst über die Erhebung und Verwendung der ihn betreffenden Daten zu bestimmen, schützt (informationelle Selbstbestimmung). Zu diesen Daten gehören auch Informationen über den Namen, die Wohnanschrift und das Alter, die u. a. die Identität einer Person bezeichnen. Die Befragung nach den Personalien führt dazu, dass M verpflichtet wird, gerade diese personenbezogenen Informationen preiszugeben. Die Maßnahme hat daher Auswirkungen auf das geschützte Verhalten. Der Schutzbereich des Art. 2 Abs. 1, 1 Abs. 1 GG ist betroffen.

2. Eingriff

Ein Eingriff ist bei einer nachteiligen Betroffenheit des Schutzbereichs gegeben. Die Befragung des M nach seinen Personalien führt dazu, dass er mit einer Rechtspflicht, personenbezogene Informationen bekannt zu geben, belastet wird. Insoweit ist der Schutzbereich nachteilig betroffen. Ein Eingriff liegt daher vor.

3. Verfassungsrechtliche Rechtfertigung

Der Eingriff in Art. 2 Abs. 1 GG ist verfassungsrechtlich gerechtfertigt, wenn das Grundrecht unter einem Gesetzesvorbehalt steht und das den Vorbehalt ausfüllende Gesetz sowie der darauf beruhende Einzelakt selbst verfassungsmäßig sind.

a) Gesetzesvorbehalt, Art. 2 Abs. 1 GG

Art. 2 Abs. 1 GG steht unter dem einfachen Gesetzesvorbehalt der verfassungsmäßigen Ordnung. Darunter versteht man die Gesamtheit der verfassungsmäßigen Gesetze. Als den Vorbehalt ausfüllendes Gesetz kommt hier § 163b Abs. 1 StPO in Betracht[18]. Danach können Beamte des Polizeidienstes die zur

18 Als Rechtsgrundlage kommt neben § 163b StPO auch § 11 Abs. 1 Nr. 1, Abs. 2 Nr. 3 BremPolG in Betracht. Danach darf die Polizei eine Person zur Abwehr einer Gefahr nach ihren Personalien befragen. Die Lösung über § 11 Abs. 1 Nr. 1 BremPolG stellt eine gleichwertige Leistung gegenüber einer Prüfung des § 163b StPO dar, weil Eingriffsermächtigungen nach dem BremPolG und der StPO nicht in einem Ausschließlichkeitsverhältnis stehen. Die Schwierigkeit einer Lösung über § 11 Abs. 1 Nr. 1 BremPolG besteht hier allerdings darin, die Gefahr zu bezeichnen, die durch die Identitätsfeststellung abgewehrt werden soll. Der Schwerpunkt der Maßnahme dürfte auf dem Gebiet der Strafverfolgung liegen.

Feststellung der Identität erforderlichen Maßnahmen treffen, wenn jemand einer Straftat verdächtig ist. Der Verdacht einer Straftat nach § 242 StGB ist aufgrund des Verhaltens des M gegeben.

b) Verfassungsmäßigkeit des § 163b StPO

aa) Formelle Verfassungsmäßigkeit

Die Zuständigkeit des Bundes für den Erlass des § 163b Abs. 1 StPO folgt aus Art. 74 Abs. 1 Nr. 1, Art. 72 Abs. 2 GG, sofern man das Strafprozessrecht als Gegenstand des Strafrechts oder Strafvollzugs auffasst. Ansonsten besteht jedenfalls eine Zuständigkeit kraft Sachzusammenhangs des Strafprozessrechts mit den dort genannten Materien. Fehler im Gesetzgebungsverfahren und bei der Form liegen nicht vor. Die Eingriffsermächtigung ist daher formell verfassungsmäßig.

bb) Materielle Verfassungsmäßigkeit

(1) Anforderungen des Art. 19 Abs. 1 und 2 GG

§ 163b Abs. 1 Abs. 1 Satz 1 StPO regelt eine unbestimmte Vielzahl von Sachverhalten und Personen und ist daher abstrakt-generell. Ein Verstoß gegen Art. 19 Abs. 1 Satz 1 GG liegt nicht vor. Das Zitiergebot in Art. 19 Abs. 1 Satz 2 GG gilt für Beschränkungen des Art. 2 Abs. 1 GG nicht. Auch der Wesensgehalt des Art. 2 Abs. 1, 1 Abs. 1 GG wird durch die Ermächtigung nicht beeinträchtigt. Unter dem Wesensgehalt versteht man den Mindestgehalt eines Grundrechts als eine feste, vom einzelnen Fall losgelöste Größe. Diese wird dann angetastet, wenn Eingriffe in das Grundrecht so intensiv sind, dass dessen vollständige Preisgabe droht. Davon kann bei der Ermächtigung in § 163b StPO keine Rede sein. Die Anforderungen des Art. 19 Abs. 1 und 2 GG sind erfüllt.

(2) Verhältnismäßigkeit

§ 163b Abs. 1 Satz 1 StPO müsste darüber hinaus verhältnismäßig sein.
Die Ermächtigung zur Identitätsfeststellung soll der effektiven Strafverfolgung dienen. Das ist aufgrund des staatlichen Gewaltmonopols und des damit korrespondierenden Strafverfolgungsanspruchs des Staates ein legitimer Zweck.
Diesen Zweck müsste die Ermächtigung zumindest fördern. Die Beamten des Polizeidienstes werden darin ermächtigt, personenbezogenen Daten zu erheben, um eine Verwechselung des Tatverdächtigen mit anderen Personen zu vermeiden. Ohne die Feststellung der Identität des Tatverdächtigen würde die Strafverfolgung in vielen Fällen vereitelt werden. Insofern ist die Ermächtigung zur Identitätsfeststellung zur Zweckerreichung geeignet.
Mildere Mittel, als eine Person zu individualisieren und dadurch die Voraussetzungen für eine Strafverfolgung zu schaffen, gibt es nicht. Die Ermächtigung in

§ 163b Abs. 1 Satz 1 StPO eröffnet zudem Ermessen und räumt der Polizei die Möglichkeit ein, eine Identitätsfeststellung im Einzelfall zu unterlassen. Aus diesem Grund ist die Ermächtigung auch erforderlich.
Der Zweck der Ermächtigung dürfte nicht außer Verhältnis zu der Schwere der dadurch bewirkten Grundrechtsbeeinträchtigungen stehen. Hinsichtlich der Schwere der dadurch ermöglichten Eingriffe ist zu berücksichtigen, dass es sich bei der Identitätsfeststellung nach § 163b Abs. 1 Satz 1 StPO um die Erhebung von Daten handelt, die den staatlichen Behörden (Einwohnermeldeämtern) bereits vorliegen. Die Schwere der Beeinträchtigung liegt lediglich darin, dass diese schon vorhandenen Daten aus Anlass eines konkreten Sachverhalts mit einer Person in Verbindung gebracht werden. Insoweit ist die Eingriffsintensität gering. Unter Berücksichtigung des Umstandes, dass eine Strafverfolgung ohne die Kenntnis der Identität des Tatverdächtigen im Einzelfall unmöglich wäre, steht die Ermächtigungsgrundlage nicht außer Verhältnis zu dem damit verfolgten Zweck. § 163b Abs. 1 Satz 1 StPO ist daher verhältnismäßig.

(3) Bestimmtheit

§ 163b Abs. 1 Satz 1 StPO ist so präzise formuliert, wie es mit Rücksicht auf die zu regelnden Lebenssachverhalte möglich ist. Die Vorschrift genügt daher dem rechtsstaatlichen Bestimmtheitsgrundsatz.

c) Verfassungsmäßigkeit des Befragens nach der Identität

Mit der Identitätsfeststellung verfolgen die Beamten u. a. den Zweck, die Grundlage für eine Strafverfolgung zu schaffen. Das ist legitim. Zur Zweckerreichung ist die Befragung nach der Identität auch geeignet. Mildere Mittel, um die Straftat des M gleichermaßen effektiv verfolgen zu können, sind nicht gegeben. Die Befragung zwecks Identitätsfeststellung war daher auch erforderlich. Die Schwere des Eingriffs in das Recht auf informationelle Selbstbestimmung dürfte schließlich nicht außer Verhältnis zu dem Zweck der Strafverfolgung gestanden haben. Der Eingriffsintensität durch die Feststellung der Personalien stehen der Schutz des staatlichen Strafverfolgungsanspruchs bei einem Vermögensdelikt und damit letztlich auch der Schutz der Bürger vor rechtswidrigen Eigentumsverletzungen Dritter gegenüber. Mit Blick auf diese Schutzgüter erscheint die Erhebung personenbezogener Daten einer Person, die sich auf Kosten eines anderen Mitglieds der Rechtsgemeinschaft ungerechtfertigte Vorteile verschaffen will, nicht außer Verhältnis. Das Befragen nach der Identität war daher auch angemessen. Die Maßnahme war folglich verhältnismäßig[19].

19 Das Befragen ist nicht notwendigerweise mit einer Aufforderung verbunden. Aus diesem Grund wurde hier auf die Prüfung der Bestimmtheit verzichtet.

4. Ergebnis

Der Eingriff in das Recht auf informationelle Selbstbestimmung des M ist verfassungsrechtlich gerechtfertigt. Die Befragung nach den Personalien verletzt ihn daher nicht in seinem Recht aus Art. 2 Abs. 1, 1 Abs. 1 GG.

II. Verletzung des Art. 2 Abs. 1 GG durch das Durchsuchen des M[20]

1. Betroffenheit des Schutzbereichs

Art. 2 Abs. 1 GG schützt die freie Entfaltung der Persönlichkeit. Darunter fällt u. a. die allgemeine Handlungsfreiheit, also die Freiheit, zu tun und zu lassen was man will. Dazu gehört auch die Freiheit, Durchsuchungen der eigenen Person nicht dulden zu müssen. Die Maßnahme der Polizeibeamten hat Auswirkungen auf dieses Recht. Der Schutzbereich des Art. 2 Abs. 1 GG ist daher betroffen.

2. Eingriff

Die Durchsuchung erfolgte gegen den Willen des M. Der Schutzbereich der allgemeinen Handlungsfreiheit ist folglich nachteilig betroffen. Ein Eingriff liegt vor.

3. Verfassungsrechtliche Rechtfertigung

a) Gesetzesvorbehalt, Art. 2 Abs. 1 GG

Art. 2 Abs. 1 GG steht unter dem einfachen Vorbehalt der verfassungsmäßigen Ordnung. Als den Vorbehalt ausfüllendes Gesetz kommt hier § 102 StPO in Betracht. Danach kann bei dem, welcher als Täter einer Straftat in Betracht kommt, eine Durchsuchung seiner Person und der ihm gehörenden Sachen vorgenommen werden, wenn zu vermuten ist, dass die Durchsuchung zur Auffindung von Beweismitteln führen werde.

b) Verfassungsmäßigkeit des § 102 StPO

aa) Formelle Verfassungsmäßigkeit

Die Zuständigkeit des Bundes für den Erlass des § 102 StPO folgt auch hier aus Art. 74 Abs. 1 Nr. 1, Art. 72 Abs. 2 GG, jedenfalls aber aus dem Sachzusammenhangs des Strafprozessrechts mit den dort genannten Materien. Fehler im Ge-

20 Die (negative) Freiheit, nicht durchsucht zu werden, wird durch kein spezielles Grundrecht geschützt. Daher kommt Art. 2 Abs. 1 GG in Gestalt des Auffanggrundrechts in Betracht.

setzgebungsverfahren und bei der Form liegen nicht vor. § 102 StPO ist deshalb formell verfassungsmäßig.

bb) Materielle Verfassungsmäßigkeit

(1) Anforderungen des Art. 19 Abs. 1 und 2 GG

§ 102 StPO regelt eine unbestimmte Vielzahl von Sachverhalten. Die Vorschrift ist daher abstrakt-generell i. S. d. Art. 19 Abs. 1 Satz 1 GG. Das nach Art. 19 Abs. 1 Satz 2 GG grundsätzlich geltende Zitiergebot erfasst Eingriffe in Art. 2 Abs. 1 GG nicht, weil die Appell- und Warnfunktion des Zitiergebots bei diesem Grundrecht, das bei jedem gesetzgeberischen Akt betroffen ist, versagt.
Die Ermächtigung reduziert den Inhalt der allgemeinen Handlungsfreiheit nicht bis in den Kernbereich der Gewährleistung hinein. Ein Verstoß gegen die Wesensgehaltsgarantie nach Art. 19 Abs. 2 GG liegt daher auch nicht vor. Die Anforderungen des Art. 19 Abs. 1 und 2 GG sind erfüllt.

(2) Verhältnismäßigkeit des § 102 StPO

§ 102 StPO verfolgt u. a. den Zweck, Beweismittel bei einem Tatverdächtigen aufzufinden, um auf diese Weise die Strafverfolgung zu gewährleisten. Dieser Zweck ist legitim. Zur Zweckerreichung ist die Ermächtigung, eine Person zu durchsuchen, auch geeignet. Mildere, gleich effektive Mittel, als eine Person zu durchsuchen, gibt es in den Fällen, in denen Beweismittel am Körper versteckt werden, nicht. Insoweit ist die Ermächtigung auch erforderlich. Im Übrigen eröffnet § 102 StPO Ermessen. Dadurch ist gewährleistet, dass eine Durchsuchung unterbleibt, wenn die Schwere der Beeinträchtigung im Einzelfall außer Verhältnis zu dem Durchsuchungszweck oder der Art und Weise der Durchsuchung steht. Die Ermächtigung ist daher auch angemessen. § 102 StPO ist verhältnismäßig.

(3) Bestimmtheit des § 19 Abs. 1 Nr. 2 BremPolG

§ 102 StPO ist so bestimmt, wie es der zu regelnde Lebenssachverhalt mit Rücksicht auf den Normzweck zulässt. Ein Verstoß gegen den Bestimmtheitsgrundsatz liegt nicht vor.

cc) Ergebnis

§ 102 StPO ist materiell verfassungsmäßig.

c) Verfassungsmäßigkeit der Durchsuchung

Die Polizeibeamten wollten mit der Durchsuchung des M feststellen, ob sich in den Taschen seiner Jacke tatsächlich die Artikel aus der besagten Parfümerie und eventuell noch anderes Diebesgut befanden, und damit Beweismittel zum

Zweck der Strafverfolgung sichern. Ein legitimer Zweck liegt vor. Zur Zweckerreichung war die Durchsuchung auch geeignet. Anstelle der Durchsuchung des M hätten die Polizeibeamten ihn auch auffordern können, Auskunft über den Inhalt seiner Jackentaschen zu geben oder die Taschen selbst zu entleeren. Damit wäre allerdings nicht ausgeschlossen gewesen, dass M nicht alle Gegenstände bezeichnet oder die Taschen nur unvollständig leert. Mildere, gleich geeignete Mittel lagen daher neben der Durchsuchung nicht vor. Die Maßnahme war auch erforderlich. Aufgrund der Anzeige der Inhaberin bestand zum Zeitpunkt des Einschreitens der Polizei ein erheblicher Tatverdacht hinsichtlich der Begehung eines Diebstahls. Der Beeinträchtigung des M durch die Durchsuchung stand daher der Schutz des staatlichen Strafverfolgungsanspruchs gegenüber. Gegenüber der Eingriffsintensität der Durchsuchung überwiegt das Interesse daran, diesen Anspruch nicht zu vereiteln. Die Durchsuchung war daher auch angemessen. Die Maßnahme war damit insgesamt verhältnismäßig.

4. Ergebnis

Der Eingriff in die allgemeine Handlungsfreiheit des Mannes ist verfassungsrechtlich gerechtfertigt. Eine Verletzung des Art. 2 Abs. 1 GG durch das Durchsuchen der Person liegt nicht vor.

III. Verletzung des Art. 2 Abs. 2 Satz 2 GG durch die Mitnahme des M und dessen Festhalten auf der Wache

M könnte durch das Verbringen und Festhalten auf der Wache in seinem Grundrecht auf Freiheit der Person verletzt sein.

1. Betroffenheit des Schutzbereichs

Art. 2 Abs. 2 Satz 2 GG schützt die Freiheit der Person. Man versteht darunter das Recht, seinen Aufenthaltsort frei zu bestimmen. Die Mitnahme zur Wache und das dortige Festhalten bis zum Abend führten dazu, dass M seine Entscheidung, einen beliebigen Ort aufzusuchen oder an dem gegenwärtigen Ort zu bleiben, nicht betätigen konnte. Die Maßnahme der Polizeibeamten hatte daher Auswirkungen auf die Freiheit der Person. Der Schutzbereich ist betroffen.

2. Eingriff

Infolge der Polizeimaßnahme konnte M für die Dauer von fast 12 Stunden nicht über seinen Aufenthaltsort bestimmen. Sein Recht auf Freiheit der Person war daher nachteilig in Gestalt einer Freiheitsentziehung betroffen. Ein Eingriff liegt vor.

3. Verfassungsrechtliche Rechtfertigung

a) Qualifizierter Gesetzesvorbehalt, Art. 2 Abs. 2 Satz 3, 104 Abs. 2 GG

Art. 2 Abs. 2 Satz 2 GG steht unter einem qualifizierten Gesetzesvorbehalt, Art. 2 Abs. 2 Satz 3, Art. 104 GG. Danach sind Eingriffe in die Freiheit der Person aufgrund eines Gesetzes zulässig, das die besonderen Anforderungen des Art. 104 GG erfüllt. Als die Freiheit der Person einschränkendes Gesetz kommt hier § 15 Abs. 1 Nr. 2 BremPolG[21] in Betracht[22]. Danach darf die Polizei eine Person u. a. dann in Gewahrsam nehmen, wenn das unerlässlich ist zur Verhinderung der unmittelbar bevorstehenden Begehung oder Fortsetzung einer Straftat.

b) Verfassungsmäßigkeit des § 15 Abs. 1 Nr. 2 BremPolG

aa) Formelle Verfassungsmäßigkeit

Die Gesetzgebungsbefugnis für den Erlass des § 15 Abs. 1 Nr. 2 BremPolG steht mangels einer ausdrücklichen Zuweisung dieser Regelungsmaterie an den Bund durch Art. 73, 74 oder 74 GG der Freien Hansestadt Bremen zu, Art. 70 Abs. 1 GG. Fehler im Gesetzgebungsverfahren und bei der Form liegen nicht vor. § 15 Abs. 1 Nr. 2 BremPolG ist deshalb formell verfassungsmäßig.

bb) Materielle Verfassungsmäßigkeit

(1) Anforderungen des Art. 19 Abs. 1 und 2 GG

Die Ermächtigung in § 15 Abs. 1 Nr. 2 BremPolG gilt für eine unbestimmte Vielzahl von Personen und Sachverhalten. Sie ist abstrakt-generell und verstößt aus diesem Grund nicht gegen das Einzelfallgesetzverbot in Art. 19 Abs. 1

21 § 35 Abs. 1 Nr. 2 PolG NW, § 28 Abs. 1 Nr. 1 PolG BW, Art. 17 Abs. 1 Nr. 2 BayPAG, § 30 Abs. 1 Nr. 2 ASOG Bln, § 17 Abs. 1 Nr. 2 BbgPolG, § 13 Abs. 1 Nr. 2 HmbSOG, § 32 Abs. 1 Nr. 2 HSOG, § 55 Abs. 1 Nr. 2 SOG MV, § 18 Abs. 1 Nr. 2 Nds.SOG, § 14 Abs. 1 Nr. 2 POG RP, § 13 Abs. 1 Nr. 2 SPolG, § 22 Abs. 1 Nr. 1 SächsPolG, § 37 Abs. 1 Nr. 2 SOG LSA, § 204 Abs. 1 Nr. 2 LVwG SH, § 19 Abs. 1 Nr. 2 ThürPAG.

22 Nach dem Sachverhalt wird die Ingewahrsamnahme allein aus präventiven Gründen durchgeführt, um nämlich die Realisierung der Gefahr, dass M seine Ankündigung, weitere Straftaten zu begehen, verwirklicht, zu verhindern. Aus diesem Grund wird er nach Geschäftsschluss auch wieder entlassen. Zu den Voraussetzungen eines Haftbefehls, die vorliegen müssten, um M repressiv in Gewahrsam zu nehmen, sagt der Sachverhalt nichts.

Satz 1 GG. Gemäß Art. 19 Abs. 1 Satz 2 GG muss das einschränkende Gesetz das Grundrecht unter Angabe des Artikels nennen. Das ist hier in § 9 BremPolG[23] geschehen. Das Zitiergebot wurde beachtet. Die Regelung in § 15 Abs. 1 Nr. 2 BremPolG dürfte den Wesensgehalt des Grundrechts auf Freiheit der Person nicht antasten. § 15 Abs. 1 Nr. 2 BremPolG ermächtigt weder im Einzelfall noch für die Allgemeinheit zu Beschränkungen, die zur völligen Preisgabe der Freiheit der Person führen würden. Ein Verstoß gegen die Wesensgehaltsgarantie liegt daher nicht vor. Die Anforderungen des in Art. 19 Abs. 1 und 2 GG wurden erfüllt.

(2) Verhältnismäßigkeit

§ 15 Abs. 1 Nr. 2 BremPolG dient der präventiven Kriminalitätsbekämpfung und damit der Abwehr einer Gefahr für Individualrechtsgüter Dritter. Der Schutz dieser Rechtsgüter ist ein legitimer Zweck.
Die Ermächtigung, eine Person in Gewahrsam zu nehmen, um diese an der Begehung einer Straftat zu hindern, ermöglicht den Schutz individueller Rechtsgüter einer Person und ist daher zur Zweckerreichung geeignet.
Erforderlich ist eine Maßnahme dann, wenn sie unter mehreren gleich geeigneten Maßnahmen das mildeste Mittel ist. § 15 Abs. 1 Nr. 2 BremPolG ermächtigt die Polizei nur zur Ingewahrsamnahme einer Person, wenn das zur Gefahrenabwehr unerlässlich ist. Das ist der Fall, wenn keine anderen, gleich geeigneten Mittel zur Gefahrenabwehr in Betracht kommen, eine effektive Gefahrenabwehr ohne die Ermächtigung der Polizei zur Ingewahrsamnahme also nicht gewährleistet wäre. Die Ermächtigung, eine Person in Gewahrsam zu nehmen, ist daher erforderlich.
Angemessen ist die Ermächtigung zur Ingewahrsamnahme dann, wenn sie nicht außer Verhältnis zu dem damit verfolgten Zweck steht. § 15 Abs. 1 Nr. 2 BremPolG verpflichtet die Polizei nicht zur Ingewahrsamnahme, sondern eröffnet Ermessen. Dadurch wird gewährleistet, dass eine Freiheitsentziehung trotz Vorliegens der tatbestandlichen Voraussetzungen für ein Einschreiten der Polizei unterbleibt, wenn sie im Einzelfall außer Verhältnis zu dem verfolgten Zweck steht. Hinzu kommt, dass das BremPolG selbst Regeln für die Dauer einer Freiheitsentziehung setzt, die als Ausdruck der Angemessenheit noch einmal auf die Pflicht zur Entlassung der festgehaltenen Person hinweisen, §§ 3 Abs. 3,

23 § 7 PolG NW, § 4 PolG BW, Art. 74 BayPAG, § 66 ASOG Bln, § 8 BbgPolG, § 31 HmbSOG, § 10 HSOG, § 78 SOG MV, § 10 Nds.SOG, § 8 POG RP, § 7 SPolG, § 79 SächsPolG, § 11 SOG LSA, § 247 LVwG SH, § 11 ThürPAG.

18 Abs. 1 Nr. 1 BremPolG[24]. Danach ist eine in Gewahrsam genommene Person u. a. dann zu entlassen, sobald der Grund für die Freiheitsentziehung weggefallen ist. Die Angemessenheit ist daher gegeben. Die Ermächtigung in § 15 Abs. 1 Nr. 2 BremPolG ist verhältnismäßig.

(3) Bestimmtheit

§ 15 Abs. 1 Nr. 2 BremPolG ist so präzise formuliert, wie es mit Rücksicht auf den zu regelnden Lebenssachverhalt möglich war. Ein Verstoß gegen den Bestimmtheitsgrundsatz liegt nicht vor.

(4) Ergebnis

§ 15 Abs. 1 Nr. 2 BremPolG ist materiell verfassungsmäßig.

cc) Anforderungen der Qualifikation

§ 15 Abs. 1 Nr. 2 BremPolG müsste ferner den besonderen Anforderungen des Art. 104 Abs. 2 GG an Freiheitsentziehungen entsprechen. Danach ist bei Freiheitsentziehungen gesetzlich näher zu regeln, dass über deren Zulässigkeit und Fortdauer der Richter zu entscheiden hat und dass bei jeder nicht auf einer richterlichen Anordnung beruhenden Freiheitsentziehung unverzüglich eine richterliche Entscheidung herbeizuführen ist. Das Bremische Polizeigesetz bestimmt in § 16 Abs. 1, dass bei der Ingewahrsamnahme von Personen nach § 15 Abs. 1 BremPolG unverzüglich eine richterliche Entscheidung herbeigeführt werden muss[25]. Die zusätzlichen Anforderungen des Art. 104 Abs. 2 GG an das einschränkende Gesetz sind daher erfüllt.

c) Verfassungsmäßigkeit des Einzelaktes

aa) Verhältnismäßigkeit

Die Ingewahrsamnahme des M diente dazu, ihn davon abzuhalten, die für den 22. 4. 2005 angekündigten weiteren Ladendiebstähle zu begehen. Dieser Zweck entspricht dem Regelungsgedanken des § 15 Abs. 1 Nr. 2 BremPolG und ist daher legitim.

Die Maßnahme bewirkte, dass M für die Dauer der Ingewahrsamnahme gehindert war, weitere Vermögensdelikte zur Beschaffung des Geldes für den Erwerb

24 § 38 Abs. 1 Nr. 1 PolG NW, § 28 Abs. 3 PolG BW, Art. 20 Nr. 1 BayPAG, § 33 Abs. 1 Nr. 1 ASOG Bln, § 20 Abs. 1 Nr. 1 BbgPolG, § 13c Abs. 1 Nr. 1 HmbSOG, § 35 Abs. 1 Nr. 1 HSOG, § 55 Abs. 5 SOG MV, § 21 Nr. 1 Nds. SOG, § 17 Abs. 1 Nr. 1 POG RP, § 16 Abs. 1 Nr. 1 SPolG, § 22 Abs. 7 Satz 5 SächsPolG, § 40 Abs. 1 Nr. 1 SOG LSA, § 204 Abs. 5 LVwG SH, § 22 Abs. 1 Nr. 1 ThürPAG.

25 § 36 PolG NW, § 28 Abs. 3 PolG BW, Art. 18 Abs. 1 BayPAG, § 31 Abs. 1 ASOG Bln, § 18 BbgPolG, § 13a HmbSOG, § 33 HSOG, § 55 Abs. 5, 56 Abs. 5 SOG MV, § 19 Nds.SOG, § 15 POG RP, § 14 SPolG, § 22 Abs. 7 Satz 1 SächsPolG, § 38 SOG LSA, §§ 204 Abs. 6, 181 Abs. 4 LVwG SH, § 20 ThürPAG.

von Rauschmitteln zu begehen. Das mit der Ingewahrsamnahme verfolgte Ziel wurde daher für ihre Dauer erreicht. Insofern ist die Maßnahme auch geeignet. Als milderes Mittel gegenüber der Ingewahrsamnahme des M hätte die Polizei ihn observieren und bei einer Wiederholung der Straftat sofort einschreiten können. Abgesehen von der knappen Personalausstattung der Polizei und der daraus möglicherweise resultierenden Unmöglichkeit, eine Observation neben der Erfüllung anderer Dienstpflichten durchzuführen, würde diese Alternativmaßnahme allerdings nicht sicher ausschließen, dass sich M der Observation entzieht und sodann gleichwohl Straftaten begeht. Gegenüber der Ingewahrsamnahme ist eine Observation daher weniger Erfolg versprechend. Die Ingewahrsamnahme war daher auch geeignet.

Die Schwere der Beeinträchtigung dürfte schließlich nicht außer Verhältnis zu dem damit verfolgten Zweck gestanden haben. Die Schwere der Beeinträchtigung ist hier dadurch gekennzeichnet, dass dem M für die Dauer von fast 12 Stunden die Freiheit entzogen wurde. Dieser erheblichen Beeinträchtigung stehen der Schutz der Rechtsordnung und der Schutz des Eigentums Privater gegenüber, die jedenfalls für die Dauer der Ingewahrsamnahme nicht durch M beeinträchtigt werden können. Der Schutz dieser Rechtsgüter ist zwar nur von vorübergehender Dauer, da M, sobald er wieder auf freiem Fuß ist, seine Diebeszüge möglicherweise fortsetzen wird. Zudem besteht das Risiko, dass M nach seiner Entlassung aus dem Polizeigewahrsam Straftaten gegen die Person (§§ 244, 249 ff. StGB) verüben wird, um das nötige Geld zu beschaffen, weil Ladendiebstähle nach Geschäftsschluss kaum noch möglich sind. Das ändert aber nichts an der Tatsache, dass jedenfalls für die Dauer der Maßnahme Straftaten des M ausgeschlossen sind. Mit Rücksicht darauf, dass durch das kriminelle Verhalten des M nicht unerhebliche Vermögenswerte vieler Personen betroffen sind, steht die Ingewahrsamnahme hier grundsätzlich nicht außer Verhältnis zu dem Zweck der vorbeugenden Kriminalitätsbekämpfung[26].

Die Ingewahrsamnahme könnte aber hinsichtlich ihrer Dauer unangemessen sein. Dafür spricht, dass der Zweck der Maßnahme, Ladendiebstähle zu verhindern, mit Ladenschuss, also um 20.00 Uhr, erreicht war. Gleichwohl wurde M bis 21.00 Uhr auf der Wache festgehalten. In der Zeit von 20.00 bis 21.00 Uhr stand der Beeinträch-

26 Mit entsprechender Begründung können Sie hier auch ein anderes Ergebnis vertreten. Zu berücksichtigen ist aber, dass in einer Grundrechtsprüfung nur die Verfassungsmäßigkeit, nicht die Rechtmäßigkeit und Zweckmäßigkeit einer Maßnahme geprüft wird. Zweifel an der *Zweckmäßigkeit* des Vorgehens ergeben sich hier aus der Überlegung, dass M nach seiner Entlassung aus dem Polizeigewahrsam einen erhöhten Bedarf an Rauschmitteln haben wird und möglicherweise ohne Rücksicht auf Verluste andere, schwerere Straftaten begehen wird, um an Geld zu gelangen.

tigung durch die Freiheitsentziehung daher kein großer Nutzen gegenüber[27]. Aus diesem Grund war die über 20.00 Uhr hinausgehende Freiheitsentziehung unangemessen und die Ingewahrsamnahme insoweit unverhältnismäßig.

bb) Anforderungen des Art. 104 Abs. 2 GG an den Einzelakt

Gemäß Art. 104 Abs. 2 Satz 2 GG ist bei jeder nicht auf richterlicher Anordnung beruhenden Freiheitsentziehung unverzüglich eine richterliche Entscheidung herbeizuführen. Unverzüglich wird eine richterliche Entscheidung dabei dann herbeigeführt, wenn sie ohne schuldhaftes Zögern beantragt wird. Nach dem Sachverhalt nahmen die Polizeibeamten den M in Gewahrsam, ohne sich danach weiter um die Sache zu kümmern. Die Maßnahme fand aber schon am Vormittag des 22. 4. 2005 kurz nach Öffnung der Geschäfte statt. Zu diesem Zeitpunkt war eine richterliche Entscheidung ohne Weiteres zu erlangen. Die verfassungsrechtlichen Anforderungen an eine Freiheitsentziehung waren daher von dem Zeitpunkt an, in dem eine richterliche Entscheidung frühestens hätte herbeigeführt werden können, nicht mehr erfüllt.

4. Ergebnis

Der Eingriff des M in sein Grundrecht auf Freiheit der Person ist ab dem Zeitpunkt, in dem eine richterliche Entscheidung frühestens hätte herbeigeführt werden können, verfassungsrechtlich nicht gerechtfertigt. M ist insoweit in seinem Grundrecht aus Art. 2 Abs. 2 Satz 2 GG verletzt.

C. Valentins Tag

🕮 Sachverhalt

Die Polizei erscheint zu einem Verkehrsunfall in der Bremer Innenstadt. Der 70-jährige Valentin ist bei einem Ausflug mit dem PKW mit einem Partywagen der Bremer Straßenbahn AG zusammengestoßen. Es gibt mehrere Verletzte und eine Anzahl Schaulustiger, unter ihnen der Taschendieb T, der den Unfall zum Anlass für einen kleinen Beutezug nimmt. Die eingetroffenen Polizeibeamten sichern die Unfallstelle und kümmern sich um die Verletzten. Zwei Partygäste, die sich bei dem Zusammenstoß offenbar

27 Dem M blieb nur übrig, in Geschäften, die auch nach Ladenschluss geöffnet haben, zu stehlen. Das sind nicht viele. Zudem sind diese Geschäfte nach Ladenschluss regelmäßig durch besondere Sicherheitsvorkehrungen gegen Ladendiebstähle gesichert, was die Tatbegehung erschwert.

die Rippen gebrochen haben und sich vor Schmerzen nicht aus der Bahn befreien können, zieht die Polizei bei der Versorgung Valentin, der mit einer kleinen Platzwunde an der Stirn davongekommen ist, vor. Valentin rügt sofort eine Verletzung seiner Grundrechte. Der inzwischen erfolgreiche T, der nach lautstarker Anzeige durch bestohlene Schaulustige gerade im Begriff ist, sich aus dem Staub zu machen, wird wegen der Versorgung der Unfallopfer und der Sicherung der Unfallstelle nicht verfolgt. Diebstahlsopfer O behauptet, ungleich behandelt worden zu sein. Den Verletzten habe die Polizei geholfen, ihm dagegen nicht. Seine Geldbörse mit 200,00 EUR Bargeld sei nun weg. Wurden V und O in ihrem Grundrecht aus Art. 3 Abs. 1 GG verletzt?

✔ Falllösung

I. Verletzung des V in seinem Grundrecht aus Art. 3 Abs. 1 GG

V könnte dadurch, dass die Polizeibeamten die beiden Fahrgäste der Straßenbahn, die bei dem Zusammenstoß Rippenbrüche erlitten haben, seiner Versorgung vorgezogen haben, in seinem Grundrecht auf Gleichbehandlung verletzt sein. Voraussetzung dafür ist eine sachlich nicht gerechtfertigte Ungleichbehandlung[28].

1. Ungleichbehandlung

Eine Ungleichbehandlung ist u. a. dann gegeben, wenn wesentlich Gleiches ungleich behandelt wird[29]. Was wesentlich gleich ist, wird im Grundgesetz selbst nicht definiert, sondern ist durch Auslegung zu ermitteln[30]. Zu berücksichtigen ist dabei, dass, sobald die wesentliche Gleichheit zweier Sachverhalte verneint wird, die Notwendigkeit einer sachlichen Rechtfertigung entfällt und damit die Möglichkeit einer Gleichheitsverletzung ausscheidet. Ein strenger Maßstab bei der Prüfung, ob zwei Sachverhalte wesentlich gleich sind, würde daher zu einer Verminderung des Grundrechtsschutzes führen. Aus diesem Grund sind die Anforderungen an die Feststellung von wesentlich Gleichem im Sinne einer grundrechtsfreundlichen Auslegung jedenfalls nicht zu überspannen. In den Fällen, in denen der Einzelne von der Exekutive ein

28 Obersatz für die Prüfung eines Gleichheitsverstoßes, aus dem sich die folgenden Gliederungspunkte 1. und 2. ergeben.

29 Sie liegt darüber hinaus auch dann vor, wenn wesentlich Ungleiches gleich behandelt wird. Da es um diese Alternative des Gleichheitssatzes hier aber nicht geht, braucht sie auch nicht erwähnt zu werden. Sie würde die Falllösung nicht weiterbringen.

30 Dazu eingehend, Rüthers, Rechtstheorie, Rn. 362 ff.

Einschreiten verlangt, erscheint es sachgerecht, wesentlich gleiche Sachverhalte dann anzunehmen, wenn der Anlass, aus dem eingeschritten wird, in beiden Fällen derselbe ist. Aufgrund der allgemeinen Schutzpflicht des Staates für das Leben und die körperliche Unversehrtheit aus Art. 2 Abs. 2 Satz 1 GG ist die Polizei grundsätzlich verpflichtet, bei einem Verkehrsunfall mit Personenschäden Hilfe zu leisten. Wesentlich für die Entscheidung der Polizeibeamten, einzuschreiten, ist in diesen Fällen daher, dass die Verkehrsteilnehmer verletzt sind. Sowohl V als auch die beiden Fahrgäste der Straßenbahn erlitten bei dem Unfall Verletzungen. Aus diesem Grund waren sie in Bezug auf die Entscheidung der Polizeibeamten wesentlich gleich. Den beiden Fahrgästen wurde geholfen, dem V nicht. Eine Ungleichbehandlung wesentlich gleicher Sachverhalte liegt daher vor[31].

2. Sachliche Rechtfertigung

Eine Ungleichbehandlung ist sachlich gerechtfertigt, wenn sie einen legitimen Zweck verfolgt und zur Zweckerreichung geeignet, erforderlich und angemessen ist. Die Bevorzugung der beiden Fahrgäste sollte eine Befreiung der Fahrgäste und eine schnelle Versorgung der Rippenbrüche gewährleisten und damit eine Verschlimmerung des Zustandes durch Verletzung innerer Organe verhindern. Die Ungleichbehandlung diente damit dem Schutz der körperlichen Unversehrtheit und damit einem legitimen Zweck. Die Ungleichbehandlung förderte den Schutz der Gesundheit der beiden Fahrgäste und war daher auch zur Zweckerreichung geeignet. Mildere, gleich geeignete Mittel zur Zweckerreichung wären dann gegeben gewesen, wenn die Beamten die beiden Fahrgäste ohne die Ungleichbehandlung des V hätten versorgen können. Das war aber nicht der Fall. Die Ungleichbehandlung des V war daher auch erforderlich.

Sie dürfte schließlich nicht außer Verhältnis zu dem damit verfolgten Zweck gestanden haben. Eine Platzwunde an der Stirn ist eine Beeinträchtigung der körperlichen Unversehrtheit, die in der Regel weder bleibende Schäden verursacht noch Ausdruck einer lebensgefährlichen Verletzung ist. Sie schmerzt auch nicht unerträglich. Durch eine verzögerte ärztliche Versorgung kann

31 Die Auffassung, dass V und die beiden Fahrgäste nicht wesentlich gleich sind, ist hier nicht vertretbar. Würde man diesen Maßstab anlegen, könnten Sie so gut wie nie zu einer Ungleichbehandlung kommen. Die Bedeutung des Art. 3 GG würde damit verkannt werden.

allenfalls die Verheilung der Narbe beeinträchtigt werden. Anhaltspunkte dafür, dass V über die Platzwunde hinaus eine Gehirnerschütterung oder Schlimmeres erlitten hat, gehen aus dem Sachverhalt nicht hervor. Es handelte sich vielmehr nur um eine kleine Verletzung. Demgegenüber waren die Rippenbrüche der beiden Fahrgäste Verletzungen, die innere Organe beschädigen und Blutungen verursachen können. Zudem litten die Fahrgäste unter erheblichen Schmerzen. Sie konnten sich daher nicht selbst aus ihrer Situation befreien. Die Verletzungen mussten daher zur Vermeidung einer möglichen Lebensgefahr so schnell wie möglich versorgt werden. Gegenüber den ungleich höheren Gesundheitsgefahren für die beiden Fahrgäste stand die Vernachlässigung des V nicht außer Verhältnis. Die Ungleichbehandlung des V gegenüber den beiden Fahrgästen mit den Rippenbrüchen war daher sachlich gerechtfertigt.

3. Ergebnis

Eine Verletzung des V in seinem Grundrecht aus Art. 3 Abs. 1 GG liegt nicht vor.

II. Verletzung des O in seinem Grundrecht aus Art. 3 Abs. 1 GG

O könnte dadurch, dass die Polizeibeamten die beiden Fahrgäste der Straßenbahn, die bei dem Zusammenstoß Rippenbrüche erlitten haben, der Verfolgung des Taschendiebs vorgezogen haben, in seinem Grundrecht auf Gleichbehandlung verletzt sein.

1. Ungleichbehandlung

Eine Ungleichbehandlung liegt hier vor, wenn O und die beiden Fahrgäste wesentlich gleich sind. Ob das der Fall ist, richtet sich danach, ob der Anlass, aus dem ein Einschreiten regelmäßig erfolgt, in beiden Fällen identisch ist. Im Fall der beiden Fahrgäste war Anlass für ein Einschreiten der Polizeibeamten das Vorliegen einer Gesundheitsgefahr. Im Fall des O ging es dagegen nicht um die Abwehr von Gefahren für die körperliche Unversehrtheit, sondern um die Verhinderung des Besitzverlustes an der Geldbörse sowie die Strafverfolgung des T. Die beiden Sachverhalte waren insofern nicht wesentlich gleich. Eine Ungleichbehandlung des O gegenüber den beiden verletzten Fahrgästen lag daher nicht vor[32].

2. Ergebnis

O wurde daher nicht in seinem Grundrecht aus Art. 3 Abs. 1 GG verletzt.

D. Die zehn Gebote

Sachverhalt

Der bekannte Regisseur K will in der Bremer Friedenskirche das Stück „Die zehn Gebote" inszenieren. Das Stück handelt von einem Fremden, der Zuflucht in einer Kirche sucht und dort auf eine ihm unbekannte Gesellschaft trifft. Diese Situation nimmt K zum Anlass, dem Publikum die ständige Missachtung der Glaubensregeln in der heutigen Zeit vor Augen zu führen. In mehreren drastischen Szenen im Altarraum werden dazu die Ausbeutung von Frauen und Kindern und andere Ungerechtigkeiten in der heutigen Welt dargestellt. An Aussagekraft gewinnt dieses Spektakel noch dadurch, dass jede Menge entblößte Körper sichtbar werden. Auf die kritischen Pressemitteilungen sowie die bereits im Vorfeld erhobenen Proteste aus den Reihen der konservativen Christen entgegnet K, die Bibel sei voll von Mord und Totschlag, von Gewalt und Sex, da sei seine Inszenierung doch gar nichts gegen.

32 Es ist auch vertretbar, hier eine Ungleichbehandlung zu bejahen. In diesem Fall wäre entscheidend gewesen, ob für die Ungleichbehandlung ein sachlicher Grund vorgelegen hat. Wie bei der vorangegangenen Prüfung verfolgten die Polizeibeamten mit der Bevorzugung der beiden Fahrgäste den legitimen Zweck, Gefahren infolge innerer Verletzungen abzuwenden. Die Ungleichbehandlung des O war zur Zweckerreichung auch geeignet und erforderlich. Sie müsste aber auch in einem angemessenen Verhältnis zu dem verfolgten Zweck gestanden haben. Das ist hier insoweit problematisch, als die Strafverfolgung anders als die Gefahrenabwehr nicht im Ermessen der Strafverfolgungsbehörden steht (Verfolgungsmaxime). Das spricht dafür, dass hier der Verfolgung des T der Vorzug hätte gegeben werden müssen, die Versorgung der beiden Fahrgäste also nicht angemessen war. Zu berücksichtigen ist aber, dass sich das Ermessen der Beamten bei der Entscheidung, Gefahren für Leben und Gesundheit der Fahrgäste mit den Rippenbrüchen abzuwehren, auf Null reduziert hatte. Angesichts der bedeutsamen Rechtsgüter, die hier betroffen waren, und aufgrund der Schutzpflicht des Staates aus Art. 2 Abs. 2 Satz 1 GG für das Leben wäre es ermessensfehlerhaft gewesen, die beiden Fahrgäste nicht zu versorgen. Im konkreten Einzelfall bestand daher tatsächlich nicht die Alternative zwischen einer Ermessensentscheidung (Gefahrenabwehr) und einer gebundenen Entscheidung (Strafverfolgung), sondern zwischen zwei gebundenen Entscheidungen. Die Polizeibeamten waren sowohl verpflichtet, Lebensgefahren von den beiden Fahrgästen abzuwenden, als auch die Straftat zu Lasten des O zu verfolgen. Die Auflösung dieser Pflichtenkollision zu Lasten der Rechtsgüter des O, die hier nur in Gestalt eines geringen Vermögensschadens betroffen waren, war aufgrund der Bedeutung des Rechtsguts Leben nicht unangemessen. Die Ungleichbehandlung des O gegenüber den beiden verletzten Fahrgästen beruht damit auf einem sachlichen Grund.

Am Tag der Aufführung ist die Kirche voll. Vor der Kirche haben sich nach ordnungsgemäßer Anmeldung zahlreiche Christen zusammengefunden, um gegen die Aufführung zu protestieren. Ihrer Auffassung nach diene der Kirchenraum allein der Andacht der Gläubigen und biete ein letztes, unberührtes Refugium fernab des Weltlichen, das unter allen Umständen geschützt werden müsse. Es gehe nicht an, dass sich K, zumal Atheist, als Moralapostel aufspiele und sich in geradezu päpstlicher Manier einen Unfehlbarkeitsanspruch bei der Kritik an den christlichen Glaubenslehren und deren Befolgung anmaße. Der Einsatz der nackten Leiber diene im Übrigen nur dazu, die Besucherquoten hochzutreiben. Jedenfalls sei es nicht gerechtfertigt, auf diese Weise den Kirchenraum zu entweihen.

Die Demonstration vor der Kirche verläuft zunächst friedlich. Nachdem sich das Publikum in der Kirche eingefunden und das Stück begonnen hat, steigert sich allerdings der Unmut der draußen protestierenden Christen. Diese beschließen, dem drohenden Unheil nicht tatenlos zuzusehen, sondern die durch den Auftritt der „Nackten" bevorstehende Entweihung der Kirche unter allen Umständen zu verhindern. Es ertönen Rufe, die Kirche „zu stürmen", die „Darsteller aus dem Altarraum zu vertreiben" und dem Publikum auf diese Weise einen Eindruck von der Wahrhaftigkeit und Lebendigkeit der christlichen Religion und ihrer moralischen Werte zu vermitteln. Kurze Zeit später setzt sich die Menge in Richtung der Kirchentür in Bewegung, um der Aufführung das aus ihrer Sicht verdiente Ende zu bescheren. Die anwesende Polizei, die zuvor vergeblich versucht hatte, den Versammlungsleiter zu einer Beruhigung der Teilnehmer zu bewegen, löst die Veranstaltung, noch bevor das Ganze einen gewalttätigen Verlauf nimmt, auf und verhindert auf diese Weise das Eindringen in die Kirche. Die Aufführung wird daraufhin ohne Störung durchgeführt.

Bitte prüfen Sie, ob der Gläubige G, der ebenfalls an der Demonstration vor der Kirche teilgenommen hat, durch die Auflösung der Veranstaltung in seinen Grundrechten aus Art. 8 Abs. 1 GG und Art. 4 Abs. 1 GG verletzt ist.

✔ Falllösung

I. Verletzung von Art. 8 Abs. 1 GG durch die Auflösung der Veranstaltung

G wird durch die Auflösung der Veranstaltung in seinem Grundrecht aus Art. 8 Abs. 1 GG verletzt, wenn ein rechtswidriger Eingriff in den Schutzbereich vorliegt.

1. Betroffenheit des Schutzbereichs

Der Schutzbereich ist betroffen, wenn es sich bei dem Verhalten der Gläubigen vor der Kirche um eine friedliche und waffenlose Versammlung Deutscher handelte und die Auflösung Auswirkungen auf dieses Verhalten hatte.

a) Deutsche

Mangels entgegenstehender Angaben ist davon auszugehen, dass es sich bei den Versammlungsteilnehmern, also auch bei G, um Deutsche i. S. d. Art. 8 Abs. 1, 116 Abs. 1 GG handelte.

b) Versammlung

Unter einer Versammlung versteht man die Zusammenkunft mehrerer Personen zum Zweck der gemeinsamen Willensbildung und -kundgabe[33]. Bei den Personen, die sich vor der Bremer Friedenskirche getroffen haben, handelt es sich um mehrere Personen. Der Zweck ihrer Zusammenkunft besteht darin, gemeinsam Kritik an der Aufführung des Stücks „Die zehn Gebote" zu äußern. Ihrer Auffassung nach wird insbesondere durch das Auftreten zahlreicher nackter Personen im Altarraum die Kirche entweiht. Aus diesem Grund müsse die Veranstaltung verhindert werden. In dieser Auffassung kommen Werturteile zum Ausdruck. Der Zweck der Zusammenkunft ist daher die gemeinsame Meinungsäußerung. Bei der Zusammenkunft der Gläubigen vor der Kirche handelte es sich folglich um eine Versammlung i. S. d. Art. 8 Abs. 1 GG.

c) Friedlich und ohne Waffen

Unfriedlich ist eine Versammlung dann, wenn sie einen gewalttätigen oder aufrührerischen Verlauf nimmt. Gewalttätig ist der Verlauf dann, wenn es zu nicht unerheblicher, aggressiver körperlicher Einwirkung der Versammlungsteilnehmer auf Personen oder Sachen kommt. Aufrührerisch ist der Verlauf einer Versammlung dann, wenn zum aktiven Widerstand gegen rechtmäßig handelnde Vollstreckungsbeamte aufgerufen wird. Die Demonstration vor der Kirche verläuft zunächst friedlich. Nach Beginn der Aufführung steigert sich zwar der Unmut der Gläubigen über die bevorstehende Entweihung der Kirche. Dieser hat allerdings bei Einschreiten der Polizei noch nicht zu einer aggressiven körperlichen Auseinandersetzung oder zu einem Aufruf, sich gegen Vollstreckungsbeamte zur Wehr zu setzen, geführt. Eine Aggression in diesem Sinne wäre erst nach dem Eindringen der Versammlungsteilnehmer in die Kirche zu erwarten

33 Jarass/Pieroth, GG, Art. 8 Rn. 2 ff.; Seifert/Hömig, GG, Art. 8 Rn. 3.

gewesen. Aus diesem Grund war die Versammlung zum maßgeblichen Entscheidungszeitpunkt friedlich[34].
Waffen wurden von den Teilnehmern nicht mitgeführt.

d) Auswirkung der Auflösungsverfügung auf das Verhalten

Infolge der Auflösung der Versammlung hatten sich die Gläubigen, also auch G, zu entfernen und konnten daher ihre gemeinsame Meinungskundgebung nicht fortsetzen. Die Auflösung hatte daher Auswirkungen auf die Versammlungsfreiheit.

e) Ergebnis

Der Schutzbereich des Art. 8 Abs. 1 GG ist durch die Auflösung betroffen.

2. Eingriff

Durch die Auflösung wird dem G unmöglich gemacht, weiter an der Versammlung teilzunehmen. Ein Eingriff liegt daher vor.

3. Verfassungsrechtliche Rechtfertigung

Der Eingriff ist verfassungsrechtlich gerechtfertigt, wenn Art. 8 Abs. 1 GG unter dem Vorbehalt eines einschränkenden Gesetzes steht und dieses sowie der darauf beruhende Einzelakt verfassungsmäßig sind.

a) Gesetzesvorbehalt

Art. 8 Abs. 1 GG steht unter einfachem Gesetzesvorbehalt, Art. 8 Abs. 2 GG. Als den Vorbehalt ausfüllendes Gesetz kommt hier § 15 Abs. 3 VersG in Betracht. Danach darf die Polizei eine Versammlung u. a. dann auflösen, wenn die Voraussetzungen für ein Verbot nach § 15 Abs. 1 VersG vorliegen, wenn also zu erwarten ist, dass die öffentliche Sicherheit bei Durchführung der Versammlung unmittelbar gefährdet wird.

b) Verfassungsmäßigkeit des § 15 Abs. 3 VersG

§ 15 Abs. 3 VersG müsste formell und materiell verfassungsmäßig sein.

34 Dieses Subsumtionsergebnis ist verfassungsfreundlich. Bei entsprechender Argumentation hätten Sie durchaus zu einem anderen Ergebnis kommen können. In diesem Fall wäre der Schutzbereich des Art. 8 Abs. 1 GG nicht betroffen gewesen, sodass das Auffanggrundrecht aus Art. 2 Abs. 1 GG zur Anwendung gekommen wäre. Eingriffsermächtigung für die Auflösung der Veranstaltung wäre aber immer noch § 15 Abs. 3 VersG gewesen. Die Anwendung dieser Rechtsgrundlage setzt nämlich nur eine Versammlung voraus, § 1 VersG.

aa) Formelle Verfassungsmäßigkeit

Die Gesetzgebungszuständigkeit des Bundes für den Erlass des § 15 Abs. 3 VersG ergab sich aus Art. 74 Abs. 1 Nr. 3 a. F., Art. 72 Abs. 2 GG. Fehler beim Gesetzgebungsverfahren und bei der Form liegen nicht vor. Die Vorschrift ist formell verfassungsmäßig.

bb) Materielle Verfassungsmäßigkeit

§ 15 Abs. 3 VersG ist materiell verfassungsmäßig, wenn die Anforderungen des Art. 19 Abs. 1 und 2 GG sowie die Anforderungen des Rechtsstaatsprinzips erfüllt sind.

(1) Anforderungen des Art. 19 Abs. 1 und 2 GG

§ 15 Abs. 3 VersG regelt eine unbestimmte Anzahl von Fällen mit einer unbestimmten Anzahl von Personen und verstößt deshalb nicht gegen das Einzelfallgesetzverbot, Art. 19 Abs. 1 Satz 1 GG. Das Zitiergebot in Art. 19 Abs. 1 Satz 2 GG wurde beachtet, § 20 VersG. Ein Verstoß gegen die Wesensgehaltsgarantie liegt nicht vor, Art. 19 Abs. 2 GG. Anforderungen des Art. 19 Abs. 1 und 2 GG wurden erfüllt.

(2) Verhältnismäßigkeit

§ 15 Abs. 3 VersG verfolgt den Zweck, die Polizei zur Abwehr von Gefahren, die von einer Versammlung ausgehen, zu ermächtigen. Dieser Zweck ist legitim. Die Ermächtigung, eine Versammlung ggf. aufzulösen mit der Folge, dass sich die Versammlungsteilnehmer zu entfernen haben, fördert diesen Zweck. Daher ist § 15 Abs. 3 VersG zur Gefahrenabwehr auch geeignet. Die Auflösung einer Versammlung wird nach § 15 Abs. 3 VersG in das Ermessen der Polizei gestellt. Diese kann daher im Einzelfall von einer Auflösung absehen oder gegenüber der Auflösung mildere Mittel (sog. Minusmaßnahmen) ergreifen. Dadurch ist gewährleistet, dass die Polizei die Auflösung nur dann verfügt, wenn es im Einzelfall keine gleich geeigneten, milderen Mittel gibt. Insoweit ist die Ermächtigung auch erforderlich. Gegenüber dem Zweck einer Auflösung aus dem Grund, unmittelbare Gefahren für die öffentliche Sicherheit abzuwenden, steht die Ermächtigung zur Beschränkung der Versammlungsfreiheit auch unter Berücksichtigung des hohen Wertes der Versammlungsfreiheit für die Demokratie nicht außer Verhältnis. § 15 Abs. 3 VersG ist, soweit er zu einer Auflösung aufgrund einer unmittelbaren Gefährdung der öffentlichen Sicherheit ermächtigt, verhältnismäßig.

(3) Bestimmtheit

Die Vorschrift ist so bestimmt, wie es mit Rücksicht auf den Normzweck möglich ist.

cc) Ergebnis

§ 15 Abs. 3 VersG ist formell und materiell verfassungsmäßig und damit eine taugliche Eingriffsermächtigung für die Beschränkung der Versammlungsfreiheit.

c) Verfassungsmäßigkeit des Einzelakts

Die Auflösung müsste verhältnismäßig und hinreichend bestimmt sein.

aa) Verhältnismäßigkeit

Mit der Auflösung der Versammlung wollte die Polizei verhindern, dass die Teilnehmer die Kirche stürmen, die Aufführung des Stückes „Die zehn Gebote" unterbrechen und die Akteure aus dem Altarraum vertreiben. Geschützt werden sollten auf diese Weise das Hausrecht und das Eigentum der Kirche, die Kunstfreiheit des K und der Akteure sowie die körperliche Unversehrtheit der beteiligten Personen. Diese Zwecke sind von der Rechtsordnung geschützt und daher legitim.

Die Auflösungsverfügung hatte zur Folge, dass sich die Adressaten entfernten und eine Stürmung der Kirche unterblieb. Insoweit wurde der mit der Auflösung verfolgte Zweck erreicht. Die Verfügung war geeignet.

Als milderes Mittel gegenüber der Auflösung kam hier die Kooperation zwischen der Polizei und den Versammlungsteilnehmern in Betracht, um eine Deeskalation der Lage zu erreichen. Diese erschien hier umso viel versprechender, als es sich bei den Versammlungsteilnehmern um Gläubige handelte, also um eine Gruppe, die sich ethischen Prinzipien verpflichtet fühlt. Nachdem der Versuch, den Versammlungsleiter zu einer entsprechenden Einwirkung auf die Teilnehmer zu bewegen, gescheitert war, kamen andere Mittel, um eine Stürmung der Kirche zu verhindern, nicht in Betracht. Die Auflösung war daher auch geeignet.

Sie dürfte in ihrer Schwere nicht außer Verhältnis zu dem Zweck der Maßnahme gestanden haben. Die Auflösung der Versammlung machte es den Teilnehmern unmöglich, ihre Meinung an Ort und Stelle weiter zu äußern und die Aufführung zu verhindern und damit von einem der für die Demokratie elementarsten Grundrechte weiter Gebrauch zu machen. Zu berücksichtigen ist allerdings, dass die Aufführung des Stücks in der Bremer Friedenskirche bereits vor der ersten Aufführung bekannt war. Es wurden Werbemaßnahmen ergriffen und Eintrittskarten verkauft. Es bestand daher für die Versammlungsteilnehmer die Möglich-

keit, sich schon vor der Aufführung mit der Kirche in Verbindung zu setzen, um zu verhindern, dass diese die Kirche für die Aufführung zur Verfügung stellte. Nachdem das nicht geschehen war, die Kirche vielmehr der Nutzung für die Aufführung zugestimmt hatte, hätten die Versammlungsteilnehmer bei Verwirklichung ihrer Absicht gegen das Hausrecht der Kirche verstoßen, § 123 StGB. Aus diesen Gründen stand die Auflösung der Versammlung nicht außer Verhältnis zu dem damit verfolgten Zweck.
Die Auflösung war verhältnismäßig.

bb) Bestimmtheit

Die Auflösungsverfügung war hinreichend bestimmt.

4. Ergebnis

G ist durch die Auflösung der Versammlung nicht in seinem Grundrecht aus Art. 8 Abs. 1 GG verletzt.

II. Verletzung von Art. 4 Abs. 1 GG durch die Auflösung der Veranstaltung

G könnte durch die Auflösung der Veranstaltung weiterhin in seinem Grundrecht auf Religionsfreiheit in Art. 4 Abs. 1 GG verletzt sein.

1. Betroffenheit des Schutzbereichs

Unter Glaube und Weltanschauung versteht man u. a. die religiöse Sinndeutung von Welt und Mensch. Darunter fallen jedenfalls diejenigen Sinndeutungen, die sich bei den heutigen Kulturvölkern auf dem Boden gewisser übereinstimmender sittlicher Grundanschauungen im Laufe der geschichtlichen Entwicklung herausgebildet haben, also auch die christliche Religion. Geschützt ist die Freiheit, einen Glauben zu bilden, zu haben, zu äußern und i. S. v. Art. 4 Abs. 2 GG entsprechend zu handeln[35]. G ist Christ. Die Teilnahme an der Versammlung vor der Kirche hat den Zweck, die aus seiner Sicht bevorstehende „Entweihung“ der Kirche durch das Auftreten nackter Gestalten im Altarraum zu verhindern. Dieses Handeln ist Ausdruck seiner religiösen Überzeugung und damit von Art. 4 Abs. 1 GG geschützt. Die Auflösung der Versammlung durch die Polizei hat zur Folge, dass G zu diesem Zeitpunkt und auf die beabsichtigte Art und Weise nicht für

35 Jarass/Pieroth, GG, Art. 4 Rn. 4; Seifert/Hömig, GG, Art. 4 Rn. 6.

seinen Glauben eintreten kann. Der Schutzbereich der Religionsfreiheit ist daher betroffen.

2. Eingriff

Die Auflösungsverfügung macht es dem G unmöglich, weiter entsprechend seinem Glauben zu handeln. Ein Eingriff liegt daher vor.

3. Verfassungsrechtliche Rechtfertigung

a) Verfassungsimmanenter Gesetzesvorbehalt

Art. 4 Abs. 1 GG steht nicht unter einem geschriebenen Gesetzesvorbehalt. Eine Beschränkung der Religionsfreiheit durch oder aufgrund eines Gesetzes kommt daher nur dann in Betracht, wenn im Einzelfall kollidierende Grundrechte Dritter oder andere Rechtsgüter mit Verfassungsrang die Religionsfreiheit überwiegen (immanenter Gesetzesvorbehalt). Die Ausübung der Religionsfreiheit durch G kollidiert hier mit den Grundrechten der Kirche aus Art. 14 Abs. 1 GG, der Grundrechte der Theatergruppe aus Art. 5 Abs. 3 GG und den Grundrechten der Anwesenden aus Art. 2 Abs. 2 Satz 1, Art. 1 Abs. 1 GG, Art. 5 Abs. 1 Satz 2 1. HS GG. Dafür, dass diese Grundrechte hier gegenüber der Religionsfreiheit des G überwiegen, spricht, dass G die Möglichkeit hatte, die Aufführung im Vorfeld zu verhindern. Dafür spricht weiterhin, dass die Kirche selbst nach eingehender Auseinandersetzung mit den Inhalten des Stücks einer Aufführung zugestimmt hat. Dafür spricht schließlich auch, dass G seine Religionsfreiheit nur mit dem Risiko, bei der Aktion in der vollbesetzten Kirche die Anwesenden zu gefährden, hätte verwirklichen können. Aus diesen Gründen überwiegen hier Grundrechte Dritter die Religionsfreiheit des G. Art. 4 Abs. 1 GG darf daher ausnahmsweise durch oder aufgrund eines Gesetzes beschränkt werden. Als den Vorbehalt ausfüllendes Gesetz kommt hier § 15 Abs. 3 VersG in Betracht, der die Auflösung der Versammlung regelt und damit die Beendigung des religiös motivierten Verhaltens des G ermöglicht.

b) Verfassungsmäßigkeit des § 15 Abs. 3 VersG

§ 15 Abs. 3 VersG ist wie gezeigt formell und materiell verfassungsmäßig.

c) Verfassungsmäßigkeit des Einzelakts

Die Auflösung und damit die Beendigung des religiös motivierten Verhaltens des G verfolgt den Zweck, Gefahren für die o. g. Grundrechte Dritter abzuwenden. Dieser Zweck ist aufgrund des Schutzauftrags, den der Gesetzgeber und die

Exekutive für die Grundrechte haben, legitim. Zur Erreichung dieses Zwecks ist die Auflösung der Veranstaltung geeignet. Mildere, gleich geeignete Mittel gegenüber der Auflösung der Veranstaltung sind nicht ersichtlich, nachdem die Polizei vergeblich versucht hatte, den Versammlungsleiter zu einer Einflussnahme auf die Teilnehmer zu bewegen. Die Auflösung war daher auch erforderlich. Auch unter Berücksichtigung des Wertes der Religionsfreiheit für den Grundrechtsträger stand die Beendigung des Verhaltens nicht außer Verhältnis zu dem angestrebten Zweck, die Grundrechte einer großen Zahl nicht betroffener Personen zu schützen. Die Maßnahme war daher auch angemessen. Die Auflösung der Veranstaltung war insgesamt verhältnismäßig.
Zweifel an deren Bestimmtheit bestehen nicht.

4. Ergebnis

G ist durch die Auflösung der Versammlung nicht in seinem Grundrecht aus Art. 4 Abs. 1 GG verletzt.

E. Wahlparty

🕮 Sachverhalt

Mitten in der Wahlparty der XY-Partei, die am Abend des 25. 5. 2003 im Foyer des Hotels Mariott in Bremen mit Unterstützung der bekannten Musikgruppe Cooley.Com in vollem Gang ist, explodieren plötzlich einige hundert Knallfrösche. Die Anwesenden, die im ersten Augenblick von einem Anschlag ausgehen, laufen in Panik durcheinander und versuchen, durch den Qualm die Ausgänge zu finden.
Sie werden dort von zahlreichen Bürgern umringt, die herbeigeeilt sind, um zu erfahren, was passiert ist, unter ihnen B, der als Anhänger der XY-Partei schon befürchtet, sein Kandidat habe soeben dran glauben müssen. Die angerückten Beamten der Vollzugspolizei fordern die umstehenden Leute auf, die Umgebung des Hotels zu verlassen.
Nachdem die Aufregung wenig später der Erheiterung über die Knallfrösche gewichen ist, will der Spitzenkandidat der XY-Partei in das Foyer zurückkehren, um das Ereignis inmitten des Rauchs für eine medienwirksame Erklärung zu nutzen. Auch der Reporter R des Weserkurier, der sich freut, die geplante Reportage zum Wahlabend nun mit einer spektakulären Story füllen zu können, will dabei sein. Die Mitglieder der Band wollen auch wieder hinein, um ihre Darbietung vor dieser Kulisse neu zu inszenieren. Die Polizei untersagt allen den Eintritt.

Der Bürger B sowie der Spitzenkandidat der XY-Partei, der Reporter und die Musiker rügen die Verletzung ihrer Grundrechte durch die Aufforderung der Polizei, sich von dem Hotel zu entfernen, und durch das nachfolgende Verbot, das Hotel wieder zu betreten. Zu Recht?

Bearbeitervermerk: Zu prüfen ist nur Art. 5 GG.

✔ Falllösung

I. Verletzung des B in seinem Grundrecht auf Informationsfreiheit, Art. 5 Abs. 1 Satz 1 2. HS GG

Der herbeigeeilte Bürger B könnte durch die Aufforderung der Polizei, die Umgebung des Hotels zu verlassen, in seinem Grundrecht auf Informationsfreiheit aus Art. 5 Abs. 1 Satz 1 2. HS GG verletzt sein. Voraussetzung dafür ist ein rechtswidriger Eingriff in den Schutzbereich.

1. Betroffenheit des Schutzbereichs

Die Aufforderung der Polizei müsste Auswirkungen auf das grundrechtlich geschützte Verhalten haben[36]. Art. 5 Abs. 1 Satz 1 2. HS GG gewährleistet das Recht, sich aus allgemein zugänglichen Quellen ungehindert zu unterrichten. Unter einer Informationsquelle[37] versteht man nicht nur Empfangsvorrichtungen und Träger von Informationen, sondern auch den Gegenstand der Information selbst. Das ist hier die Situation, wie sie sich nach der Explosion der Knallfrösche darstellt, mitsamt dem Qualm, den flüchtenden Personen, den Polizisten, der zu erwartenden Feuerwehr etc. Eine Informationsquelle ist daher vorhanden. Allgemein zugänglich[38] ist eine Informationsquelle dann, wenn sie einem individuell nicht bestimmbaren Personenkreis offen steht. Die Ereignisse spielen sich in einem Bereich ab, der vom öffentlichen Straßenraum aus zugänglich ist. Niemand ist daran gehindert, sich vor die Ausgänge zu stellen und die Ereignisse zu verfolgen. Insofern ist die Informationsquelle allgemein zugänglich. Infolge der Anordnung der Polizei, die Umgebung des Hotels zu verlassen, wird B von der

36 Obersatz. Zuerst wird jetzt geprüft, was die Informationsfreiheit überhaupt schützt, danach geht es um die Frage, ob die Polizeimaßnahme Auswirkungen darauf hat. Die Prüfung erfolgt dadurch, dass der Schutzbereich in die einzelnen Rechtsbegriffe zerlegt wird und diese dann nacheinander geprüft werden.

37 Erstes Merkmal des Schutzbereichs.

38 Zweites Merkmal des Schutzbereichs.

Informationsquelle abgeschnitten. Die Hoheitsmaßnahme hat daher Auswirkungen auf das geschützte Verhalten[39]. Der Schutzbereich der Informationsfreiheit ist betroffen[40].

2. Eingriff

Die Wahrnehmung der Geschehnisse rund um die Ausgänge des Hotels wird dem B durch die Aufforderung der Polizei, die Umgebung des Hotels zu verlassen, zumindest erschwert. Ein Eingriff liegt daher vor.

3. Verfassungsrechtliche Rechtfertigung

Der Eingriff ist verfassungsrechtlich gerechtfertigt, wenn die Informationsfreiheit unter dem Vorbehalt eines einschränkenden Gesetzes steht und dieses sowie die Polizeimaßnahme selbst verfassungsmäßig ist.

a) Gesetzesvorbehalt, Art. 5 Abs. 2 GG

Das Grundrecht auf Informationsfreiheit steht unter dem Vorbehalt der allgemeinen Gesetze. Als ausfüllendes Gesetz kommt hier § 14 Abs. 1 BremPolG[41] in Betracht[42]. Danach darf die Polizei jeder Person vorübergehend das Betreten eines Ortes verbieten, soweit das zur Abwehr einer Gefahr erforderlich ist.

b) Verfassungsmäßiges Gesetz

§ 14 Abs. 1 BremPolG müsste formell und materiell verfassungsmäßig sein.

aa) Formelle Verfassungsmäßigkeit

Das Recht der Gefahrenabwehr fällt nicht in den Regelungsgegenstand der Art. 73, 74 oder 75 GG. Die Gesetzgebungszuständigkeit des Landes für § 14 Abs. 1 BremPolG ergibt sich daher aus Art. 70 Abs. 1 GG. Fehler im Gesetzgebungsverfahren und bei der Form liegen nicht vor. § 14 Abs. 1 BremPolG ist daher formell verfassungsmäßig.

39 Untersatz.

40 Schlussfolgerung.

41 § 34 PolG NW, § 3 Abs. 1 PolG BW (Generalklausel, weil keine spezielle Eingriffsbefugnis für Platzverweise vorhanden ist), Art. 16 BayPAG, § 29 Abs. 1 ASOG Bln, § 16 Abs. 1 BbgPolG, § 12a HmbSOG, § 31 Abs. 1 HSOG, § 52 Abs. 1 SOG MV, § 17 Abs. 1 Nds.SOG, § 13 Abs. 1 POG RP, § 12 Abs. 1 SPolG, § 21 Abs. 1 SächsPolG, § 36 Abs. 1 SOG LSA, § 201 LVwG SH; § 18 Abs. 1 ThürPAG.

42 Falsch wäre es, auf die polizeiliche Generalklausel abzustellen, weil die Ermächtigung zum Platzverweis der Generalklausel als spezielleres Gesetz vorgeht.

bb) Materielle Verfassungsmäßigkeit

(1) Anforderungen aus Art. 19 Abs. 1 und 2 GG

Gemäß Art. 19 Abs. 1 Satz 2 GG muss das Gesetz in den Fällen, in denen ein Grundrecht durch oder aufgrund eines Gesetzes eingeschränkt werden kann, das betroffene Grundrecht unter Angabe des Artikels nennen. Art. 5 Abs. 2 GG erlaubt indes keine Beschränkung *durch oder aufgrund eines Gesetzes*, sondern regelt nur, dass das Grundrecht auf Meinungsäußerungsfreiheit in den Vorschriften der allgemeinen Gesetze seine Schranken findet. Einschränkungen des Art. 5 Abs. 1 GG unterliegen daher nicht dem Zitiergebot. Insoweit liegt daher kein Verstoß vor. Verstöße gegen das Einzelfallgesetz und die Wesensgehaltsgarantie sind nicht ersichtlich.

(2) Verhältnismäßigkeit[43]

§ 14 Abs. 1 BremPolG ist verhältnismäßig, wenn die Vorschrift einen von der Rechtsordnung anerkannten Zweck verfolgt und zur Erreichung dieses Zwecks geeignet, erforderlich und angemessen ist. § 14 Abs. 1 BremPolG verfolgt den Zweck der Gefahrenabwehr. Dieser Zweck ist legitim. Die Ermächtigung der Polizei ggf. Personen des Ortes zu verweisen, erweitert die polizeilichen Befugnisse zur Gefahrenabwehr und ist damit zur Zweckerreichung geeignet. Mildere Mittel als die Einräumung einer Ermächtigung zum Einschreiten sind in den Fällen, in denen die Erteilung eines Platzverweises i. S. d. § 14 Abs. 1 BremPolG erforderlich ist, nicht ersichtlich. Die Vorschrift gewährt der Polizei Ermessen und damit auch die Möglichkeit, im Einzelfall von einem Einschreiten auch abzusehen. Die Vorschrift ist daher auch angemessen. Bedenken gegen die Verhältnismäßigkeit bestehen deshalb nicht.

(3) Bestimmtheit

§ 14 Abs. 1 BremPolG ist inhaltlich so bestimmt, das der Adressat des Gesetzes hinreichend sicher erkennen kann, unter welchen Voraussetzungen ein Platzverweis in Betracht kommt. Zweifel an der Bestimmtheit der Rechtsgrundlage gibt es daher nicht.

cc) Qualifikation

Bei § 14 Abs. 1 BremPolG müsste es sich um ein *allgemeines* Gesetz i. S. d. Art. 5 Abs. 2 GG handeln. Das ist dann der Fall, wenn sich die Vorschrift nicht gegen

43 Auch hier ist wichtig zu erkennen, dass die Verfassungsmäßigkeit des (abstrakt-generellen) Gesetzes zu prüfen ist, nicht die des Einzelakts. Es darf also hier noch nicht mit dem Einzelakt argumentiert werden.

die Meinungsäußerung als solche oder gegen eine bestimmte Meinung richtet, sondern meinungsneutral ist. Diese Anforderungen erfüllt § 14 Abs. 1 BremPolG.

c) Verfassungsmäßigkeit des Gebots, die Umgebung des Hotels zu verlassen

aa) Verhältnismäßigkeit

Zweck des Platzverweises war die Abwehr von Gefahren für die aus dem Hotel flüchtenden Personen. Gefahren drohten dadurch, dass die umstehenden Personen, darunter B, die Gäste bei dem Verlassen des Hotels behinderten. Zudem trugen sie dazu bei, dass Rettungswagen und Feuerwehr nicht ungehindert zum Ort des Geschehens vordringen konnten. Die Aufforderung der Polizei war geeignet, den Zweck zu erreichen. Mildere Mittel gab es ebenfalls nicht. Die Aufforderung stand auch unter Berücksichtigung der hohen Bedeutung der Informationsfreiheit in einer Demokratie nicht außer Verhältnis zu dem angestrebten Zweck, Lebens- und Gesundheitsgefahren von den Gästen im Foyer abzuwenden. Sie war daher verhältnismäßig.

bb) Bestimmtheit

Durch die Aufforderung der Polizei, die Umgebung des Hotels zu verlassen, war für jeden Schaulustigen, also auch für B, klar erkennbar, dass er sich von den Ausgängen des Hotels entfernen sollte. Die Verfügung war daher auch hinreichend bestimmt.

4. Ergebnis

Der Eingriff in das Grundrecht des B auf Informationsfreiheit ist verfassungsrechtlich gerechtfertigt. Eine Grundrechtsverletzung des B durch die Aufforderung, die Umgebung des Hotels zu verlassen, liegt daher nicht vor.

II. Verletzung des Spitzenkandidaten in seinem Grundrecht auf Meinungsäußerungsfreiheit, Art. 5 Abs. 1 Satz 1 1. HS GG

Der Spitzenkandidat, der in das Foyer des Hotels zurückkehren will, um eine Erklärung abzugeben, könnte durch die Untersagung des Eintritts durch die Polizei in seinem Grundrecht auf Meinungsäußerungsfreiheit verletzt sein.

1. Betroffenheit des Schutzbereichs

Die Untersagung müsste zunächst Auswirkungen auf Art. 5 Abs. 1 Satz 1 1. HS GG haben. Das Grundrecht schützt die Meinungsäußerung. Unter einer Meinung versteht man jedenfalls wertende Stellungnahmen. Der Spitzenkandidat beabsichtigt, die Explosion für eine medienwirksame Erklärung inmitten des Rauchs zu nutzen. Bei lebensnaher Auslegung ist davon auszugehen, dass Gegenstand der Erklärung auch Werturteile sind. Eine Meinungsäußerung liegt daher vor. Die Freiheit der Meinungsäußerung schützt auch das Recht, den Ort der Meinungskundgabe, hier das Foyer des Hotels, zu wählen[44]. Das Verbot der Polizei, in das Hotel zurückzukehren, hat daher Auswirkungen auf die Meinungsäußerungsfreiheit des Spitzenkandidaten.

2. Eingriff

Durch die Untersagung der Polizei, in das Hotel zurückzukehren, wird dem Spitzenkandidaten die Wahl des Ortes für seine Meinungsäußerung unmöglich gemacht. Ein Eingriff liegt vor.

3. Verfassungsrechtliche Rechtfertigung[45]

a) Gesetzesvorbehalt, Art. 5 Abs. 2 GG

Die Meinungsäußerungsfreiheit steht unter dem Vorbehalt der allgemeinen Gesetze, Art. 5 Abs. 2 GG. Als allgemeines Gesetz, das den Vorbehalt ausfüllt, kommt hier ebenfalls § 14 Abs. 1 BremPolG in Betracht. Danach darf die Polizei jeder Person vorübergehend das Betreten eines Ortes verbieten, soweit dies zur Abwehr einer Gefahr erforderlich ist[46].

b) Verfassungsmäßigkeit des § 14 Abs. 1 BremPolG

§ 14 Abs. 1 BremPolG ist wie gezeigt eine verfassungsmäßige Schranke i. S. d. Art. 5 Abs. 2 GG.

44 Das ist wichtig, weil die Effektivität einer Meinungsäußerung in besonderem Maße von der Wahl des Ortes (und der Zeit), insbesondere der möglichen Zuhörerschar, abhängig ist. Wer das übersieht, kann die Betroffenheit des Schutzbereichs nicht unproblematisch bejahen. Immerhin wird der Spitzenkandidat nicht gehindert, seine Erklärung vor dem Hotel abzugeben.

45 Da der Leser den Obersatz für die verfassungsrechtliche Rechtfertigung bereits bei der Prüfung der Meinungsäußerungsfreiheit gelesen hat, ist er hier entbehrlich.

46 Hier lag eine weitere Schwierigkeit des Falles. Es musste erkannt werden, dass ein Platzverweis in zwei Varianten erteilt werden kann. Er erfasst sowohl das Wegschicken als auch das Verbot, zurückzukommen.

c) Verfassungsmäßigkeit des Verbots, in das Hotel zurückzukehren

aa) Verhältnismäßigkeit

Zweck des Verbots ist der Schutz des Spitzenkandidaten vor Gesundheitsgefahren. Es hat sich zwar herausgestellt, dass die Explosion nur durch Knallfrösche verursacht wurde. Auch nach der Explosion besteht aber Brandgefahr. Darüber hinaus kann nicht ausgeschlossen werden, dass noch weitere Sprengkörper in dem Gebäude vorhanden sind und möglicherweise eine erneute Explosion und Panik hervorrufen könnten. Das Verbot erreicht den Zweck. Mildere, gleich geeignete Mittel als das Verbot, in das Hotel zurückzukehren, sind nicht vorhanden. Die Abwehr von Gesundheits- und Lebensgefahren überwiegt die Meinungsfreiheit auch unter Berücksichtigung deren Bedeutung für die Demokratie. Das gilt angesichts des hohen Wertes der betroffenen Rechtsgüter auch in den Fällen, in denen lediglich ein Gefahrenverdacht besteht. Dabei ist zu berücksichtigen, dass der Spitzenkandidat seine Erklärung ohne große Einbußen hinsichtlich der Öffentlichkeitswirksamkeit auch vor dem Hotel abgeben könnte[47].

bb) Bestimmtheit

Das Verbot, in das Hotel zurückzukehren, ist hinreichend bestimmt.

4. Ergebnis

Der Eingriff in Art. 5 Abs. 1 Satz 1 1. HS GG ist verfassungsrechtlich gerechtfertigt. Eine Grundrechtsverletzung liegt nicht vor.

III. Verletzung des R in seinem Grundrecht auf Pressefreiheit, Art. 5 Abs. 1 Satz 2 GG

Der Reporter R des Weserkurier könnte durch das Verbot der Polizei, in das Hotel zurückzukehren, in dem Grundrecht auf Pressefreiheit verletzt sein.

1. Betroffenheit des Schutzbereichs

Das Verbot der Polizei müsste dann Auswirkungen auf die Pressefreiheit haben. Unter Presse versteht man alle zur Verbreitung geeigneten und bestimmten Druckerzeugnisse. Dazu gehört auch der Weserkurier. Geschützt wird die institutionelle Eigenständigkeit der Presse, von der Beschaffung der Information bis

47 Hier erscheint es mit guter Argumentation auch vertretbar, zu einem anderen Ergebnis zu kommen.

zu ihrer Verbreitung. Auf Pressefreiheit berufen können sich alle Personen, die im Pressewesen tätig sind, hier also auch R. Infolge des Verbots kann R keinen Bericht aus dem Innern des Hotels erstatten. Insofern ist die Pressefreiheit durch die Polizeimaßnahme betroffen.

2. Eingriff

Die Betätigung der Pressefreiheit wird durch das Verbot, das Innere des Hotels zu dokumentieren, unmöglich gemacht. Ein Eingriff liegt daher vor.

3. Verfassungsrechtliche Rechtfertigung

a) Gesetzesvorbehalt, Art. 5 Abs. 2 GG

Die Pressefreiheit in Art. 5 Abs. 1 Satz 2 GG steht unter dem Vorbehalt der allgemeinen Gesetze, Art. 5 Abs. 2 GG. Als allgemeines Gesetz, das einen Eingriff in die Pressefreiheit legitimieren könnte, kommt auch hier § 14 Abs. 1 BremPolG in Betracht, wonach einer Person unter bestimmten Voraussetzungen das Betreten eines Ortes verboten werden kann.

b) Verfassungsmäßigkeit des § 14 Abs. 1 BremPolG

Bei § 14 Abs. 1 BremPolG handelt es sich um eine verfassungsmäßige und den qualifizierten Anforderungen des Art. 5 Abs. 2 GG genügende Schranke.

c) Verfassungsmäßigkeit des Verbots, in das Hotel zurückzukehren

Das Verbot gegenüber R ist aus den gleichen Gründen wie das Verbot gegenüber dem Spitzenkandidaten zur Erreichung eines legitimen Zwecks geeignet und erforderlich. Es ist auch unter Berücksichtigung der Bedeutung der Pressefreiheit für die Demokratie angemessen. Zweifel hinsichtlich der Bestimmtheit des Verbots bestehen nicht.

4. Ergebnis

Der Eingriff in die Pressefreiheit des R ist verfassungsrechtlich gerechtfertigt. Eine Verletzung der Pressefreiheit liegt nicht vor.

IV. Verletzung der Musiker in ihrem Grundrecht auf Kunstfreiheit, Art. 5 Abs. 3 GG

Die Musiker der Musikgruppe Cooley.Com könnten durch das Verbot der Polizei, in das Hotel zurückzukehren, in ihrem Grundrecht auf Kunstfreiheit verletzt sein. Voraussetzung dafür ist ein rechtswidriger Eingriff in den Schutzbereich.

1. Betroffenheit des Schutzbereichs

Art. 5 Abs. 3 GG schützt die Kunstfreiheit[48]. Was unter Kunst zu verstehen ist, geht aus dem Grundgesetz nicht hervor[49]. Man kann vertreten, dass das Wesentliche der Kunst die freie schöpferische Gestaltung ist, in der Eindrücke, Erfahrungen, Erlebnisse des Künstlers durch das Medium einer bestimmten Formensprache zu unmittelbarer Anschauung gebracht werden[50]. Die Musiker bringen durch ihre Musik ihr Verständnis von Unterhaltung, Lebensgefühl etc. zum Ausdruck[51]. Würde man dieser Auslegung des Kunstbegriffs folgen, handelte es sich hier um Kunst[52]. Man könnte demgegenüber Kunst auch in dem Sinne definieren, dass das Wesentliche daran die Zuordnung zu einem bestimmten Werktyp wie Malen, Bildhauen, Dichten etc. ist[53]. Die Betätigung bei Cooley.Com ist dem Werktyp Musik zuzuordnen. Nach dieser Definition würde es sich hier ebenfalls um Kunst i. S. d. Art. 5 Abs. 3 GG handeln. Schließlich könnte man Kunst so definieren, dass darunter alles fällt, was im Wege fortgesetzter Interpretation immer weiter reichende Bedeutungen zulässt, sodass

48 Der Kunstbegriff ist umstritten, s. dazu Jarass/Pieroth, GG, Art. 5 Rn. 85 ff.; Seifert/Hömig, GG, Art. 5 Rn. 26. In der Falllösung kommt es daher darauf an, dass Sie die einzelnen Auslegungsmöglichkeiten darstellen und deren Relevanz für den Fall prüfen. Wenn wie hier alle Auslegungsmöglichkeiten zu demselben Ergebnis führen, braucht der Streit nicht entschieden zu werden. Vgl. auch noch einmal oben Seite 32 zum Umgang mit Rechtsproblemen.

49 Das erste Problem bei der Prüfung des Schutzbereichs besteht darin, dass der Rechtsbegriff Kunst definiert werden muss und es dazu unterschiedliche Definitionsmöglichkeiten gibt.

50 Erste Auslegungsmöglichkeit nach dem Wortlaut.

51 Subsumtion.

52 Ergebnis dieser Auslegungsmöglichkeit für den Fall.

53 Zweite Auslegungsmöglichkeit. Sie verfahren wie bei der ersten und ermitteln die Bedeutung für den Fall.

sich eine praktisch unerschöpfliche, vielstufige Informationsvermittlung ergibt[54]. Musik hat immer auch symbolische Bedeutung und soll den Betrachter zu einer Reflexion darüber anregen. Auch nach dieser Auslegung des Kunstbegriffs handelt es sich bei einer Musik um Kunst. Bei der Musik der Bandmitglieder handelt es sich nach jeder der genannten Auslegungsmöglichkeiten um Kunst i. S. d. Art. 5 Abs. 3 GG.

Die polizeiliche Maßnahme führt dazu, dass die Musiker ihre Kunstfreiheit nicht dort betätigen können, wo sie ihrer Meinung nach am besten zur Geltung kommt. Sie hat daher Auswirkungen auf ein grundrechtlich geschütztes Verhalten. Der Schutzbereich ist mithin betroffen.

2. Eingriff

Das Verbot, den geplanten Aufführungsraum wieder zu betreten, führt dazu, dass die Betätigung der Kunstfreiheit an dem gewünschten Ort unmöglich gemacht wird. Ein Eingriff liegt daher vor.

3. Verfassungsrechtliche Rechtfertigung

a) Verfassungsimmanenter Schrankenvorbehalt[55]

Art. 5 Abs. 3 GG enthält selbst keinen ausdrücklichen Gesetzesvorbehalt. Mit der vorbehaltslosen Gewährleistung der Kunstfreiheit hat der Verfassunggeber vielmehr zum Ausdruck gebracht, dass die Grenzen der Kunstfreiheit nur von der Verfassung selbst bestimmt werden sollen. Das bedeutet, dass sich die Grenzen der Kunstfreiheit nur aus kollidierendem Verfassungsrecht ergeben können, insbesondere aus Grundrechten Dritter, die im Einzelfall die Kunstfreiheit überwiegen, oder anderen mit Verfassungsrang ausgestatteten Rechtsgütern. Gemäß Art. 2 Abs. 2 Satz 1 GG hat der Staat die Pflicht, sich schützend vor das Leben zu stellen. Diese Schutzpflicht gebietet es auch, Selbstgefährdungen zu verhindern. Aufgrund der Explosion einiger hundert Knallfrösche konnte zum Zeitpunkt der Verbotsverfügung die Entstehung eines Feuers und damit einer Gesundheits- und Lebensgefahr der Musiker nicht sicher ausgeschlossen werden. Darüber hinaus konnte vor vollständiger Klärung der Sachlage das Explodieren weiterer Feuerwerkskörper oder sogar anderer Explosivstoffe gerade vor

54 Dritte Auslegungsmöglichkeit.

55 Die Kunstfreiheit steht nicht unter dem qualifizierten Gesetzesvorbehalt in Art. 5 Abs. 2 GG. Es muss daher geprüft werden, ob hier gleichwohl ausnahmsweise die Erlaubnis der Verfassung besteht, die Kunstfreiheit in diesem Einzelfall zu beschränken.

dem Hintergrund möglicher terroristischer Aktivitäten nicht ausgeschlossen werden. Eine Gesundheitsgefährdung bestand daher. Die daraus folgende Schutzpflicht des Staates für die Rechtsgüter aus Art. 2 Abs. 2 Satz 1 GG überwog hier die Kunstfreiheit. Ein verfassungsimmanenter Gesetzesvorbehalt ist daher gegeben[56].

Dieser wurde hier durch § 14 Abs. 1 BremPolG ausgefüllt.

b) Verfassungsmäßigkeit des § 14 Abs. 1 BremPolG

§ 14 Abs. 1 BremPolG ist formell und materiell verfassungsmäßig und damit eine taugliche Grundrechtsschranke.

c) Verfassungsmäßiger Einzelakt

Das gegenüber den Musikern ausgesprochene Verbot, in das Hotel zurückzukehren, dient dem Schutz ihrer Gesundheit und damit einem legitimen Zweck. Zur Erreichung des Zwecks ist es geeignet. Gegenüber dem Verbot mildere, aber gleich geeignete Mittel, um die Musiker vor den Gefahren zu schützen, sind nicht ersichtlich. Das Verbot der Kunstbetätigung steht auch nicht außer Verhältnis zu dem Zweck der Maßnahme, Gesundheitsgefahren abzuwenden, zumal die Darbietung ohne große Einbußen hinsichtlich der Publikumswirksamkeit auch außerhalb des Hotels oder später, nach vollständiger Klärung der Sachlage und des verbliebenen Gefährdungspotenzials hätte fortgesetzt werden können. Das Verbot war daher verhältnismäßig. Zweifel an der Bestimmtheit bestehen nicht. Der Einzelakt war daher ebenfalls verfassungsmäßig.

4. Ergebnis

Der Eingriff in die Kunstfreiheit der Musiker ist verfassungsrechtlich gerechtfertigt. Die Musiker sind nicht in ihrem Grundrecht auf Kunstfreiheit verletzt.

56 Hier war zu berücksichtigen, dass auch in den Fällen, in denen eine Grundrechtsbeschränkung durch kollidierendes Verfassungsrecht ermöglicht wird, der rechtsstaatliche Grundsatz vom Vorbehalt des Gesetzes gilt. Das bedeutet, dass auch in den Fällen, in denen ein verfassungsimmanenter Vorbehalt bejaht wird, ein Gesetz als Grundlage für den Grundrechtseingriff gesucht werden muss.

F. Videoüberwachung

Sachverhalt

Das Bündnis „Ende der Bescheidenheit“ hat beschlossen, pünktlich zum Start der Hartz-IV-Reformen Protestveranstaltungen in vielen Städten der Bundesrepublik durchzuführen. Dabei soll auf wirtschaftspolitische Schwächen der Reform aufmerksam gemacht sowie gegen Sozialabbau und soziale Ausgrenzung von Erwerbslosen demonstriert werden. In Bremen ist die Veranstaltung für Montag, den 3. 1. 2005 um 12.00 Uhr angemeldet. Als Ort der Kundgebung haben die Veranstalter wegen seiner zentralen Lage und der guten Erreichbarkeit den Bahnhofsvorplatz gewählt. Am Veranstaltungstag treffen sich dort ca. 800 Personen, darunter auch der Erwerbslose E, verfolgen die Kundgebung und verleihen ihr durch gelegentliche Beifallsbekundungen den nötigen Nachdruck. Durch Bahnreisende wie R, die den Platz passieren, lassen sich die Teilnehmer ebenso wenig stören wie durch den Dealer D, der in geringer Entfernung der Veranstaltung Drogen verkauft.

Wie an jedem Tag wird der Bahnhofsvorplatz auch am 3. 1. 2005 zur Verhinderung der dort besonders zu erwartenden Begehung von Straftaten durch Bildübertragung und -aufzeichnung polizeilich überwacht. Die Überwachung erfolgt offen. Die Überwachungseinrichtung wird während der Veranstaltung, obwohl das möglich gewesen wäre, nicht abgestellt, sodass u. a. der Erwerbslose E, der Dealer D und – unvermeidbar – auch der Bahnreisende R aufgenommen werden.

Werden E, D und R dadurch in ihren Grundrechten verletzt?

✔ Falllösung[57]

I. Verletzung des E in seinem Grundrecht aus Art. 8 Abs. 1 GG[58]

Durch die Aufzeichnung der Veranstaltung könnte E in seinem Grundrecht auf Versammlungsfreiheit verletzt sein. Voraussetzung dafür ist ein rechtswidriger Eingriff in den Schutzbereich.

57 Der Fall befasst sich mit der Problematik der Datenerhebung an öffentlich zugänglichen Orten und deren Kollision mit dem Grundrecht auf Versammlungsfreiheit. Dieses darf nur unter den engen Voraussetzungen der §§ 19a, 12a VersG durch die Fertigung von Bildaufnahmen beschränkt werden, also nicht schon dann, wenn die Versammlung an einem gefährlichen Ort stattfindet, sondern nur dann, wenn tatsächliche Anhaltspunkte die Annahme rechtfertigen, dass von der konkreten Versammlung erhebliche Gefahren für die öffentliche Sicherheit ausgehen. Die Auflösung der Kollision zugunsten der Versammlungsfreiheit hat in zahlreichen Dienstanweisungen Ausdruck gefunden. Danach hat eine Videoaufzeichnung an einem gefährlichen Ort während einer Versammlung ohne Vorliegen der Voraussetzungen in §§ 19a, 12a VersG zu unterbleiben.

58 Sie können auch mit der Prüfung der informationellen Selbstbestimmung beginnen. Ein logischer Vorrang der Prüfung von Art. 8 Abs. 1 GG besteht nicht.

1. Betroffenheit des Schutzbereichs

E ist Deutscher. Der Schutzbereich des Art. 8 Abs. 1 GG ist dann betroffen, wenn die Aufzeichnung Auswirkungen auf das darin geschützte Recht des E hat, sich friedlich und ohne Waffen zu versammeln.
Unter einer Versammlung versteht man das Zusammentreffen mehrerer Personen zum Zweck gemeinsamer Willensbildung und -bekundung. Bei den Teilnehmern der Veranstaltung handelt es sich um mehrere Personen. Der gemeinsame Zweck des Treffens besteht darin, die Kundgebung des Bündnisses „Ende der Bescheidenheit" zu unterstützen und solidarisch gegen Sozialabbau und soziale Ausgrenzung von Erwerbslosen zu demonstrieren. Dabei handelt es sich um eine gemeinsame Meinungsäußerung. E nimmt daher an einer Versammlung teil. Diese verläuft friedlich und ohne Waffen. Sie ist daher von Art. 8 Abs. 1 GG geschützt.
Die Bildaufzeichnung durch die Polizei hat Auswirkungen auf die Entscheidung des Grundrechtsträgers darüber, ob er an einer Versammlung teilnimmt oder diese verlässt, sobald er feststellt, dass eine Videoüberwachung stattfindet. Wer befürchten muss, dass sein Eintreten für eine bestimmte Meinung von der Polizei dokumentiert wird und die Äußerung ihm später zugeordnet werden kann, wird von einer Teilnahme an der Versammlung möglicherweise absehen. Die Aufzeichnung der Versammlung durch die Polizei auf dem Bahnhofsplatz hat daher Auswirkungen auf die Versammlungsfreiheit. E ist dadurch in seinem Grundrecht aus Art. 8 Abs. 1 GG betroffen.

2. Eingriff

Ein Eingriff liegt vor, wenn der Schutzbereich der Versammlungsfreiheit nachteilig betroffen ist. Das ist insbesondere bei einer bewussten und zielgerichteten Verkürzung des grundrechtlich geschützten Verhaltens durch eine hoheitliche Maßnahme der Fall. Die Videoüberwachung des Bahnhofsvorplatzes wird von der Polizei gezielt eingesetzt, um die dortigen Geschehnisse zu dokumentieren. Die Entscheidung, die Aufzeichnung auch während der Dauer einer Versammlung fortzusetzen, das Gerät also nicht auszuschalten oder auf einen anderen, von der Versammlung nicht beanspruchten Bereich umzulenken, beeinträchtigt die Freiheit der Versammlungsteilnehmer, also auch des E, sich ohne Preisgabe seiner Anonymität an der Versammlung zu beteiligen. Ein Eingriff liegt daher vor.

3. Verfassungsrechtliche Rechtfertigung

Der Eingriff ist verfassungsrechtlich gerechtfertigt, wenn das Grundrecht unter dem Vorbehalt eines einschränkenden Gesetzes steht und dieses sowie der darauf beruhende Einzelakt selbst verfassungsmäßig sind.

a) Gesetzesvorbehalt

Das Grundrecht der Versammlungsfreiheit unter freiem Himmel kann durch oder aufgrund eines Gesetzes beschränkt werden, Art. 8 Abs. 2 GG. Als den Vorbehalt ausfüllendes Gesetz kommen hier §§ 19a, 12a VersG in Betracht[59]. Danach kann die Polizei Bildaufnahmen von Teilnehmern bei oder im Zusammenhang mit öffentlichen Versammlungen anfertigen, wenn tatsächliche Anhaltspunkte die Annahme rechtfertigen, dass von ihnen erhebliche Gefahren für die öffentliche Sicherheit ausgehen.

b) Verfassungsmäßigkeit der §§ 19a, 12a VersG

aa) Formelle Verfassungsmäßigkeit

Die Gesetzgebungskompetenz des Bundes für den Erlass der §§ 12 a, 19a VersG ergab sich aus Art. 74 Abs. 1 Nr. 3 a. F., Art. 72 Abs. 2 GG. Verfahrens- oder Formfehler sind nicht vorhanden. §§ 12a, 19a VersG sind formell verfassungsmäßig.

bb) Materielle Verfassungsmäßigkeit

§§ 19a, 12a VersG sind materiell verfassungsmäßig, wenn sie die Anforderungen des Art. 19 Abs. 1 und 2 GG und des Rechtsstaatsprinzips erfüllen.

(1) Anforderungen des Art. 19 Abs. 1 und 2 GG

§§ 12a, 19a VersG regeln eine unbestimmte Vielzahl von Sachverhalten und möglichen Adressaten. Sie verstoßen daher nicht gegen das Einzelfallgesetzverbot in Art. 19 Abs. 1 Satz 1 GG. Das Zitiergebot in Art. 19 Abs. 1 Satz 2 GG wurde beachtet, § 20 VersG. Die Ermächtigung, unter bestimmten Voraussetzungen Bildaufnahmen von Versammlungen zu fertigen, verkürzt den Grundrechtsschutz aus Art. 8 Abs. 1 GG nicht bis in den unantastbaren Kernbereich hinein. Ein Verstoß gegen die Wesensgehaltsgarantie in Art. 19 Abs. 2 GG liegt nicht vor. Die Anforderungen des Art. 19 Abs. 1 und 2 GG sind erfüllt.

59 § 12a VersG kommt als Rechtsgrundlage für sich genommen nicht in Betracht, da diese Vorschrift nur Versammlungen in geschlossenen Räumen regelt. Ihre Anwendung ist nur über die Verweisung in § 19a VersG möglich. Die Polizeigesetze der Länder sind keine taugliche Rechtsgrundlage für die Aufnahme der Versammlungsteilnehmer und damit des E, weil diese Bestimmungen keine Eingriffe in Versammlungen i. S. d. Art. 8 Abs. 1 GG ermöglichen (Polizeifestigkeit des Versammlungsrechts).

(2) Verhältnismäßigkeit

§§ 12a, 19a VersG erlauben, Beweismittel für den Fall zu sichern, dass von Versammlungsteilnehmern erhebliche Gefahren für die öffentliche Sicherheit ausgehen. Sie verfolgen damit den Zweck, eine Vereitelung der Beweisführung im Rahmen einer eventuellen Strafverfolgung zu verhindern. Sie verfolgen darüber hinaus den Zweck, einen Nachweis über die Amtsausübung durch die Polizei bei Versammlungen zu erbringen oder zu widerlegen und damit die Voraussetzungen für eine spätere Überprüfung der Rechtmäßigkeit zu schaffen. Diese Zwecke sind legitim[60].

Zur Erreichung dieser Zwecke ist die Ermächtigung zur Anfertigung von Bild- und Tonaufnahmen geeignet. Mildere, gleich geeignete Mittel als die Ermächtigung sind nicht gegeben. Insbesondere die Observation kommt mit Rücksicht darauf, dass die Wahrnehmung der observierenden Beamten eine zweifelsfreie Rekonstruktion der Ereignisse i. d. R. nicht in gleicher Weise ermöglicht, nicht als milderes Mittel in Betracht. Die Ermächtigung in §§ 12a, 19a VersG ist daher auch erforderlich.

Sie dürfte schließlich nicht außer Verhältnis zu dem damit verfolgten Zweck stehen. Zu berücksichtigen ist dabei zum einen, dass die Versammlungsfreiheit eine überragende Bedeutung für die freiheitlich demokratische Grundordnung hat. Diese Bedeutung spiegelt sich u. a. darin wider, dass die mit einer Versammlung zum Ausdruck gebrachte kollektive Meinung auch quantitativ deutlich wird. Denn für die Effektivität der Versammlungsfreiheit und die Überzeugungskraft einer kollektiv geäußerten Meinung ist es auch von Bedeutung, wie viele oder wie wenige Anhänger ihr öffentlich folgen. Dieses wird durch die Ermächtigung, Aufzeichnungen von Versammlungen zu fertigen, insofern beeinträchtigt, als sich potenzielle Teilnehmer einer Versammlung gerade bei der Verbreitung von Minderheitsmeinungen von der Teilnahme abhalten lassen, wenn diese aufgezeichnet wird. Auf diese Weise kann es zu einer Verzerrung des gesellschaftlichen oder politischen Meinungsbildes kommen. Zu berücksichtigen ist darüber hinaus, dass die Rechtsgrundlage auch die Aufnahme solcher Versammlungsteilnehmer ermöglicht, die in ihrer Person keinen Anlass für einen polizeilichen Eingriff gegeben, also selbst nicht zu einer erheblichen Gefährdung der öffentlichen Sicherheit beigetragen haben.

60 Kein legitimer Zweck ist es nach dem Willen des Gesetzgebers, Versammlungen zu filmen, um verdachtsunabhängig bzw. ohne einen konkreten Anlass Dokumentationen über einen gefährlichen Ort zu erhalten.

Der Schwere des Eingriffs in die Versammlungsfreiheit steht allerdings entgegen, dass es der Polizei ohne die Rechtsgrundlage in §§ 19a, 12a VersG nahezu unmöglich wäre, eine sichere Beweisführung in einem späteren Strafverfahren zu führen. Personen könnten in vielen Fällen Straftaten im Schutz der Menge begehen, ohne befürchten zu müssen, derentwegen verfolgt zu werden. Ohne diese Rechtsgrundlagen könnte der staatliche Strafverfolgungsanspruch bei der Begehung von Straftaten daher nicht hinreichend effektiv geschützt werden. Hinzu kommt, dass §§ 12a, 19a VersG nur zur Aufnahme solcher Teilnehmer berechtigen, bei denen aufgrund tatsächlicher Anhaltspunkte die Annahme gerechtfertigt ist, dass von ihnen erhebliche Gefahren für die öffentliche Sicherheit ausgehen. Andere Personen dürfen nur dann mit einer Maßnahme nach §§ 19a, 12a VersG belastet werden, wenn das unvermeidbar ist. Schließlich bestimmt das Gesetz, dass die so gewonnenen Aufnahmen nach Maßgabe des § 12a Abs. 2 VersG zu vernichten sind. Die Schwere des Eingriffs in das Recht auf Versammlungsfreiheit steht daher nicht außer Verhältnis zu dem damit verfolgten Zweck. Die Rechtsgrundlage ist daher auch angemessen. Die Verhältnismäßigkeit ist gegeben[61].

(3) Bestimmtheit

§§ 19a, 12a VersG sind so präzise formuliert, wie es mit Rücksicht auf den Normzweck möglich ist. Ein Verstoß gegen den Bestimmtheitsgrundsatz liegt mithin nicht vor.

(4) Ergebnis

Die Rechtsgrundlage für die Fertigung von Bildaufnahmen während einer Versammlung in §§ 19a, 12a VersG ist verfassungsmäßig.

c) Verfassungsmäßigkeit der Aufzeichnung

Die Aufzeichnung selbst müsste verhältnismäßig sein.

Dazu müsste die Videoüberwachung zunächst dem in den §§ 19a, 12a VersG verfolgten Zweck dienen, erhebliche Störungen der öffentlichen Sicherheit, die von Versammlungsteilnehmern ausgehen, zu dokumentieren, um später eine Strafverfolgung dieser Personen oder eine Überprüfung der Rechtmäßigkeit der Polizeimaßnahme zu ermöglichen. Die Videoanlage für den Bereich des Bahnhofsvorplatzes wurde nicht aus Anlass der Kundgebung des Bündnisses „Ende der Bescheidenheit“ am 3. 1. 2005 aufgestellt, sondern war unabhängig davon schon lange vorher vorhanden. Sie dient nicht der Aufzeichnung von Versammlungsteilnehmern, sondern unabhängig vom Vorliegen der Voraussetzungen der

61 Instruktiv dazu Dietl/Gintzel/Kniesel, Demonstrations- und Versammlungsfreiheit, § 12a Rn. 1 ff.

§§ 19a, 12a VersG der verdachtsunabhängigen Kontrolle eines Ortes, an dem die Begehung von Straftaten erfahrungsgemäß besonders zu erwarten ist. Ihr Zweck stimmt daher mit dem in §§ 19a, 12a VersG genannten, nach der Entscheidung des Gesetzgebers einzig legitimen Zweck zur Aufzeichnung von Versammlungsteilnehmern nicht überein. Aus diesem Grund ist die Aufzeichnung unverhältnismäßig[62].

4. Ergebnis

Der Eingriff in die Versammlungsfreiheit ist verfassungsrechtlich nicht gerechtfertigt. E ist daher durch die Anfertigung der Bildaufnahmen in seinem Grundrecht aus Art. 8 Abs. 1 GG verletzt[63].

II. Verletzung des E in seinem Grundrecht aus Art. 2 Abs. 1, 1 Abs. 1 GG[64]

E könnte durch die Anfertigung der Bildaufnahmen weiterhin in seinem Grundrecht aus Art. 2 Abs. 1, 1 Abs. 1 GG verletzt sein.

1. Betroffenheit des Schutzbereichs

Art. 2 Abs. 1, Art. 1 Abs. 1 GG schützt die freie Entfaltung der Persönlichkeit, deren Bestandteil das allgemeine Persönlichkeitsrecht ist. Man versteht darunter u. a. die Freiheit, selbst darüber zu entscheiden, ob und in welcher Weise personenbezogene Daten offenbart und an wen sie weiter gegeben werden (informationelle Selbstbestimmung). Zu dieser Freiheit gehört auch das Recht am eigenen Bild. Die Aufnahmen der Polizei ohne den Willen des E haben Auswirkungen auf das Recht des E am eigenen Bild. Der Schutzbereich des Art. 2 Abs. 1, 1 Abs. 1 GG ist daher betroffen.

62 Wenn Sie einen legitimen Zweck der Aufzeichnung bejahen, müssten Sie im Ergebnis gleichwohl zur Unverhältnismäßigkeit der Maßnahme gelangen. Denn die Bildaufzeichnung ist jedenfalls unangemessen. Das ergibt sich daraus, dass die Versammlungsfreiheit aufgrund ihrer erheblichen Bedeutung für die freiheitliche demokratische Grundordnung jedenfalls das Interesse des Staates an einer Überwachung eines gefährlichen Ortes für die Dauer der Versammlung überwiegt. Die Gegenprobe ergibt sich daraus, dass die Maßnahme bei einer Rechtmäßigkeitsprüfung nicht einmal bis zur Rechtsfolgenseite geprüft werden könnte, da bereits offensichtlich die tatbestandlichen Voraussetzungen der §§ 19a, 12a VersG nicht vorliegen.

63 Ein anderes Ergebnis ist nicht vertretbar.

64 Art. 2 Abs. 1 GG tritt hier nicht hinter Art. 8 Abs. 1 GG zurück, weil nicht die allgemeine Handlungsfreiheit, sondern das (spezielle) allgemeine Persönlichkeitsrecht betroffen ist.

2. Eingriff

Durch die Aufnahmen hat E nicht mehr die Möglichkeit, über sein eigenes Bild zu verfügen. Der Schutzbereich ist daher nachteilig betroffen. Ein Eingriff liegt vor.

3. Verfassungsrechtliche Rechtfertigung

a) Gesetzesvorbehalt

Art. 2 Abs. 1 GG steht unter dem Vorbehalt der verfassungsmäßigen Ordnung. Darunter versteht man alle formell und materiell verfassungsmäßigen Gesetze. Als den Vorbehalt ausfüllendes Gesetz kommen hier ebenfalls §§ 12a, 19a VersG in Betracht[65].

b) Verfassungsmäßigkeit der §§ 19a, 12a VersG

aa) Formelle Verfassungsmäßigkeit

§§ 19a, 12a VersG sind formell verfassungsmäßig.

bb) Materielle Verfassungsmäßigkeit

§§ 12a, 19a VersG entsprechen den Anforderungen, die Art. 19 Abs. 1 und 2 GG an grundrechtsbeschränkende Gesetze stellt.
Sie verfolgen, wie gezeigt, einen legitimen Zweck und sind zur Zweckerreichung geeignet und erforderlich.
Angemessen ist die Rechtsgrundlage dann, wenn ihre Schwere nicht außer Verhältnis zu dem damit verfolgten Zweck steht[66]. Zu berücksichtigen ist dabei zum einen, dass das Recht auf informationelle Selbstbestimmung, dessen Einschränkung die Vorschriften ermöglichen, aufgrund seiner Nähe zu Art. 1 Abs. 1 GG einen hohen Stellenwert hat. Der Einzelne könnte leicht zum Objekt staatlichen Handelns werden, wenn er bei jeder Versammlungsteilnahme gefilmt und sein Bild gespeichert würde. Dem steht entgegen, dass es der Polizei ohne die Ermächtigungsgrundlage nahezu unmöglich wäre, eine sichere Beweisführung in einem späteren Strafverfahren zu führen. Personen könnten in vielen Fällen Straftaten im Schutz der Masse begehen, ohne befürchten zu müssen, verfolgt zu werden. Hinzu kommt, dass §§ 12a, 19a VersG nur zur Aufnahme solcher Teilnehmer berechtigen, bei denen aufgrund tatsächlicher Anhaltspunkte die

65 Auch hier kommt wegen der Teilnahme des E an einer Versammlung keine andere Rechtsgrundlage für den Eingriff in Betracht, insbesondere nicht Rechtsgrundlagen aus den Polizeigesetzen der Länder.

66 Bei der Angemessenheit konnte nicht einfach verwiesen werden, weil in die Abwägung ein anderes Rechtsgut eingestellt werden musste. Es ging hier nicht um die Versammlungsfreiheit, sondern um die informationelle Selbstbestimmung, die für die Demokratie nicht die gleiche Bedeutung hat.

Annahme gerechtfertigt ist, dass von ihnen erhebliche Gefahren für die öffentliche Sicherheit ausgehen. Schließlich bestimmt das Gesetz, dass die so gewonnenen Aufnahmen nach Maßgabe des § 12a Abs. 2 VersG zu vernichten sind. Nach allem steht die Schwere des Eingriffs in das Recht auf informationelle Selbstbestimmung nicht außer Verhältnis zu dem damit verfolgten Zweck. Die Rechtsgrundlage ist daher auch angemessen. Die Verhältnismäßigkeit ist gegeben.

§§ 19a, 12a VersG verstoßen nicht gegen den Bestimmtheitsgrundsatz. Die Rechtsgrundlage ist daher auch materiell verfassungsmäßig.

c) Verfassungsmäßigkeit der Aufzeichnung

Die Aufzeichnung des E müsste verhältnismäßig sein, also zunächst einem von der Rechtsordnung anerkannten Zweck dienen. Das Filmen von Personen während einer Versammlung ist von der Rechtsordnung nur gestattet, um bei erheblichen Gefährdungen der öffentlichen Sicherheit durch die Versammlungsteilnehmer Weiterungen zu verhindern. Zu anderen Zwecken darf das Filmen von Versammlungsteilnehmern nicht erfolgen. Die Bildaufnahmen der Polizei dienten hier nicht dazu, erhebliche Gefährdungen der öffentlichen Sicherheit durch Versammlungsteilnehmer, insbesondere durch E zu dokumentieren, sondern zur allgemeinen Überwachung des Bahnhofsvorplatzes in Rahmen der von § 29 Abs. 3 BremPolG[67] vorgesehenen Zwecke. Aus diesem Grund diente die Maßnahme keinem legitimen Zweck[68]. Der Eingriff in die informationelle Selbstbestimmung des E ist daher unverhältnismäßig und damit verfassungsrechtlich nicht gerechtfertigt.

4. Ergebnis

E ist auch in seinem Grundrecht aus Art. 2 Abs. 1, 1 Abs. 1 GG verletzt.

67 § 15a Abs. 1 PolG NW, § 21 Abs. 3 PolG BW, Art. 32 Abs. 2 Nr. 3 BayPAG, § 24a ASOG Bln, § 31 Abs. 3 BbgPolG, § 8 HmbGesDatVPolG, § 14 Abs. 3 HSOG, § 32 Abs. 3 SOG MV, § 32 Abs. 3 Nds. SOG, § 27 Abs. 1, 2 POG RP, § 27 Abs. 2 Nr. 2 SPolG, § 38 Abs. 2 SächsPolG, § 16 Abs. 2 Satz 2 SOG LSA, § 184 Abs. 3 LVwG SH; § 33 Abs. 2 Nr. 1 ThürPAG.

68 Vertretbar erscheint es auch, die Verhältnismäßigkeit an der Angemessenheit der Bildaufnahme scheitern zu lassen. Die Bejahung der Verhältnismäßigkeit des Eingriffs in die informationelle Selbstbestimmung ist nicht überzeugend zu begründen.

III. Verletzung des D in seinem Grundrecht aus Art. 2 Abs. 1, 1 Abs. 1 GG[69]

Durch die Bildaufnahme könnte der Dealer D in seinem Grundrecht aus Art. 2 Abs. 1, 1 Abs. 1 GG verletzt sein.

1. Betroffenheit des Schutzbereichs

Art. 2 Abs. 1, Art. 1 Abs. 1 GG schützt die freie Entfaltung der Persönlichkeit, deren Bestandteil das allgemeine Persönlichkeitsrecht ist. Man versteht darunter u. a. die Freiheit, selbst darüber zu entscheiden, ob und in welcher Weise personenbezogene Daten offenbart werden und an wen sie weiter gegeben werden (informationelle Selbstbestimmung). Zu dieser Freiheit gehört auch das Recht am eigenen Bild. Die Aufnahmen der Polizei ohne den Willen des D haben Auswirkungen auf das Recht des D am eigenen Bild. Der Schutzbereich des Art. 2 Abs. 1, 1 Abs. 1 GG ist daher betroffen.

2. Eingriff

Die Aufnahme erfolgt ohne Zustimmung des D. Der Schutzbereich ist daher nachteilig betroffen. Ein Eingriff liegt vor.

3. Verfassungsrechtliche Rechtfertigung

a) Gesetzesvorbehalt

Art. 2 Abs. 1 GG steht unter einfachem Gesetzesvorbehalt. Als den Vorbehalt ausfüllendes Gesetz kommt hier § 29 Abs. 3 BremPolG[70] in Betracht. Danach dürfen öffentlich zugängliche Orte, an denen vermehrt Straftaten begangen werden oder bei denen aufgrund der örtlichen Verhältnisse die Begehung von Straftaten besonders zu erwarten ist, mittels Bildübertragung durch den Polizei-

69 Sie können neben Art. 2 Abs. 1, 1 Abs. 1 GG auch eine Verletzung des Art. 12 Abs. 1 GG prüfen, wenn Sie Ihr Wissen zur Berufsfreiheit anbringen wollen. Aus meiner Sicht ist die Prüfung abwegig. Zum einen übt ein Drogendealer keinen Beruf i. S. d. Art. 12 Abs. 1 GG aus, weil es sich dabei nicht um eine erlaubte Tätigkeit handelt. Darüber hinaus hat die bloße Bildaufzeichnung keine Auswirkungen auf die Ausübung der Tätigkeit, sodass unter keinem Gesichtspunkt der Schutzbereich betroffen ist.

70 § 29 Abs. 3 BremPolG.

vollzugsdienst offen und erkennbar beobachtet werden, wenn das zur Erfüllung der Aufgaben nach § 1 Abs. 1 BremPolG[71] erforderlich ist[72].

b) Verfassungsmäßigkeit des § 29 Abs. 3 BremPolG

aa) Formelle Verfassungsmäßigkeit

Die Gesetzgebungskompetenz der Freien Hansestadt Bremen für den Erlass des § 29 Abs. 3 BremPolG folgt aus Art. 70 Abs. 1 GG. Fehler im Gesetzgebungsverfahren und bei der Form liegen nicht vor. § 29 Abs. 3 BremPolG ist daher formell verfassungsmäßig.

bb) Materielle Verfassungsmäßigkeit

(1) Anforderungen des Art. 19 Abs. 1 und 2 GG

§ 29 Abs. 3 BremPolG ist abstrakt-generell. Er verstößt daher nicht gegen das Einzelfallgesetzverbot aus Art. 19 Abs. 1 Satz 1 GG. Das Zitiergebot des Art. 19 Abs. 1 Satz 2 GG gilt für Beschränkungen des Art. 2 Abs. 1 GG nicht. Es ist daher nicht zu beanstanden, dass Art. 2 Abs. 1 GG als eingeschränktes Grundrecht in § 9 BremPolG[73] nicht zitiert wird. Die informationelle Selbstbestimmung wird durch die Ermächtigung, an bestimmten Orten i. S. d. § 29 Abs. 3 BremPolG Bildaufnahmen zu fertigen, nicht in ihrem Kernbereich betroffen. Ein Verstoß gegen Art. 19 Abs. 2 GG liegt daher ebenfalls nicht vor.

(2) Verhältnismäßigkeit[74]

Die Ermächtigung in § 29 Abs. 3 BremPolG, öffentlich zugängliche Orte, an denen vermehrt Straftaten begangen werden, offen zu überwachen, dient dazu, die Vereitelung des staatlichen Strafverfolgungsanspruchs bei der Begehung von Straftaten zu verhindern und potenzielle Straftäter von der Begehung von Straftaten abzuschrecken. Dieser Zweck ist legitim, § 1 Abs. 1 BremPolG. Zur Erreichung des Zwecks ist die Aufzeichnung aller Personen, die sich an dem Ort aufhalten, geeignet.

71 § 1 Abs. 1 PolG NW, § 1 Abs. 1 PolG BW, Art. 2 Abs. 1 BayPAG, § 1 Abs. 1 ASOG Bln, § 1 Abs. 1 BbgPolG, § 1 Abs. 1 HmbSOG, § 1 Abs. 1 HSOG, § 1 Abs. 1 SOG MV, § 1 Abs. 1 Nds.SOG, § 1 Abs. 1 POG RP, § 1 Abs. 1 SPolG, § 1 Abs. 2 SächsPolG, § 1 Abs. 1, 2 Abs. 1 SOG LSA, § 162 Abs. 1 LVwG SH; § 2 Abs. 1 ThürPAG.

72 Als Rechtsgrundlage für die Überwachung des D kommen hier nicht §§ 19a, 12a VersG in Betracht, weil D nicht an der Versammlung teilnimmt. Nach dem Sachverhalt verkauft D am Rande des Geschehens Drogen. Eine Verbindung zu den Teilnehmern oder dem Inhalt der Veranstaltung des Bündnisses „Ende der Bescheidenheit" besteht nicht.

73 § 7 PolG NW, § 4 PolG BW, Art. 74 BayPAG, § 66 ASOG Bln, § 8 BbgPolG, § 31 HmbSOG, § 10 HSOG, § 78 SOG MV, § 10 Nds.SOG, § 8 POG RP, § 7 SPolG, § 79 SächsPolG, § 11 SOG LSA, § 247 LVwG SH; § 11 ThürPAG.

74 Vgl. dazu Lisken/Denninger, Handbuch des Polizeirechts, C Rn. 30 f.

Die Ermächtigung müsste auch erforderlich sein. Als milderes Mittel gegenüber der ständigen Überwachung kommen die Observation verdächtiger Personen durch die Polizei und die Bestreifung des Ortes in Betracht. Abgesehen davon wäre es gegenüber der ständigen Aufzeichnung für die Betroffenen weniger beeinträchtigend, wenn die Überwachungskamera, ähnlich wie § 12a VersG das vorsieht, nur bei einer konkreten Gefahr eingeschaltet würde. Gegenüber der ständigen Überwachung eines Ortes kann durch diese Mittel allerdings nicht in gleicher Weise sichergestellt werden, dass annähernd alle Straftaten dokumentiert werden. Insofern sind die milderen Alternativen zur ständigen Überwachung eines Ortes nicht gleich geeignet. Die Ermächtigung ist daher erforderlich.

Angemessen ist sie dann, wenn ihre Schwere nicht außer Verhältnis zu dem damit verfolgten Zweck steht. Hinsichtlich der Schwere des durch § 29 Abs. 3 BremPolG erlaubten Eingriffs ist zu berücksichtigen, dass infolge der Dauerhaftigkeit der Maßnahme unbestimmt viele Personen aufgenommen werden, die ganz überwiegend nicht polizeipflichtig sind. Diese sind gehalten, einen Grundrechtseingriff hinzunehmen, obwohl sie in ihrer Person keinen Anlass für eine solche Maßnahme gesetzt haben. Hinzu kommt, dass die Herstellung von Dokumentationen durch einen Hoheitsträger die Gefahr beinhaltet, dass der Einzelne zum Objekt staatlichen Handelns und damit in seiner Menschenwürde verletzt wird. Die Schwere des Eingriffs wird dadurch gemildert, dass die Bildaufzeichnung nach dem Wortlaut des § 29 Abs. 3 BremPolG offen erfolgen muss, sodass der Bürger die Möglichkeit hat, einer Aufzeichnung zu entgehen. Sie wird darüber hinaus dadurch gemildert, dass die Aufzeichnungen gemäß § 29 Abs. 4 Satz 2 BremPolG[75] spätestens nach 48 Stunden zu löschen sind, soweit nicht ihre Aufbewahrung im Einzelfall zur Verfolgung von Straftaten oder Ordnungswidrigkeiten weiterhin erforderlich ist. Darüber hinaus ist zu berücksichtigen, dass die Orte, an denen Bildaufzeichnungen stattfinden, nicht beliebig, sondern unter den Verfahrenssicherungen in §§ 29 Abs. 3 Satz 2, 30 BremPolG bestimmt werden dürfen. Zudem muss eine Maßnahme nach § 29 Abs. 3 BremPolG befristet werden, § 30 Satz 2 BremPolG. Die so definierte Schwere des Eingriffs steht nicht außer Verhältnis zu der Aufgabe des Staates, präventive Kriminalitätsbekämpfung zu betreiben. § 29 Abs. 3 BremPolG ist daher auch angemessen. Die Vorschrift ist verhältnismäßig.

75 § 15a Abs. 2 PolG NW, § 21 Abs. 4 PolG BW, Art. 32 Abs. 4 BayPAG, § 24a ASOG Bln, § 31 Abs. 3 BbgPolG, § 8 HmbGesDatVPolG, § 14 Abs. 3 HSOG i. V. m. § 15 HDatSchG, § 34 Abs. 6 SOG MV, § 47 Nds.SOG, § 39 POG RP, § 27 Abs. 3 SPolG, § 38 Abs. 3 SächsPolG, § 16 Abs. 4 SOG LSA, § 184 Abs. 2 LVwG SH, § 38 ThürPAG.

(3) Bestimmtheit

§ 29 Abs. 3 BremPolG ist so bestimmt formuliert, wie es mit Rücksicht auf den Normzweck möglich ist. Ein Verstoß gegen den rechtsstaatlichen Bestimmtheitsgrundsatz liegt nicht vor.

cc) Ergebnis

§ 29 Abs. 3 BremPolG ist verfassungsmäßig.

c) Verfassungsmäßigkeit der Aufzeichnung

Die Aufzeichnung diente hier dazu, die Geschehnisse auf dem Bahnhofsvorplatz zu dokumentieren, um die Vereitelung des staatlichen Strafverfolgungsanspruchs bei der Begehung von Straftaten zu vereiteln und um potenzielle Straftäter von der Begehung von Straftaten abzuschrecken. Dieser Zweck ist von der Rechtsordnung durch § 29 Abs. 3 BremPolG geschützt und damit legitim. Zur Erreichung des Zwecks ist die Aufzeichnung aller Personen, die sich auf dem Bahnhofsvorplatz aufhalten, also auch die Aufzeichnung des D, geeignet. Andere mildere, ebenso effektive Mittel gegenüber der ständigen Überwachung des Platzes kommen nicht in Betracht. Die Aufzeichnung ist daher auch erforderlich. Sie dürfte nicht außer Verhältnis zu dem damit verfolgten Zweck stehen. Gegenüber dem Interesse des D, im Schutz der Anonymität Drogengeschäfte abzuwickeln, überwiegt das Interesse der Allgemeinheit und des Staates, die Begehung von Straftaten zu verhindern bzw. bei Begehung zu verfolgen. Insofern ist die Aufzeichnung des D auch angemessen. Die Aufzeichnung ist verhältnismäßig.

4. Ergebnis

D ist nicht in seinem Grundrecht auf informationelle Selbstbestimmung verletzt.

IV. Verletzung des R in seinem Grundrecht aus Art. 2 Abs. 1, 1 Abs. 1 GG

1. Betroffenheit des Schutzbereichs

Die Aufnahmen der Polizei ohne den Willen des R haben Auswirkungen auf dessen Recht am eigenen Bild. Der Schutzbereich des Art. 2 Abs. 1, 1 Abs. 1 GG ist daher betroffen.

2. Eingriff

Der Schutzbereich ist nachteilig betroffen. Ein Eingriff ist gegeben.

3. Verfassungsrechtliche Rechtfertigung

a) Gesetzesvorbehalt

Art. 2 Abs. 1 GG steht unter dem einfachen Gesetzesvorbehalt der verfassungsmäßigen Ordnung. Als den Vorbehalt ausfüllendes Gesetz kommt hier ebenfalls § 29 Abs. 3 BremPolG in Betracht.

b) Verfassungsmäßigkeit des § 29 Abs. 3 BremPolG

§ 29 Abs. 3 BremPolG ist wie gezeigt formell und materiell verfassungsmäßig und damit eine taugliche Rechtsgrundlage für die Beschränkung des Rechts auf informationelle Selbstbestimmung.

c) Verfassungsmäßigkeit der Aufzeichnung

Die Aufzeichnung diente dazu, die Geschehnisse auf dem Bahnhofsvorplatz zu dokumentieren, die Vereitelung des staatlichen Strafverfolgungsanspruchs bei der Begehung von Straftaten zu verhindern und potenzielle Straftäter abzuschrecken. Dieser Zweck ist von der Rechtsordnung durch § 29 Abs. 3 BremPolG geschützt und damit legitim. Zur Erreichung des Zwecks ist die Aufzeichnung der Personen, die sich auf dem Bahnhofsvorplatz aufhalten, also auch die Aufzeichnung des R, geeignet. Mildere Mittel gegenüber der ständigen Überwachung des Platzes kamen hier nicht in Betracht. Insbesondere war es technisch nicht möglich, einzelne Personen wie R, die offensichtlich nicht im Verdacht stehen, eine Straftat zu begehen, von der Aufzeichnung auszunehmen. Die Aufzeichnung auch des R war daher erforderlich.

Die Maßnahme müsste angemessen sein. Hinsichtlich der Schwere des Eingriffs in die informationelle Selbstbestimmung ist zu berücksichtigen, dass R in seiner Person keinen Anlass für eine Dokumentation seines Aufenthaltsortes und seines Verhaltens gegeben hat. Zu berücksichtigen ist allerdings auch, dass R sich in räumlicher Nähe zu einer polizeilich relevanten Situation aufhielt. Seine Inanspruchnahme war daher nicht Ausdruck einer allgemeinen Risikovorsorge, sondern durch den Umstand veranlasst, dass gerade im Bereich des Bahnhofs erfahrungsgemäß häufig Straftaten begangen werden, die aufgrund des Verkehrsbetriebes ohne die Fertigung von Bildaufzeichnungen nur schwer verfolgt werden könnten. Insofern war die Aufnahme personenbezogener Informationen das einzige Mittel, um zu einer effektiven Kriminalvorsorge zu gelangen. Zu berücksichtigen ist darüber hinaus auch, dass R aufgrund des Hinweises auf die Bildüberwachung jedenfalls die Möglichkeit hatte, der Aufnahme zu entgehen. Gemessen an der verbliebenen Schwere des Eingriffs überwiegt daher das Interesse der Allgemeinheit an einer Kriminalprävention. Die Aufzeichnung des R ist daher angemessen. Die Maßnahme ist verhältnismäßig, der Eingriff in die informationelle Selbstbestimmung ist verfassungsrechtlich gerechtfertigt.

4. Ergebnis

R ist nicht in seinem Grundrecht auf informationelle Selbstbestimmung verletzt.

G. Uniformverbot

🕮 Sachverhalt

A ist Mitglied der rechtsradikalen Organisation „Freie Kameradschaft", die am 21. 4. 2006 eine Veranstaltung in der Bremer Innenstadt angemeldet hat. Was der zuständigen Behörde nicht bekannt gegeben wurde, war die Absicht der Teilnehmer, in derselben Aufmachung zu erscheinen. Bei der Versammlung trugen daher alle 170 Personen gleichartige, durchweg schwarze Kleidung. Zudem wurden schwarze Banner mit der Aufschrift „Blut und Ehre" und „Für das Deutsche Vaterland" mitgeführt und Trommeln geschlagen. Die Veranstaltung bewegte sich im Marschtritt. Die Polizei erklärte die Versammlung wegen Verstoßes gegen das Uniformverbot kurzerhand für aufgelöst. Die Teilnehmer entfernten sich daraufhin von dem Ort der Veranstaltung.

Einige von ihnen, darunter A, konnten nicht einsehen, warum ihr Aufzug gegen das Uniformverbot verstoßen sollte, trafen ca. 100 m abseits wieder zusammen und diskutierten die Frage in einer kleinen Gruppe. Die Polizei, die das beobachtete, forderte sie auf, den Ort zu verlassen.

Wurde A in seinen Grundrechten verletzt?

Bearbeitervermerk: Art. 2 Abs. 2 Satz 2 GG ist nicht zu prüfen.

✔ Falllösung

I. Verletzung des A in seinem Grundrecht aus Art. 8 Abs. 1 GG durch die Auflösung der Veranstaltung

A könnte durch die Auflösung der Veranstaltung in seinem Grundrecht aus Art. 8 Abs. 1 GG verletzt worden sein. Voraussetzung dafür ist ein rechtswidriger Eingriff in den Schutzbereich.

1. Betroffenheit des Schutzbereichs

Der Schutzbereich der Versammlungsfreiheit ist betroffen, wenn es sich bei der Veranstaltung um eine friedliche und waffenlose Versammlung Deutscher handelte und die Auflösung Auswirkungen auf deren Verhalten hatte.
Es ist davon auszugehen, dass es sich bei A um einen deutschen Staatsangehörigen handelt.
Er müsste an einer Versammlung teilgenommen haben. Darunter versteht man die Zusammenkunft mehrerer Personen zum Zweck der gemeinsamen Meinungsbildung und -kundgabe. Bei der Veranstaltung am 21. 4. 2006 waren 170 Personen, also mehrere, zugegen. Der Zweck ihrer Zusammenkunft bestand darin, für die Interessen der NPD einzutreten und dafür unter Mitführung von Transparenten rechtsradikaler Inhalte zu werben. Dabei handelte es sich um die Verbreitung von Werturteilen und damit um Meinungen, die hier auch gemeinsam, d. h. von einer inneren Verbindung der Teilnehmer getragen, geäußert wurde. A nahm daher an einer Versammlung i. S. d. Art. 8 Abs. 1 GG teil.
Die Versammlung dürfte nicht unfriedlich[76] gewesen sein. Man könnte vertreten, dass das schon dann der Fall ist, wenn sich die Versammlungsteilnehmer strafbar machen[77]. Das würde hier mit Rücksicht auf die Strafbarkeit eines Verstoßes gegen das Uniformverbot gemäß §§ 28, 3 VersG möglicherweise dazu führen, dass die Versammlung der NPD nicht von Art. 8 Abs. 1 GG geschützt wäre[78]. Man könnte demgegenüber aber auch vertreten, dass eine Unfriedlichkeit erst ab der Schwelle der Gewalttätigkeit beginnt[79]. Das würde hier bedeuten, dass die Versammlung mangels körperlicher Aggressionen der Versammlungsteilnehmer friedlich war[80]. Gegen die zuerst genannte Auslegung spricht, dass das Grundgesetz gemäß Art. 20 Abs. 3 GG im Rang über den Strafgesetzen steht und damit der Disposition des einfachen Gesetzgebers entzogen ist[81]. Die darin zum Ausdruck gebrachte Normenhierarchie würde missachtet, wenn man aus der Verwirklichung eines Straftatbestandes zwingend

76 Der Rechtsbegriff ist hier problematisch. Im Folgenden wird daher noch einmal die Behandlung streitiger Rechtsfragen dargestellt, vgl. oben 1. Teil Umgang mit Rechtsproblemen (S. 32). Das Ergebnis der hier vorgeschlagenen Auslegung entspricht der höchstrichterlichen Rechtsprechung. Man kann daher auch souveräner mit dem Problem umgehen, s. dazu den Fall „Rettet die Wildnis“.

77 Benennung der ersten Auslegungsmöglichkeit.

78 Konsequenz für die Falllösung.

79 Benennung der zweiten Auslegungsmöglichkeit, die vom Wortlaut des Art. 8 Abs. 1 GG gedeckt ist.

80 Konsequenz für die Falllösung, die zu einem anderen Ergebnis führt. Eine Auseinandersetzung mit dem Problem ist daher erforderlich.

81 Systematische Auslegung.

auf die Unfriedlichkeit einer Versammlung schließen würde. Für die zuletzt genannte Auslegung spricht, dass Art. 8 Abs. 1 GG den Begriff der Friedlichkeit neben dem Mitführen von Waffen verwendet[82]. Daraus ist zu schließen, dass eine Unfriedlichkeit erst dann beginnt, wenn eine dem Mitführen von Waffen vergleichbare Gefährlichkeit von der Versammlung ausgeht. Das ist nur dann der Fall, wenn es zu aggressiven körperlichen Einwirkungen auf Personen oder Sachen kommt[83]. Dieser Auslegung ist daher zu folgen. Die Versammlung, an der A teilgenommen hat, war daher auch friedlich.
Waffen wurden ebenfalls nicht mitgeführt. Das Verhalten des A war daher von Art. 8 Abs. 1 GG geschützt. Die Auflösung der Versammlung führte dazu, dass sie nicht fortgesetzt werden konnte, und hatte damit Auswirkungen auf die Versammlungsfreiheit. Der Schutzbereich des Art. 8 Abs. 1 GG war daher betroffen.

2. Eingriff

Die Auflösung bewirkte, dass sich die Teilnehmer der Versammlung, also auch A, entfernen mussten, §§ 18 Abs. 1, 13 Abs. 2 VersG. Ein Eingriff war gegeben.

3. Verfassungsrechtliche Rechtfertigung

Der Eingriff ist verfassungsrechtlich gerechtfertigt, wenn Art. 8 Abs. 1 GG unter dem Vorbehalt eines einschränkenden Gesetzes steht und dieses Gesetz sowie der darauf beruhende Einzelakt selbst verfassungsmäßig sind.

a) Gesetzesvorbehalt, Art. 8 Abs. 2 GG

Gemäß Art. 8 Abs. 2 GG können Versammlungen unter freiem Himmel durch oder aufgrund eines Gesetzes beschränkt werden (einfacher Gesetzesvorbehalt). Als den Vorbehalt ausfüllendes Gesetz kommt hier § 15 Abs. 3 VersG in Betracht. Danach darf die zuständige Behörde eine Versammlung u. a. dann auflösen, wenn nach den zur Zeit des Einschreitens erkennbaren Umständen die öffentliche Sicherheit bei ihrer Durchführung unmittelbar gefährdet ist.

b) Verfassungsmäßigkeit des § 15 Abs. 3 VersG

§ 15 Abs. 3 VersG ist verfassungsmäßig, wenn keine Verstöße formeller oder inhaltlicher Art vorliegen.

82 Systematische Auslegung.
83 Systematische Auslegung.

aa) Formelle Verfassungsmäßigkeit

Die Gesetzgebungszuständigkeit des Bundes für den Erlass des § 15 Abs. 3 VersG ergab sich aus Art. 74 Abs. 1 Nr. 3 a. F., Art. 72 Abs. 2 GG. Fehler beim Gesetzgebungsverfahren und bei der Form liegen nicht vor. Die Vorschrift ist formell verfassungsmäßig.

bb) Materielle Verfassungsmäßigkeit

(1) Anforderungen des Art. 19 Abs. 1 und 2 GG

§ 15 Abs. 3 VersG regelt eine unbestimmte Anzahl von Fällen mit einer unbestimmten Anzahl von Personen und verstößt deshalb nicht gegen das Einzelfallgesetzverbot, Art. 19 Abs. 1 Satz 1 GG. Das Zitiergebot in Art. 19 Abs. 1 Satz 2 GG wurde beachtet, § 20 VersG. Ein Verstoß gegen die Wesensgehaltsgarantie liegt nicht vor, Art. 19 Abs. 2 GG. Anforderungen des Art. 19 Abs. 1 und 2 GG wurden daher erfüllt.

(2) Verhältnismäßigkeit

§ 15 Abs. 3 VersG verfolgt den Zweck, die Polizei zur Abwehr von Gefahren, die von einer Versammlung ausgehen, zu ermächtigen. Dieser Zweck ist legitim. Die Ermächtigung, eine Versammlung ggf. aufzulösen mit der Folge, dass sich die Versammlungsteilnehmer zu entfernen haben, fördert diesen Zweck. Daher ist § 15 Abs. 3 VersG zur Gefahrenabwehr auch geeignet. Die Auflösung einer Versammlung wird nach § 15 Abs. 3 VersG in das Ermessen der Polizei gestellt. Diese kann daher im Einzelfall von einer Auflösung absehen oder gegenüber der Auflösung mildere Mittel (sog. Minusmaßnahmen) ergreifen. Dadurch ist gewährleistet, dass die Polizei die Auflösung nur dann verfügt, wenn es im Einzelfall keine gleich geeigneten, milderen Mittel gibt. Insoweit ist die Ermächtigung auch erforderlich. Gegenüber dem Zweck einer Auflösung aus dem Grund, unmittelbare Gefahren für die öffentliche Sicherheit abzuwenden, steht die Ermächtigung zur Beschränkung der Versammlungsfreiheit auch unter Berücksichtigung des hohen Wertes der Versammlungsfreiheit für die Demokratie nicht außer Verhältnis. § 15 Abs. 3 VersG ist, soweit er zu einer Auflösung aufgrund einer unmittelbaren Gefährdung der öffentlichen Sicherheit ermächtigt[84], verhältnismäßig.

84 Da es in dem Sachverhalt nicht um andere Auflösungsgründe aus § 15 Abs. 3 VersG geht, brauchte auch keine Auseinandersetzung mit der Frage zu erfolgen, ob die Ermächtigung für eine Auflösung auch allein aus den anderen Auflösungsgründen (fehlende Anmeldung, Verstoß gegen Auflagen, Abweichung von den Angaben der Anmeldung) verfassungsmäßig ist.

(3) Bestimmtheit

Zweifel an der Bestimmtheit der Vorschrift bestehen nicht.

cc) Ergebnis

§ 15 Abs. 3 VersG ist formell und materiell verfassungsmäßig.

c) Verfassungsmäßigkeit der Auflösung

aa) Verhältnismäßigkeit

Als legitimer Zweck der Auflösung gemäß § 15 Abs. 3 VersG kommt hier nur die Abwehr einer unmittelbaren Gefährdung der öffentlichen Sicherheit bei weiterer Durchführung der Versammlung in Betracht. Bestandteil der öffentlichen Sicherheit ist die Unverletzlichkeit der Rechtsordnung, zu der auch die Strafbarkeit eines Verstoßes gegen das Uniformverbot gehört, §§ 28, 3 VersG. Danach ist es strafbar, in einer Versammlung gleichartige Kleidungsstücke als Ausdruck einer gemeinsamen politischen Gesinnung zu tragen. Der Wortlaut der Vorschrift differenziert nicht danach, welchen Inhalt die zur Schau getragene politische Gesinnung hat und welche Wirkung auf Dritte dadurch von der Versammlung ausgeht. Erfasst würden danach auch Versammlungen, bei denen gleiche Kleidungsstücke lediglich zu dem Zweck getragen werden, um die Solidarität der Versammlungsteilnehmer darzustellen, ohne dass dadurch das Publikum eingeschüchtert oder verfassungsfeindlichen Tendenzen Vorschub geleistet oder der Eindruck erweckt würde, es gäbe in der Bundesrepublik neben den staatlichen Instanzen eine weitere, private Ordnungsmacht[85]. Strafwürdiges Unrecht ist darin aber nicht ohne Weiteres zu sehen, sodass der Wortlaut der Vorschrift zu weit erscheint[86]. Dafür sprechen auch die Entstehungsgeschichte sowie Sinn und Zweck des § 3 VersG. Diese bestehen nämlich darin, mit Blick auf die historischen Erfahrungen militanter Parteiarmeen in der Weimarer Republik suggestiv-militante Effekte und eine einschüchternde Militanz von politisch motivierten Versammlungen zu unterbinden[87]. Zu berücksichtigen ist darüber hinaus, dass die generelle Strafandrohung für ein Verhalten, das lediglich darin besteht, gleichartige Kleidungsstücke ohne die genannte einschüchternde Wirkung bei Versammlungen zu tragen, der Bedeutung des Art. 8 Abs. 1 GG in einer freiheitlichen Demokratie nicht hinreichend Rechnung tragen würde. Mit Rück-

85 Z. B. Versammlungen von Berufsträgern, die in ihrer Berufskleidung erscheinen, um für berufspolitische Ziele zu kämpfen.

86 Ergebnis der wörtlichen Auslegung.

87 Ergebnis der geschichtlichen und der teleologischen Auslegung. Lesen Sie zu diesem Themenkomplex auch die weiterführende Darstellung in: Dietl/Gintzel/Kniesel, Demonstrations- und Versammlungsfreiheit, § 3 Rn. 1 m. w. N.

sicht auf den Wert der Versammlungsfreiheit ist daher allein die o. g., verfassungskonforme restriktive Auslegung des § 3 VersG überzeugend[88]. Ein Verstoß gegen das Uniformverbot liegt daher erst dann vor, wenn gleichartige Kleidungsstücke als Ausdruck einer gemeinsamen politischen Gesinnung im Sinne suggestiv-militanter Effekte und einer einschüchternden Militanz getragen werden. Das ist insbesondere dann der Fall, wenn die Teilnehmer über das Tragen gleichartiger Kleidung hinaus im Marschtritt gehen und Trommeln schlagen. Solche Effekte gingen hier von der Veranstaltung der „Freien Kameradschaft" aus, sodass ein Verstoß gegen das Uniformverbot vorlag. Die Auflösung der Veranstaltung diente dazu, die Fortsetzung dieses Verstoßes zu verhindern und verfolgte daher einen legitimen Zweck.

Infolge der Auflösung waren die Teilnehmer der Versammlung verpflichtet, sich sofort zu entfernen, §§ 18 Abs. 1, 13 Abs. 2 VersG. Die Auflösung der Versammlung war daher geeignet, das Verbot durchzusetzen und den Zweck zu erreichen.

Mildere, gleich geeignete Mittel zur Zweckerreichung gab es nicht. Insbesondere kam das Ablegen der gleichartigen Kleidungsstücke aus nahe liegenden Gründen nicht in Betracht. Die Auflösung war daher auch erforderlich.

Zu dem Zweck der Maßnahme, militante, einschüchternde Wirkungen der Veranstaltung auf Dritte zu verhindern, stand die Auflösung auch unter Berücksichtigung der hohen Bedeutung der Versammlungsfreiheit für die Demokratie nicht außer Verhältnis.

Die Auflösung der Versammlung war daher verhältnismäßig.

bb) Bestimmtheit

Zweifel an der Bestimmtheit der Auflösungsverfügung bestehen nicht.

4. Ergebnis

A wurde durch die Auflösung der Versammlung nicht in seinem Grundrecht aus Art. 8 Abs. 1 GG verletzt.

88 Ergebnis der systematischen Auslegung.

II. Verletzung des A in seinem Grundrecht aus Art. 8 Abs. 1 GG durch die Aufforderung, den Ort zu verlassen

A könnte durch die spätere Aufforderung, den Ort zu verlassen, in seinem Grundrecht aus Art. 8 Abs. 1 GG verletzt worden sein. Voraussetzung dafür ist ein rechtswidriger Eingriff in den Schutzbereich.

1. Betroffenheit des Schutzbereichs

Eine Betroffenheit des Schutzbereichs des Art. 8 Abs. 1 GG kommt nur dann in Betracht, wenn es sich bei der Zusammenkunft der ehemaligen Teilnehmer erneut um eine friedliche und waffenlose Versammlung Deutscher handelte und nicht lediglich um Teilnehmer der bereits aufgelösten Versammlung, die der Auflösungsverfügung nicht nachgekommen sind[89]. Bei den Teilnehmern handelte es sich um mehrere Personen. Der Zweck ihrer Zusammenkunft bestand darin, aus Anlass der Auflösung der ursprünglichen Versammlung über den Inhalt und die Reichweite des Uniformverbots zu diskutieren. Dieser Zweck war mit dem Zweck der ursprünglichen, aufgelösten Veranstaltung nicht identisch. Die Diskussion fand zudem in räumlicher Distanz zu dem ursprünglichen Versammlungsort statt. Aus diesen Gründen handelte es sich bei der Zusammenkunft um eine erneute Versammlung Deutscher. Diese war friedlich und fand auch ohne Waffen statt. Die Aufforderung, den Ort zu verlassen, hatte Auswirkungen auf die Versammlungsfreiheit. Der Schutzbereich wurde durch die Aufforderung, den Ort zu verlassen, betroffen.

2. Eingriff

Infolge der Aufforderung, den Ort zu verlassen, konnte die Versammlung nicht fortgesetzt werden. Ein Eingriff lag vor.

3. Verfassungsrechtliche Rechtfertigung

Art. 8 Abs. 1 GG steht wie gezeigt unter dem Vorbehalt eines einschränkenden Gesetzes, Art. 8 Abs. 2 GG. Rechtsgrundlagen im Versammlungsgesetz für die Erteilung von Platzverweisen sind nicht vorhanden. Eine entsprechende Rechtsfolge ergibt sich insbesondere nicht aus § 15 Abs. 3 VersG, der nur zur Auflösung berechtigt. Als den Vorbehalt ausfüllendes Gesetz könnte daher allenfalls § 14

89 Nur in diesem Fall können Platzverweise zur Durchsetzung der Rechtspflicht aus §§ 18 Abs. 1, 13 Abs. 2 VersG ausgesprochen werden.

Abs. 1 BremPolG[90] in Betracht kommen. Danach kann die Polizei zwar eine Person zur Abwehr einer Gefahr von einem Ort verweisen. Diese Vorschrift ist allerdings als Rechtsgrundlage für die Beschränkung von Versammlungen nicht geeignet. Das ergibt sich daraus, dass § 8 Abs. 1 GG als einschränkbares Grundrecht in § 9 BremPolG[91] nicht zitiert ist (sog. Polizeifestigkeit des Versammlungsrechts). § 14 Abs. 1 BremPolG ist daher keine taugliche Rechtsgrundlage für die Beschränkung der Versammlung. Es gibt daher keine Rechtsgrundlage für die Aufforderung, den Ort zu verlassen[92].

4. Ergebnis

A wurde durch die Aufforderung, den Ort zu verlassen, in seinem Grundrecht aus Art. 8 Abs. 1 GG verletzt.

H. Rettet die Wildnis

Sachverhalt

Am 28. 1. 2005 erscheint nach ordnungsgemäßer Anmeldung gegen 6.00 Uhr die aus ca. 30 Personen bestehende Aktionsgruppe „Rettet die Wildnis“ vor dem Haupttor des Baugeländes zur Erweiterung des Technologieparks an der Universität Bremen. M sowie acht weitere Mitglieder der Gruppe blockieren ab etwa 6.30 Uhr die Zufahrt zu dem Gelände in der Weise, dass sie sich jeweils eine Kette um die Hüfte schlingen, die wiederum mit der Kette des jeweiligen Nachbarn verbunden ist. Die am Ende der so gebildeten Gesamtkette stehenden Personen ketten sich mit Sicherheitsschnappschlössern unmittelbar an die Torpfosten des Haupttores an. Jede der angeketteten

90 § 34 PolG NW, § 3 PolG BW (Generalklausel, weil keine spezielle Eingriffsermächtigung für einen Platzverweis normiert ist, Wolf/Stephan, Polizeigesetz für Baden-Württemberg, § 3 Rn. 26), Art. 16 BayPAG, § 29 Abs. 1 ASOG Bln, § 16 Abs. 1 BbgPolG, § 12a HmbSOG, § 31 Abs. 1 HSOG, § 52 Abs. 1 SOG MV, § 17 Abs. 1 Nds.SOG, § 13 Abs. 1 POG RP, § 12 Abs. 1 SPolG, § 21 Abs. 1 SächsPolG, § 36 Abs. 1 SOG LSA, § 201 LVwG SH, § 18 Abs. 1 ThürPAG.

91 § 7 PolG NW, § 4 PolG BW, Art. 74 BayPAG, § 66 ASOG Bln, § 8 BbgPolG, § 31 HmbSOG, § 10 HSOG, § 78 SOG MV, § 10 Nds.SOG, § 8 POG RP, § 7 SPolG, § 79 SächsPolG, § 11 SOG LSA, § 247 LVwG SH, § 11 ThürPAG.

92 Die Polizei hätte die Versammlung zunächst auflösen müssen. Erst danach hätte sie ggf. gestützt auf das jeweilige Polizeigesetz weitere Maßnahmen treffen dürfen. Problematisch wäre hier allerdings, ob überhaupt ein Auflösungsgrund vorlag. Bei verfassungskonformer Auslegung dürfte das bloße Tragen einer gleichartigen Kleidung nämich nicht den Tatbestand des § 3 VersG erfüllen. Andere Auflösungsgründe kommen wohl kaum in Betracht.

Personen hat einen „Betreuer", der auch für etwaige Notfälle im Besitz eines Schlüssels für die entsprechenden Schlösser ist.

Zu Beginn der Veranstaltung werden Flugblätter verteilt, in denen das Vorhaben näher erläutert wird. Mit der als gewaltfreier Widerstand bezeichneten Aktion wollen die Teilnehmer, wie dort zu lesen ist, die Bauarbeiten an der Erweiterung des Technologieparks und den damit verbundenen Eingriff in Natur und Landschaft, insbesondere die Zerstörung wichtiger Biotope und geschützter Arten kurzzeitig symbolisch einstellen und ihren Widerstand gegen das Vorhaben zum Ausdruck bringen. Der Inhalt der Flugblätter und auch der geplanten Aktion war der Polizei bereits seit der Anmeldung der Veranstaltung bekannt.

Infolge der Aktion werden insgesamt zehn Lastwagen und sieben Personenkraftwagen zum Anhalten veranlasst. Die meisten Lastwagen und die Personenkraftwagen können durch ein anderes Tor das Baugelände erreichen. Der Führer eines Lastwagens, mit dem Erdaushub aus dem Baugebiet abgeholt werden soll, muss bis zur Beendigung der Blockade warten, bevor er die Fahrt auf das Gelände fortsetzen kann. Er hat es aber ohnehin nicht eilig. Zwei Führer von Lastwagen werden durch die Blockade gehindert, das Gelände mit ihren Fahrzeugen durch das Haupttor zu verlassen, auch sie benutzen daraufhin ein anderes Tor. Die Polizei weist die Personen unmittelbar nach Beginn der Aktion mehrfach darauf hin, dass sie sich strafbar machten, wenn sie die Zufahrt nicht frei gäben. Da nichts passiert, erklärt die Polizei die Veranstaltung in einem Lautsprecheraufruf um 7.00 Uhr für aufgelöst. Nach Eintreffen von weiteren Polizeikräften gegen 7.15 Uhr werden die Ketten mit Bolzenschneidern durchtrennt. Die losgeketteten Personen werden von der Polizei zum Zweck der Identitätsfeststellung kurzerhand festgehalten, ohne dass es dabei zu Widerstand kommt, nachdem der Sprecher der Aktionsgruppe die Veranstaltung zuvor für beendet erklärt hat.

Wird M durch den Hinweis auf die Strafbarkeit bei weiterer Besetzung der Zufahrt, durch die Auflösung der Veranstaltung und durch das Festhalten in seinen Grundrechten verletzt?

Bearbeitervermerk: Art. 5 Abs. 1 GG und Art. 2 Abs. 1 GG sind nicht zu prüfen.

✔ Falllösung[93]

I. Verletzung des M in seinem Grundrecht aus Art. 2 Abs. 2 Satz 2 GG

1. Betroffenheit des Schutzbereichs

Der Schutzbereich ist betroffen, wenn die Hoheitsmaßnahme Auswirkungen auf das geschützte Verhalten hat. Art. 2 Abs. 2 Satz 2 GG schützt die Freiheit der Person. Darunter versteht man die körperliche Bewegungsfreiheit, also das Recht, sich an jedem beliebigen Ort aufzuhalten. Der Hinweis der Polizei, dass sich M strafbar mache, wenn er die Zufahrt nicht frei gäbe, beeinflusst seine Entscheidung, den Ort vor dem Haupttor des Baugebietes zu verlassen oder nicht. Der Hinweis der Polizei hat daher Auswirkungen auf das geschützte Verhalten. Der Schutzbereich des Art. 2 Abs. 2 Satz 2 GG ist betroffen.

2. Eingriff[94]

Ein Eingriff ist dann gegeben, wenn die hoheitliche Maßnahme das geschützte Verhalten unmöglich macht oder in anderer Weise nachteilig betrifft. Die Maßnahme der Polizei bestand hier lediglich darin, den M auf eine mögliche Strafbarkeit hinzuweisen. Eine Regelung[95] kam darin nicht zum Ausdruck. Dem M wurde insbesondere keine Rechtspflicht auferlegt, den Ort vor dem Haupttor zu verlassen[96]. Ein Eingriff liegt daher nicht vor.

93 Dem Fall liegt die Entscheidung des Bundesverfassungsgerichts vom 24. 10. 2001 – 1 BvR 1190/90 – zugrunde. Der Fall behandelt die Problematik von Sitzblockaden. Es geht u. a. um die Frage, wann eine Versammlung friedlich ist. Eine weitere Schwierigkeit besteht darin, dass Basiswissen im Polizeirecht und Strafrecht vorausgesetzt wird, vgl. dazu die Kommentierung bei Schönke/Schröder, StGB, § 240 Rn. 17 ff., 26 ff.

94 Hier muss erkannt werden, dass nicht jedes hoheitliche Verhalten Eingriffscharakter hat. Beispiele dafür sind die Benachrichtigung von Angehörigen eines Unfallopfers, die Erteilung einer Auskunft an einen Ortsunkundigen oder der Hinweis auf ein ordnungswidriges Verhalten gegenüber einem Verkehrsteilnehmer, s. dazu Lisken/Denninger, Handbuch des Polizeirechts, F Rn. 39. Eine davon abweichende Lösung muss hinreichend begründet werden.

95 Regelungscharakter hat eine hoheitliche Maßnahme, wenn sie auf die Setzung einer Rechtsfolge gerichtet ist, § 35 Satz 1 VwVfG. Diese besteht i. d. R. in dem Erlass eines Gebots oder Verbots gegenüber dem Adressaten.

96 Eine solche Rechtspflicht wäre unter dem Schutz des Art. 8 Abs. 1 GG auch schwer zu begründen, solange nicht die Voraussetzungen des § 240 StGB vorliegen. Aufgrund des Merkmals der Verwerflichkeit ist das aber bei Blockaden von kurzer Dauer nicht ohne Weiteres zu bejahen.

3. Ergebnis

M ist durch den Hinweis der Polizei, sich bei Fortsetzen der Blockade strafbar zu machen, nicht in seinem Grundrecht aus Art. 2 Abs. 2 Satz 2 GG verletzt.

II. Verletzung des M in seinem Grundrecht aus Art. 8 Abs. 1 GG

Durch die Auflösung der Veranstaltung könnte M in seinem Grundrecht aus Art. 8 Abs. 1 GG verletzt sein.

1. Betroffenheit des Schutzbereichs

Art. 8 Abs. 1 GG schützt die friedliche und waffenlose Versammlung Deutscher. Die Auflösung der Veranstaltung müsste Auswirkungen auf dieses Verhalten haben.

a) Deutsche

M ist mangels anderer Angaben im Sachverhalt deutscher Staatsangehöriger. Der persönliche Schutzbereich ist daher betroffen.

b) Versammlung

Unter einer Versammlung versteht man das Zusammentreffen mehrerer Personen zum Zweck der gemeinsamen Willensbildung und Willensäußerung. Geschützt sind dabei nicht allein Veranstaltungen, bei denen Meinungen in verbaler Form kundgegeben werden, sondern auch solche, bei denen die Teilnehmer ihre Meinungen zusätzlich oder ausschließlich auf andere Art und Weise zum Ausdruck bringen. Bei den Teilnehmern der Veranstaltung am 28. 1. 2005 handelt es sich um mehrere Personen. Zweck des Treffens der Mitglieder des Aktionsbündnisses „Rettet die Wildnis“ ist es, gegen die mit den Baumaßnahmen verbundene Zerstörung von Natur und Landschaft zu demonstrieren. Mit der Blockade des Haupttores wollten die Teilnehmer symbolisch eine Einstellung der Bauarbeiten darstellen und damit ihren Widerstand gegen das Vorhaben zum Ausdruck bringen. Dabei handelt es sich um eine kollektive Meinungsäußerung, mithin um eine Versammlung i. S. d. Art. 8 Abs. 1 GG.

c) Friedlichkeit/Waffenlosigkeit

Art. 8 Abs. 1 GG schützt die Freiheit kollektiver Meinungsäußerung bis zur Grenze der Unfriedlichkeit. Diese wird von der Verfassung auf einer Stufe wie das Mitführen von Waffen behandelt. Aus diesem Grund ist eine Versammlung erst dann unfriedlich, wenn Handlungen von einiger Gefährlichkeit wie aggressive

Ausschreitungen gegen Personen oder Sachen oder sonstige Gewalttätigkeiten stattfinden, nicht schon dann, wenn es zu Behinderungen Dritter kommt, seien diese auch gewollt und nicht nur in Kauf genommen[97]. Unerheblich ist daher auch, ob das Verhalten der Versammlungsteilnehmer die Voraussetzungen einer Strafbarkeit erfüllt. Der Schutzbereich des Art. 8 Abs. 1 GG wird insofern nicht durch einfaches Recht bestimmt. Eine Versammlung kann daher auch dann noch friedlich und somit von Art. 8 Abs. 1 GG geschützt sein, wenn die Teilnehmer tatbestandsmäßig i. S. d. § 240 StGB handeln[98].

Die Teilnehmer des Aktionsbündnisses blockierten die Einfahrt zum Haupttor durch passives Verhalten. Allein durch ihre Präsenz wurden die Führer der Lastwagen und Personenkraftwagen davon abgehalten, das Tor zu passieren. Eine aggressive Einwirkung auf Personen oder Sachen durch die angeketteten Versammlungsteilnehmer fand nicht statt und war auch nicht zu erwarten. Die Teilnehmer ließen sich nach Zerlegung der Kette sogar ohne Widerstand festnehmen. Ungeachtet der strafrechtlichen Bewertung des Verhaltens als Gewalt i. S. d. § 240 StGB kann das Verhalten der Teilnehmer daher nicht als unfriedlich angesehen werden. Die Versammlung war friedlich.

Die Versammlung dürfte auch nicht mit Waffen stattgefunden haben. Unter Waffen i. S. d. Art. 8 Abs. 1 GG versteht man nicht nur Waffen im technischen Sinn, sondern alle Gegenstände, die nach ihrer Beschaffenheit und der Art und Weise der beabsichtigten Verwendung geeignet sind, Personen- oder Sachschäden herbeizuführen. Weder M noch die anderen Teilnehmer führten Gegenstände zu diesem Zweck mit. Auch die mitgebrachten Ketten dienten nur dazu, die Zufahrt zum Haupttor zu versperren. Aggressionen sollten damit nicht unternommen werden. Die Versammlung fand ohne Waffen statt.

d) Auswirkungen der Auflösungsverfügung auf den Schutzbereich

Die Auflösungsverfügung der Polizei beendete die Versammlung und hatte damit Auswirkungen auf das geschützte Verhalten.

e) Ergebnis

Der Schutzbereich der Versammlungsfreiheit ist durch die Auflösungsverfügung betroffen.

97 Vgl. BVerfG, Beschluss vom 24. 10. 2001 – 1 BvR 1190/90 – Absatz-Nr. 45.

98 Nicht vertretbar ist es, die Unfriedlichkeit mit einer Strafrechtswidrigkeit gleichzusetzen. Vergleichen Sie dazu ggf. noch einmal die Argumentation im Fall „Uniformverbot“.

2. Eingriff

Infolge der Auflösung haben sich die Versammlungsteilnehmer, also auch M, sofort zu entfernen, §§ 18 Abs. 1, 13 Abs. 2 VersG. Aufgrund dieser Rechtspflicht ist eine Fortsetzung der Versammlung nicht möglich. Der Schutzbereich ist daher nachteilig betroffen. Ein Eingriff liegt vor.

3. Verfassungsrechtliche Rechtfertigung

Der Eingriff ist verfassungsrechtlich gerechtfertigt, wenn Art. 8 Abs. 1 GG unter dem Vorbehalt eines einschränkenden Gesetzes steht und dieses sowie der darauf beruhende Einzelakt selbst verfassungsmäßig sind.

a) Gesetzesvorbehalt

Gemäß Art. 8 Abs. 2 GG kann die Versammlungsfreiheit unter freiem Himmel durch oder aufgrund eines Gesetzes beschränkt werden (einfacher Gesetzesvorbehalt). Als den Vorbehalt ausfüllendes Gesetz kommt hier § 15 Abs. 3 VersG in Betracht. Danach kann die Polizei eine Versammlung u. a. dann auflösen, wenn die Voraussetzungen zu einem Verbot nach Absatz 1 vorliegen, wenn also nach erkennbaren Umständen die öffentliche Sicherheit bei Fortsetzung der Versammlung unmittelbar gefährdet ist.

b) Verfassungsmäßigkeit des § 15 Abs. 3 VersG

aa) Formelle Verfassungsmäßigkeit

Die Gesetzgebungszuständigkeit des Bundes für den Erlass des § 15 Abs. 3 VersG ergab sich aus Art. 74 Abs. 1 Nr. 3 a. F., Art. 72 Abs. 2 GG. Fehler beim Gesetzgebungsverfahren und bei der Form liegen nicht vor. Die Vorschrift ist formell verfassungsmäßig.

bb) Materielle Verfassungsmäßigkeit

§ 15 Abs. 3 VersG ist materiell verfassungsmäßig, wenn die Anforderungen des Art. 19 Abs. 1 und 2 GG sowie des Rechtsstaatsprinzips erfüllt sind.

(1) Anforderungen des Art. 19 Abs. 1 und 2 GG

§ 15 Abs. 3 VersG regelt eine unbestimmte Anzahl von Fällen mit einer unbestimmten Anzahl von Personen und verstößt deshalb nicht gegen das Einzelfallgesetzverbot, Art. 19 Abs. 1 Satz 1 GG. Das Zitiergebot in Art. 19 Abs. 1 Satz 2 GG wurde beachtet, § 20 VersG. Ein Verstoß gegen die Wesensgehaltsgarantie liegt nicht vor, Art. 19 Abs. 2 GG. Die Anforderungen des Art. 19 Abs. 1 und 2 GG wurden erfüllt.

(2) Verhältnismäßigkeit

§ 15 Abs. 3 VersG verfolgt den Zweck, die Abwehr von Gefahren zu ermöglichen, die von einer Versammlung ausgehen. Dieser Zweck ist legitim.
Die Ermächtigung, eine Versammlung ggf. aufzulösen mit der Folge, dass sich die Versammlungsteilnehmer zu entfernen haben, fördert diesen Zweck. Daher ist § 15 Abs. 3 VersG zur Gefahrenabwehr auch geeignet. Die Auflösung einer Versammlung wird nach § 15 Abs. 3 VersG in das Ermessen der Polizei gestellt. Diese kann daher im Einzelfall von einer Auflösung absehen oder gegenüber der Auflösung mildere Mittel (sog. Minusmaßnahmen) ergreifen. Dadurch ist gewährleistet, dass die Polizei die Auflösung nur dann verfügt, wenn es im Einzelfall keine gleich geeigneten, milderen Mittel gibt. Insoweit ist die Ermächtigung auch erforderlich. Gegenüber dem Zweck einer Auflösung aus dem Grund, unmittelbare Gefahren für die öffentliche Sicherheit abzuwenden, steht die Ermächtigung zur Beschränkung der Versammlungsfreiheit auch unter Berücksichtigung des hohen Wertes der Versammlungsfreiheit für die Demokratie nicht außer Verhältnis. § 15 Abs. 3 VersG ist, soweit er zu einer Auflösung aufgrund einer unmittelbaren Gefährdung der öffentlichen Sicherheit ermächtigt, verhältnismäßig.

(3) Bestimmtheit

Die Vorschrift ist so bestimmt, wie es mit Rücksicht auf den Normzweck möglich ist.

cc) Ergebnis

§ 15 Abs. 3 VersG ist formell und materiell verfassungsmäßig und damit eine taugliche Eingriffsermächtigung für die Beschränkung der Versammlungsfreiheit.

c) Verfassungsmäßigkeit der Auflösungsverfügung

Die Auflösungsverfügung müsste verhältnismäßig und hinreichend bestimmt sein.

aa) Verhältnismäßigkeit

Verhältnismäßig ist sie dann, wenn sie einen legitimen Zweck verfolgt und zur Zweckerreichung geeignet, erforderlich und angemessen ist.

(1) Legitimer Zweck

Als legitime Zwecke der Auflösung kommen hier der Schutz der Strafrechtsordnung und der Schutz von Individualrechtsgütern in Betracht.

Als Schutzgut der öffentlichen Sicherheit kommt hier die Unverletzlichkeit der Strafrechtsordnung in Gestalt des § 240 StGB in Betracht[99]. Danach macht sich derjenige strafbar, der einen anderen Menschen mit Gewalt zu einer Handlung, Duldung oder Unterlassung nötigt, vorausgesetzt, die Anwendung der Gewalt zu dem angestrebten Zweck ist verwerflich, § 240 Abs. 2 StGB. Ob eine Nötigungshandlung – unbeschadet der tatbestandlichen Voraussetzungen – verwerflich ist, kann nicht ohne Blick auf den mit ihr verfolgten Zweck festgestellt werden. Dabei ist zum einen zu berücksichtigen, dass mit der Ausübung der Versammlungsfreiheit häufig unvermeidbar eine gewisse nötigende Wirkung durch Behinderungen Dritter verbunden ist. Derartige Zwangswirkungen sind, sofern sie als sozial-adäquate Nebenfolgen mit rechtmäßigen Demonstrationen verbunden sind, durch Art. 8 Abs. 1 GG gerechtfertigt und entsprechen dem Selbstbestimmungsrecht der Grundrechtsträger hinsichtlich Ziel, Gegenstand, Ort, Zeitpunkt und Art der Versammlung[100]. Zu berücksichtigen ist bei der Auslegung der Verwerflichkeitsklausel darüber hinaus, dass eine Strafandrohung ein übermäßiges Risiko bei der Verwirklichung des Versammlungszwecks darstellt. Eine weite Auslegung der Verwerflichkeitsklausel würde daher faktisch zu einer Verminderung von Versammlungen führen. Auch das spricht dafür, die Verwerflichkeit einer Nötigung nur dann zu bejahen, wenn Rechtsgüter Dritter oder der Allgemeinheit gegenüber der Versammlungsfreiheit überwiegen[101].

Die Versammlungsteilnehmer wollten mit der Blockade der Zufahrt Aufmerksamkeit für ihren Protest gegen die Zerstörung der Biotope erzeugen. Insofern war die Blockade der Zufahrt nicht Selbstzweck, sondern Mittel, um das kommunikative Anliegen wirkungsvoll in Szene zu setzen und dadurch am Prozess der öffentlichen Meinungsbildung stärker teilzuhaben, als das ohne die durch die Blockadeaktion verursachte Aufmerksamkeit der Fall gewesen wäre. Hinzu kommt, dass die Blockade nur für kurze Dauer vorgesehen war. Das ging aus dem Flugblatt hervor, das vor der Blockade verteilt worden war und auch der Polizei vorlag. Zum Zeitpunkt der Auflösungsverfügung war in der Tat gerade erst eine halbe Stunde verstrichen. Der Zweck der Versammlung bestand nicht in der dauerhaften Stilllegung der Baustelle, sondern lediglich im Ausdruck symbolischen Protests. Hinzu kommt, dass die Mehrzahl der Fahrzeuge, die durch die Blockade des Haupttores aufgehalten wurden, ihre Fahrtziel über ein anderes Tor erreichen konnten. Der Lastwagen, der das Baugebiet nicht über eine Aus-

99 Vgl. *BVerfG*, Beschl. v. 24. 10. 2001 – 1 BvR 1190/90 – Absatz-Nr. 56, 58 ff.
100 Vgl. *BVerfG*, Beschl. v. 24. 10. 2001 – 1 BvR 1190/90 – Absatz-Nr. 51, 60.
101 Vgl. *BVerfG*, Beschl. v. 24. 10. 2001 – 1 BvR 1190/90 – Absatz-Nr. 56 ff.

weichstrecke erreichen konnte, sollte dort nur Bodenaushub abholen. Diese Aufgabe ist regelmäßig nicht so dringlich, dass durch die Verzögerung ein erheblicher wirtschaftlicher Schaden hätte entstehen können. Der Führer dieses Lastwagens hatte es dementsprechend auch nicht eilig. Darüber hinaus ist zu berücksichtigen, dass die Versammlung angemeldet war. Die Polizei konnte daher im Benehmen mit dem betroffenen Eigentümer bzw. Bauherren Vorsorge gegen die zu erwartenden Behinderungen treffen. Aus diesen Gründen war die Blockade sozial erträglich und die Nötigungshandlung, wenn man das Vorliegen von Gewalt bejahen würde, jedenfalls nicht verwerflich i. S. d. § 240 Abs. 2 StGB[102]. Im Zeitpunkt der Auflösungsverfügung lag daher insoweit kein Verstoß gegen die öffentliche Sicherheit vor.

Da die Aktion nur zu einer kurzfristigen Blockade des Haupttores führen und der Baubetrieb nur symbolisch eingestellt werden sollte, kann auch keine Rede davon sein, dass eine Strafbarkeit der Versammlungsteilnehmer nach § 240 StGB unmittelbar bevorstand. Auch ohne das Einschreiten der Polizei wäre die Aktion kurzfristig freiwillig beendet worden.

Die Auflösungsverfügung war daher objektiv nicht auf den Schutz der Strafrechtsordnung gerichtet[103].

Als Schutzgut der öffentlichen Sicherheit kommen Individualrechtsgüter in Betracht, namentlich die Fortbewegungsfreiheit der an der Straßennutzung gehinderten Kraftfahrzeugführer, die Freiheit der beruflichen Betätigung und das Recht des Bauherrn an einer ungestörten Nutzung seines Grundstücks. Diese Rechtsgüter sind durch die Aktion des Bündnisses betroffen. Insoweit diente die Auflösungsverfügung einem legitimen Zweck.

(2) Eignung

Die Auflösung förderte den Zweck, die durch die Blockade ausgelöste Behinderung der Kraftfahrzeugführer, der beruflichen Betätigung und des Rechts des

102 Ein anderes Ergebnis hinsichtlich der unmittelbar bevorstehenden Begehung einer Straftat nach § 240 StGB ist im Ergebnis vertretbar, wenn auch aus verfassungsrechtlicher Sicht alles andere als überzeugend.

103 Vertretbar erscheint auch, bei der Prüfung des legitimen Zwecks auf die (subjektive) Intention der handelnden Beamten abzustellen. Das würde aber bedeuten, dass Zwecke vorgeschoben werden könnten, um repressive Maßnahmen im Nachhinein zu legitimieren, und zwar selbst dann, wenn offensichtlich eine Strafverfolgung mangels Straftat nicht in Betracht kommt. Überzeugend ist es daher nicht, zu behaupten, eine Maßnahme würde dem Schutz der Strafrechtsordnung dienen, wenn gar keine Straftat begangen wurde. Wenn Sie den legitimen Zweck hier bejahen, müssten Sie sich entsprechend ausführlich mit der Angemessenheit der Auflösungsverfügung auseinandersetzen. Entscheidend ist, dass die Unverhältnismäßigkeit der Maßnahme gesehen wird.

Bauherrn an einer ungestörten Nutzung des Grundstücks zu beenden. Die Verfügung war daher geeignet.

(3) Erforderlichkeit

Mildere, ebenso effektive Mittel zur Zweckerreichung waren nicht gegeben, nachdem die Polizei die Teilnehmer der Versammlung vergeblich auf die Strafbarkeit des Verhaltens aufmerksam gemacht hatte. Die Auflösung war daher auch erforderlich.

(4) Angemessenheit

Die Schwere des Eingriffs in die Versammlungsfreiheit des M dürfte nicht außer Verhältnis zu dem damit verfolgten Zweck stehen. Die Auflösung der Versammlung führt dazu, dass M gehindert ist, auf medienwirksame Weise seine Auffassung über die Bebauung des Geländes und die Zerstörung wertvoller Biotope kollektiv zum Ausdruck zu bringen. Das wiegt umso schwerer, als die Versammlungsfreiheit elementarer Bestandteil der freiheitlich demokratischen Grundordnung ist, die ohne dieses Grundrecht nicht funktionsfähig wäre. Die Versammlungsfreiheit ermöglicht es Minderheiten, ihre Meinungen so öffentlichkeitswirksam an das Publikum zu bringen, dass sie mehrheitsfähig werden. Insofern dient die Versammlungsfreiheit nicht nur dem einzelnen Grundrechtsträger, sondern dem Schutz eines darüber hinausgehenden Gemeinschaftsguts. Dieser Bedeutung gegenüber erscheint das Interesse Einzelner an der uneingeschränkten Fortbewegungsfreiheit jedenfalls dann weniger schutzwürdig, wenn es sich nur um eine kurzzeitige Beeinträchtigung handelt. Jede andere Auslegung hätte eine unangemessene Beschränkung der Versammlungsfreiheit zur Folge, zumal mit der Ausübung des Versammlungsrechts häufig unvermeidbar gewisse Behinderungen Dritter verbunden sind. Die Auflösung war daher nicht angemessen.

4. Ergebnis

Die Auflösung der Versammlung ist unverhältnismäßig. Der darin liegende Eingriff in die Versammlungsfreiheit ist verfassungsrechtlich nicht gerechtfertigt. M ist durch die Auflösungsverfügung in seinem Grundrecht auf Versammlungsfreiheit verletzt.

Verletzung des M in seinem Grundrecht aus Art. 2 Abs. 2 Satz 2 GG

M könnte durch das Festhalten in seinem Grundrecht aus Art. 2 Abs. 2 Satz 2 GG verletzt sein.

1. Betroffenheit des Schutzbereichs

Art. 2 Abs. 2 Satz 2 GG schützt die Freiheit der Person. Man versteht darunter die körperliche Bewegungsfreiheit, also auch die Entscheidung, an einem bestimmten Ort zu verweilen. Infolge des Festhaltens kann M diese Freiheit nicht mehr betätigen. Die Maßnahme hat daher Auswirkungen auf das geschützte Verhalten.

2. Eingriff

Die Auswirkungen auf die Freiheit des M sind nachteilig. Ein Eingriff liegt vor.

3. Verfassungsrechtliche Rechtfertigung

a) Gesetzesvorbehalt

Die Freiheit der Person kann gemäß Art. 2 Abs. 2 Satz 3 GG aufgrund eines Gesetzes beschränkt werden, das die besonderen Anforderungen des Art. 104 GG erfüllt (qualifizierter Gesetzesvorbehalt).

b) Verfassungsmäßigkeit des einschränkenden Gesetzes

Als den Vorbehalt ausfüllendes Gesetz könnte hier § 163b StPO in Betracht kommen. Danach können Beamte des Polizeidienstes die zur Feststellung der Identität erforderlichen Maßnahmen treffen, wenn jemand einer Straftat verdächtig ist. Wie gezeigt, hat M keine Straftat begangen. § 163b StPO ist daher keine taugliche Rechtsgrundlage für die Identitätsfeststellung.
Rechtsgrundlage könnte aber § 11 Abs. 1 Nr. 1, Abs. 2 Nr. 5 BremPolG[104] sein, wonach die Polizei die Identität einer Person zur Abwehr einer Gefahr dadurch

104 § 12 Abs. 1, Abs. 2 Satz 3 PolG NW, § 26 Abs. 1 Nr. 1, Abs. 2 Satz 3 PolG BW, Art. 13 Abs. 1 Nr. 1, Abs. 2 Satz 3 BayPAG, § 21 Abs. 2, Abs. 3 Satz 3 ASOG Bln, § 12 Abs. 1 Nr. 1, Abs. 2 Satz 3 BbgPolG, § 12 HmbSOG, § 18 Abs. 1, Abs. 4 HSOG, § 29 Abs. 1 Satz 1, Abs. 3 SOG MV, § 13 Abs. 1 Nr. 1, Abs. 2 Satz 2 Nds.SOG, § 10 Abs. 1 Satz 1, Abs. 2 Satz 3 POG RP, § 9 Abs. 1, Abs. 2 Nr. 4 SPolG, § 19 Abs. 1 Nr. 1, Abs. 2 Satz 3 SächsPolG, § 20 Abs. 1, Abs. 4 SOG LSA, § 181 Abs. 1 Satz 1, Abs. 3 Satz 2 LVwG SH, § 14 Abs. 1 Nr. 1, Abs. 2 Satz 3 ThürPAG.

feststellen darf, dass sie die Person festhält[105]. Als Rechtsgrundlage kommt diese Vorschrift allerdings nur dann in Betracht, wenn zum Zeitpunkt der Maßnahme keine von Art. 8 Abs. 1 GG geschützte Versammlung mehr vorlag. Das war hier der Fall, nachdem der Sprecher des Aktionsbündnisses die Versammlung zuvor für beendet erklärt hatte. § 11 Abs. 1 Nr. 1, Abs. 2 Nr. 5 BremPolG ist daher taugliche Rechtsgrundlage für das Festhalten zum Zweck der Identitätsfeststellung.

aa) Formelle Verfassungsmäßigkeit

Die Gesetzgebungszuständigkeit der Freien Hansestadt Bremen für den Erlass des § 11 Abs. 1 Nr. 1, Abs. 2 Nr. 5 BremPolG ergibt sich aus Art. 70 GG. Fehler im Gesetzgebungsverfahren und bei der Form liegen nicht vor. § 11 Abs. 1 Nr. 1, Abs. 2 Nr. 5 BremPolG ist formell verfassungsmäßig.

bb) Materielle Verfassungsmäßigkeit

(1) Anforderungen des Art. 19 Abs. 1 und 2 GG

Ein Verstoß der Rechtsgrundlage gegen das Einzelfallgesetzverbot und die Wesensgehaltsgarantie liegt nicht vor. Dem Zitiergebot wurde in § 9 BremPolG[106] Rechnung getragen. Die Anforderungen des Art. 19 Abs. 1 und 2 GG sind erfüllt.

(2) Anforderungen des Rechtsstaatsprinzips

Die Ermächtigung, eine Person zum Zweck der Identitätsfeststellung festzuhalten, verfolgt den Zweck der Gefahrenabwehr. Dieser Zweck ist legitim, § 1 Abs. 1 BremPolG[107]. Die Ermächtigung erweitert die polizeilichen Befugnisse. Durch die Feststellung der Identität können die Voraussetzungen für weitere Maßnahmen zur Gefahrenabwehr geschaffen werden. Die Ermächtigung ist daher zur Zweckerreichung geeignet. Das Festhalten einer Person zum Zweck der Identitätsfeststellung ist gemäß § 11 Abs. 5 BremPolG nur dann gestattet, wenn die Identität auf andere, den Störer weniger belastende Weise nicht möglich ist. Die Ermächtigung greift damit nur dann ein, wenn mildere, gleich geeignete Mittel

105 Auch diese Rechtsgrundlage ist sehr problematisch, weil der Schutz der Versammlungsfreiheit über die Beendigung der Versammlung hinaus geht. Auch die Abreise wird erfasst. Aus diesem Grund könnte man vertreten, dass eine Anwendung des Polizeirechts gesperrt ist. Verfasser, die das erkennen, würden zu dem Ergebnis kommen müssen, dass keine taugliche Ermächtigungsgrundlage vorhanden ist und schon insoweit eine Grundrechtsverletzung vorliegt.

106 § 7 PolG NW, § 4 PolG BW, Art. 74 BayPAG, § 66 ASOG Bln, § 8 BbgPolG, § 31 HmbSOG, § 10 HSOG, § 78 SOG MV, § 10 Nds.SOG, § 8 POG RP, § 7 SPolG, § 79 SächsPolG, § 11 SOG LSA, § 247 LVwG SH, § 11 ThürPAG.

107 § 1 Abs. 1 PolG NW, § 1 Abs. 1 PolG BW, Art. 2 Abs. 1 BayPAG, § 1 Abs. 1 ASOG Bln, § 1 Abs. 1 BbgPolG, § 1 Abs. 1 HmbSOG, § 1 Abs. 1 HSOG, § 1 Abs. 1 SOG MV, § 1 Abs. 1 Nds.SOG, § 1 Abs. 1 POG RP, § 1 Abs. 1 SPolG, § 1 Abs. 2 SächsPolG, § 1 Abs. 1, 2 Abs. 1 SOG LSA, § 162 Abs. 1 LVwG SH, § 2 Abs. 1 ThürPAG.

zur Zweckerreichung nicht gegeben sind. Die Ermächtigung ist daher auch erforderlich. § 11 Abs. 1 Nr. 1, Abs. 2 Nr. 5 BremPolG ermächtigt nur zu einer kurzzeitigen Beschränkung der Fortbewegungsfreiheit. Gemessen an dem damit verfolgten Zweck, die Identität einer Person zur Vorbereitung weiterer Maßnahmen der Gefahrenabwehr zu ermitteln, steht demgegenüber nicht außer Verhältnis. Die Ermächtigung ist daher auch angemessen. § 11 Abs. 1 Nr. 1, Abs. 2 Nr. 5 BremPolG ist verhältnismäßig.
Die Vorschrift ist auch hinreichend bestimmt.

(3) Anforderungen des Art. 104 Abs. 1 GG

§ 11 Abs. 1 Nr. 1, Abs. 2 Nr. 5 BremPolG ermächtigt zu Freiheits*beschränkungen*, die gemäß Art. 104 Abs. 1 GG nur durch förmliches Gesetz zulässig sind. Bei dem Polizeigesetz handelt es sich um ein förmliches Gesetz. Die Anforderungen der Qualifikation sind daher erfüllt.

cc) Ergebnis

§ 11 Abs. 1 Nr. 1, Abs. 2 Nr. 5 BremPolG ist formell und materiell verfassungsmäßig und erfüllt die Anforderungen an die Qualifikation.

c) Verfassungsmäßigkeit des Festhaltens

Die Ermöglichung der Strafverfolgung scheidet als legitimer Zweck des Festhaltens wie gezeigt aus, da das Verhalten des M nicht strafbar ist. Als legitimer Zweck kommt daher nur die Gefahrenabwehr in Betracht, soweit M durch sein Verhalten den Straßenverkehr und die Eigentumsnutzung des Bauherrn behindert. Diese Interessen gehören zu den Schutzgütern der öffentlichen Sicherheit. Ein legitimer Zweck wird daher verfolgt.
Das Festhalten zum Zweck der Identitätsfeststellung müsste den Zweck der Gefahrenabwehr für diese Rechtsgüter fördern. Das Festhalten fördert die Identitätsfeststellung, die ihrerseits Voraussetzung für weitere Maßnahmen ist. Insofern ist das Festhalten geeignet.
Erforderlich ist die Maßnahme dann, wenn es keine gleich geeigneten, milderen Mittel zur Zweckerreichung gibt. Schon das Gesetz sieht als mildere Mittel das Anhalten oder Befragen des Störers vor, § 11 Abs. 2 Nr. 1 bis 4 BremPolG. Aus der Tatsache, dass die Polizei den M nach Beendigung der Versammlung kurzerhand festhielt, geht hervor, dass mildere Mittel vor dem Festhalten nicht eingesetzt wurden. Die Tatsache, dass sich M widerstandslos festhalten ließ, spricht dafür, dass er auch der Aufforderung, die Ausweispapiere auszuhändigen, freiwillig nachgekommen wäre. Aus diesen Gründen war das Festhalten des M nicht erforderlich. Die Maßnahme ist unverhältnismäßig.

4. Ergebnis

Der Eingriff in die Freiheit der Person ist verfassungsrechtlich nicht gerechtfertigt. Durch das Festhalten wurde M in seinem Grundrecht aus Art. 2 Abs. 2 Satz 2 GG verletzt.

I. Boykottaufruf

🕮 Sachverhalt

F ist aktives Mitglied des „Foodwatch e. V.“, einem Verein, der Lebensmittel testet und ggf. auf Missstände wie versteckte Zusatzstoffe, verschleierte Pestizidrückstände in Obst und Gemüse, umetikettierte Schlachtabfälle und nicht zuletzt auf verlogene Landidyllen auf Milch- und Eierverpackungen aufmerksam macht[108]. Anfang November 2005 legt der „Foodwatch e. V.“ die Ergebnisse einer wissenschaftlichen Untersuchung von Spekulatius auf das krebsverdächtige Acrylamid vor, die zeigen, dass zwar acht der neun getesteten Spekulatius weniger stark belastet waren als im Vorjahr, dass sich aber enorme Unterschiede zwischen den Produkten herausgestellt hätten. Die am höchsten belasteten Gewürzspekulatius enthielten zehn Mal so viel Acrylamid wie die am geringsten belasteten Spekulatius.

F und drei Dutzend weitere Mitglieder des Vereins nehmen das zum Anlass, am Samstag, den 19. 11. 2005 um 12.00 Uhr, in der Sögestraße zu erscheinen und in unmittelbarer Nähe eines namhaften Traditionscafes gegen die Missstände Alarm zu schlagen. F hält dabei ein 1,50 m hohes Pappschild in Gestalt eines Riesenspekulatius empor, auf dem vorne und hinten kontrastreich ein Totenkopf-Symbol mit der Aufschrift „Risikofaktor Acrylamid“ und dem Zusatz „Bloß nicht kaufen!“ zu lesen ist. Ein anderes Mitglied steht auf einem kleinen Podest und hält eine Rede nach der anderen zum Thema Lebensmittelreinheit. Zusätzlich werden Informationsbroschüren verteilt. Die Kampagne ruft so reges Interesse hervor, dass ein ungehindertes Durchkommen für Passanten kaum möglich ist. Die Informationsbroschüren finden reißenden Absatz, anders als die Spekulatius, die das Traditionscafe an einem extra dafür eingerichteten Verkaufsstand anbietet. Der Betreiber des Cafes wendet sich an die Polizei, nachdem die Veranstaltung nach einer Stunde immer noch kein Ende genommen hat, und beklagt Umsatzeinbußen. Seiner Auffassung nach würde er durch den Boykottaufruf vorsätzlich und

108 Diesen nützlichen Verein gibt es tatsächlich. Er hat in der Vergangenheit nicht nur auf die Belastungen von Kartoffelchips, Pommes Frites und Spekulatius mit Acrylamid aufmerksam gemacht, sondern befasst sich auch mit anderen Themen rund um die Lebensmittelreinheit. Die hier geschilderte Aktion ist allerdings frei erfunden.

sittenwidrig geschädigt. Seine Spekulatius seien absolut einwandfrei, trotzdem würden die Kunden aufgrund der Verunsicherung nicht wie gewohnt zugreifen.

Die Polizei fordert F, der erklärt hatte, dass die Kampagne noch eine Stunde fortgesetzt werden solle, auf, das Schild mit dem Boykottaufruf zu entfernen. Als F darauf hinweist, dass es doch wohl erlaubt sein müsse, auf Missstände hinzuweisen, und sich weigert, das Schild abzulegen, löst die Polizei die Veranstaltung auf. Zur Begründung führt sie an, die Auflösung sei schon deshalb gerechtfertigt, weil die Veranstaltung nicht angemeldet sei. Im Übrigen ginge es nicht an, dem Traditionscafe das Geschäft zu verderben. F entgegnet, eine Anmeldung sei nicht möglich gewesen, weil sich die Mitglieder erst am Donnerstag Abend entschieden hätten, die Kampagne schon vor dem ersten Advent zu starten. Abgesehen davon müsse sich jeder, der Spekulatius verkaufe, eine kritische Auseinandersetzung gefallen lassen, auch wenn das zu Umsatzeinbußen führe. Die Verbraucher hätten ein Recht darauf zu erfahren, was in den Keksen stecke. Die Polizei entgegnet, die Unterschreitung der Anmeldungsfrist entbinde nicht von der Anmeldung.

Wird F durch die Aufforderung, das Schild zu entfernen, und durch die anschließende Auflösung der Veranstaltung in seinen Grundrechten verletzt?

Bearbeitervermerk: Art. 5 GG ist nicht zu prüfen.

✔ Falllösung[109]

I. Verletzung des F in seinem Grundrecht aus Art. 8 Abs. 1 GG durch die Aufforderung, das Schild abzulegen

1. Betroffenheit des Schutzbereichs

Art. 8 Abs. 1 GG schützt die friedliche und waffenlose Versammlung Deutscher. Die Auflösung der Veranstaltung müsste Auswirkungen auf dieses Verhalten haben.

a) Deutscher

F ist mangels anderer Angaben im Sachverhalt deutscher Staatsangehöriger. Der persönliche Schutzbereich ist daher betroffen.

109 Der Fall behandelt die Grenzziehung zwischen der Versammlungsfreiheit und privaten Rechten, die durch die Art und Weise der Versammlung oder durch den Inhalt der verbreiteten Äußerungen oft zwangsläufig betroffen werden. Beispiele dafür sind Demonstrationen, die sich gegen bestimmte Produkte oder bestimmte Hersteller richten („Kauft keine Pelze, kein Tropenholz, keine Eier aus Legebatterien!"). Sie wissen, dass zu den Aufgaben der Vollzugspolizei auch der Schutz privater Rechte gehört, falls deren Durchsetzung ohne polizeiliche Hilfe vereitelt oder wesentlich erschwert würde. Die Frage, ob private Rechte betroffen sind, muss daher notgedrungen geklärt werden. Das Problem des Falles können Sie nur dann vollständig erfassen, wenn Sie sich im Zivilrecht schon einen Überblick verschafft haben. Wenn das noch nicht der Fall ist, soll Sie das aber auch nicht entmutigen, eine Lösung zu versuchen.

b) Versammlung

Unter einer Versammlung versteht man das Zusammentreffen mehrerer Personen zum Zweck der gemeinsamen Willensbildung und Willensäußerung. Geschützt sind dabei nicht allein Veranstaltungen, bei denen Meinungen in verbaler Form kundgegeben werden, sondern auch solche, bei denen die Teilnehmer ihre Meinungen zusätzlich oder ausschließlich auf andere Art und Weise zum Ausdruck bringen. Unter einer Meinung versteht man Werturteile. Bei den Mitgliedern des „Foodwatch e. V.", die sich am 19. 11. 2005 in der Innenstadt einfinden, handelt es sich um mehrere Personen. Zweck des Treffens ist es, auf Missstände bei der Herstellung von Lebensmitteln, insbesondere auf die in dem jüngsten Test nachgewiesenen Acrylamid-Rückstände in Spekulatius hinzuweisen und die Bevölkerung von einem Kauf dieses Gebäcks abzuhalten. Darin kommt die subjektive Auffassung der Teilnehmer zum Ausdruck, dass es aufgrund der damit verbundenen Risiken für die Gesundheit besser sei, auf den Genuss von Spekulatius zu verzichten. Das von F dabei mitgeführte Pappschild symbolisiert diese Aussage, indem auf die möglichen Folgen einer Erkrankung infolge der Aufnahme von Acrylamid hingewiesen wird. Die Teilnehmer der Kampagne, die diese zusammen vorbereitet haben, sind daher durch eine gemeinsame Meinungsäußerung verbunden. Eine Versammlung i. S. d. Art. 8 Abs. 1 GG liegt damit vor.

c) Friedlichkeit/Waffenlosigkeit

Art. 8 Abs. 1 GG schützt nur friedliche Versammlungen. Unfriedlich ist eine Versammlung dann, wenn sie einen gewalttätigen oder aufrührerischen Verlauf nimmt. Das ist erst dann der Fall, wenn es zu aggressiven, nicht unerheblichen körperlichen Einwirkungen auf Personen oder Sachen kommt oder wenn zum aktiven Widerstand gegen Vollstreckungsbeamte aufgerufen wird. Eine Unfriedlichkeit in diesem Sinne liegt hier nicht vor. Die Versammlung ist daher friedlich. Die Versammlung dürfte auch nicht mit Waffen stattgefunden haben. Unter Waffen i. S. d. Art. 8 Abs. 1 GG versteht man nicht nur Waffen im technischen Sinn, sondern alle Gegenstände, die nach ihrer Beschaffenheit und der Art und Weise der beabsichtigten Verwendung geeignet sind, Personen- oder Sachschäden herbeizuführen. Weder F noch die anderen Teilnehmer führten Gegenstände zu diesem Zweck mit. Die Versammlung fand auch ohne Waffen statt.

d) Auswirkungen der Aufforderung auf den Schutzbereich

Die Aufforderung der Polizei an F, das Pappschild zu entfernen, führte dazu, dass die kollektive Meinung nicht mehr mit allen zur Verfügung stehenden Kommunikationsmitteln geäußert werden konnte. Die Aufforderung hatte daher Auswirkungen auf das geschützte Verhalten.

e) Ergebnis

Der Schutzbereich der Versammlungsfreiheit des F ist durch die Aufforderung, das Transparent zu entfernen, betroffen.

2. Eingriff

Die Maßnahme der Polizei führte dazu, dass F sein Grundrecht aus Art. 8 Abs. 1 GG nicht in der beabsichtigten Weise und unter Zuhilfenahme der von ihm gewünschten Kommunikationsformen ausüben konnte. Der Schutzbereich ist daher nachteilig betroffen. Ein Eingriff liegt vor.

3. Verfassungsrechtliche Rechtfertigung

a) Gesetzesvorbehalt

Gemäß Art. 8 Abs. 2 GG kann die Versammlungsfreiheit unter freiem Himmel durch oder aufgrund eines Gesetzes beschränkt werden (einfacher Gesetzesvorbehalt). Als den Vorbehalt ausfüllendes Gesetz kommt hier § 15 Abs. 3 VersG in Betracht. Nach dem Wortlaut dieser Vorschrift kann die Polizei eine Versammlung *auflösen*, wenn einer der dort genannten Auflösungsgründe gegeben ist. Wenn der Gesetzgeber der Polizei aber sogar die Befugnis gibt, eine Versammlung aufzulösen, dann ist damit erst recht die Befugnis eingeschlossen, bei Vorliegen der tatbestandlichen Voraussetzungen eine hinter der Auflösung an Eingriffsintensität zurückbleibende Verfügung zu erlassen[110], soweit dafür keine andere Rechtsgrundlage in Betracht kommt. Das Versammlungsgesetz enthält keine Rechtsgrundlage für eine entsprechende Beschränkung der Versammlungsfreiheit während einer Versammlung. Aus dem Bremischen Polizeigesetz können sich aufgrund der Polizeifestigkeit des Versammlungsrechts keine Rechtsgrundlagen für Eingriffe in Art. 8 Abs. 1 GG ergeben[111]. Richtige Rechtsgrundlage für die Aufforderung gegenüber F ist daher § 15 Abs. 3 VersG.

110 Sog. Minusmaßnahme. Dazu eingehend: Dietl/Gintzel/Kniesel, Demonstrations- und Versammlungsfreiheit, § 15 Rn. 138 ff.; Brenneisen/Wilksen, Versammlungsrecht, S. 199.

111 Vgl. nur § 9 BremPolG, in dem Art. 8 Abs. 1 GG als beschränktes Grundrecht nicht genannt ist.

b) Verfassungsmäßigkeit des § 15 Abs. 3 VersG

aa) Formelle Verfassungsmäßigkeit

Die Gesetzgebungszuständigkeit des Bundes für den Erlass des § 15 Abs. 3 VersG ergab sich aus Art. 74 Abs. 1 Nr. 3 a. F., Art. 72 Abs. 2 GG. Fehler beim Gesetzgebungsverfahren und bei der Form liegen nicht vor. Die Vorschrift ist formell verfassungsmäßig.

bb) Materielle Verfassungsmäßigkeit

§ 15 Abs. 3 VersG ist materiell verfassungsmäßig, wenn die Anforderungen des Art. 19 Abs. 1 und 2 GG sowie des Rechtsstaatsprinzips erfüllt sind.

(1) Anforderungen des Art. 19 Abs. 1 und 2 GG

§ 15 Abs. 3 VersG regelt eine unbestimmte Anzahl von Fällen mit einer unbestimmten Anzahl von Personen und verstößt deshalb nicht gegen das Einzelfallgesetzverbot, Art. 19 Abs. 1 Satz 1 GG. Das Zitiergebot in Art. 19 Abs. 1 Satz 2 GG wurde beachtet, § 20 VersG. Ein Verstoß gegen die Wesensgehaltsgarantie liegt nicht vor, Art. 19 Abs. 2 GG. Die Anforderungen des Art. 19 Abs. 1 und 2 GG wurden erfüllt.

(2) Verhältnismäßigkeit

§ 15 Abs. 3 VersG verfolgt den Zweck, die Abwehr von Gefahren zu ermöglichen, die von einer Versammlung ausgehen. Dieser Zweck ist legitim. Die Ermächtigung, eine Versammlung ggf. aufzulösen mit der Folge, dass sich die Versammlungsteilnehmer zu entfernen haben, einschließlich der darin enthaltenen Ermächtigung, ggf. eine hinter der Auflösung zurückbleibende Maßnahme zu treffen, fördert diesen Zweck. Daher ist § 15 Abs. 3 VersG zur Gefahrenabwehr auch geeignet. Die Auflösung einer Versammlung wird nach § 15 Abs. 3 VersG in das Ermessen der Polizei gestellt. Diese kann daher im Einzelfall von einer Auflösung absehen oder gegenüber der Auflösung mildere Mittel (sog. Minusmaßnahmen) ergreifen. Dadurch ist gewährleistet, dass die Polizei die Auflösung nur dann verfügt, wenn es im Einzelfall keine gleich geeigneten, milderen Mittel gibt. Insoweit ist die Ermächtigung auch erforderlich. Gegenüber dem Zweck einer Auflösung aus dem Grund, unmittelbare Gefahren für die öffentliche Sicherheit bei Durchführung der Versammlung abzuwenden, steht die Ermächtigung zur Beschränkung der Versammlungsfreiheit auch unter Berücksichtigung des hohen Wertes der Versammlungsfreiheit für die Demokratie nicht außer Verhältnis. § 15 Abs. 3 VersG ist, jedenfalls soweit er zu einer Auflösung aufgrund einer unmittelbaren Gefährdung der öffentlichen Sicherheit ermächtigt, verhältnismäßig[112].

(3) Bestimmtheit

Die Vorschrift ist so bestimmt, wie es mit Rücksicht auf den Normzweck möglich ist.

cc) Ergebnis

§ 15 Abs. 3 VersG ist formell und materiell verfassungsmäßig und damit eine taugliche Eingriffsermächtigung für die Beschränkung der Versammlungsfreiheit.

c) Verfassungsmäßigkeit der Aufforderung, das Schild zu entfernen

Die Aufforderung, das Schild zu entfernen, müsste verhältnismäßig sein. Das ist dann der Fall, wenn sie einen legitimen Zweck verfolgt und zur Zweckerreichung geeignet, erforderlich und angemessen ist.
Als legitimer Zweck der Aufforderung kommt hier nur die Abwehr von Gefahren für die öffentliche Sicherheit in Betracht, § 15 Abs. 3 i. V. m. § 15 Abs. 1 VersG. Unter öffentlicher Sicherheit versteht man u. a. die Unverletzlichkeit der Rechtsordnung einschließlich der subjektiven Rechte und Rechtsgüter des Einzelnen. Bestandteil der Rechtsordnung ist auch § 826 BGB[113]. Danach macht sich schadensersatzpflichtig, wer in einer gegen die guten Sitten verstoßenden Weise einem anderen vorsätzlich Schaden zufügt. Ob eine Verhaltensweise – unbeschadet der tatbestandlichen Voraussetzungen im Übrigen – gegen die guten Sitten verstößt, kann allerdings nicht ohne Blick auf den mit ihr verfolgten Zweck festgestellt werden. Dabei ist zu berücksichtigen, dass mit der Ausübung kollektiver Meinungsäußerung häufig auch die Auseinandersetzung mit kontroversen Themen verbunden ist. Würde jede Meinungsäußerung, die sich kritisch mit wirtschaftlichen Sachverhalten auseinandersetzt und damit zumindest mittelbar die Ursache für Umsatzeinbußen Dritter setzen kann, bereits als sittenwidrig betrachtet, würde der Einzelne durch die dann drohende Folge des Schadensersatzes von einer kollektiven Meinungsäußerung schnell Abstand nehmen. Dem demokratischen Meinungsäußerungs- und Meinungsbildungsprozess,

112 Sie brauchen sich an dieser Stelle nicht mit der Problematik auseinander zu setzen, ob ein Auflösungsgrund auch dann vorliegt, wenn nur eine Störung der öffentlichen Ordnung festzustellen ist. Denn die öffentliche Ordnung ist hier nicht betroffen. Ebenso geht es hier noch nicht darum, ob die Minusmaßnahme allein deshalb schon getroffen werden kann, weil die Versammlung nicht angemeldet war. Denn dieser Störung kann jedenfalls nicht mit der Aufforderung, das Schild abzulegen, begegnet werden.

113 § 826 BGB lautet: „Wer in einer gegen die guten Sitten verstoßenden Weise einem anderen vorsätzlich Schaden zufügt, ist dem anderen zum Ersatz des Schadens verpflichtet."

der darauf angewiesen ist, dass sich eine Minderheit zum Zweck der Überzeugung anderer Gehör verschafft, wäre das abträglich, weil damit interessierte Dritte von Informationen fern gehalten würden. Die Kontrollfunktion der öffentlichen Meinung, die auf Informationen angewiesen ist, würde dadurch jedenfalls geschwächt. Notwendige gesetzliche Änderungen oder Reaktionen der Exekutive kämen u. U. zu spät. Auch das spricht dafür, die Sittenwidrigkeit einer kollektiven Meinungsäußerung erst dann zu bejahen, wenn Rechtsgüter Dritter oder der Allgemeinheit gegenüber der Versammlungsfreiheit überwiegen[114].

Im vorliegenden Fall trug F ein Schild, dem die durch eine wissenschaftliche Untersuchung belegte Aussage zu entnehmen war, dass Spekulatius mit Acrylamid belastet seien, das im Verdacht steht, Krebs zu erregen. Die Größe und Aufmachung des Schildes, die Darstellung eines Spekulatius mit einem Totenkopf darauf erlaubten es dem F, sein Anliegen wirkungsvoller in Szene zu setzen und damit am Prozess der Meinungsbildung effektiver teilzunehmen, als das durch verbale Äußerungen oder durch die bloße Anwesenheit der Fall gewesen wäre. Das Mitführen von Plakaten, Transparenten und Schildern ist ein legitimes Mittel zur Wahrnehmung der Versammlungsfreiheit, die auch das Stilmittel der Provokation umfasst. Hinzu kommt, dass die Kampagne zu diesem Thema nur am Nachmittag des 19. 11. 2005 und nur für zwei Stunden stattfinden sollte. Lang anhaltende Umsatzeinbußen bei dem Verkauf von Spekulatius infolge der Versammlung waren für den Betreiber des Traditionscafes daher nicht zu befürchten. Aus diesen Gründen war das Mitführen des Schildes sozial verträglich und erfüllt damit nicht die Voraussetzungen, unter denen ein Verhalten als sittenwidrige Schädigung i. S. d. § 826 BGB zu bewerten ist. Die Verfügung der Polizei war daher objektiv nicht auf die Vermeidung einer Schädigung i. S. dieser Vorschrift gerichtet. Insofern war kein Schutzgut der öffentlichen Sicherheit betroffen. Die Verfügung verfolgte insofern keinen legitimen Zweck[115].

114 Vgl. Sie die ähnliche Problematik bei der verfassungskonformen Auslegung der Verwerflichkeitsklausel in § 240 Abs. 2 StGB, Fall „Rettet die Wildnis".

115 Für die Abwägung war entscheidend, dass der Foodwatch e. V. seine Meinung auf der Grundlage wahrer Tatsachen verbreitet hat. Die Abwägung wäre anders ausgefallen, wenn unwahre Behauptungen verbreitet worden wären. In diesem Fall stößt die Meinungsfreiheit und damit auch die Versammlungsfreiheit an ihre Grenzen, vgl. § 186 ff. StGB.

Andere Zwecke, denen die Aufforderung, das Schild zu entfernen, dienen könnte, sind nicht ersichtlich[116]. Die Verfügung war daher unverhältnismäßig. Der Eingriff in die Versammlungsfreiheit des F ist nicht gerechtfertigt.

4. Ergebnis

F ist durch die Aufforderung, das Schild zu entfernen, in seinem Grundrecht aus Art. 8 Abs. 1 GG verletzt.

II. Verletzung des F in seinem Grundrecht aus Art. 8 Abs. 1 GG durch die Auflösung der Veranstaltung

1. Betroffenheit des Schutzbereichs

Bei der Veranstaltung am 19. 11. 2005, an der F teilnimmt, handelt es sich wie gezeigt um eine friedliche und waffenlose Versammlung, i. S. d. Art. 8 Abs. 1 GG. Die Erklärung der Polizei, die Veranstaltung sei jetzt aufgelöst, führte dazu, dass sich die Teilnehmer zu entfernen hatten, §§ 18 Abs. 1, 13 Abs. 2 VersG. Die Verfügung hatte daher Auswirkungen auf die Versammlungsfreiheit. Der Schutzbereich des Art. 8 Abs. 1 GG ist durch die Auflösungsverfügung betroffen.

2. Eingriff

Infolge der Auflösung ist eine Fortsetzung der Versammlung für F nicht möglich. Der Schutzbereich ist daher nachteilig betroffen. Ein Eingriff liegt vor.

3. Verfassungsrechtliche Rechtfertigung

a) Gesetzesvorbehalt

Art. 8 Abs. 2 GG erlaubt die Beschränkung von Versammlungen unter freiem Himmel durch oder aufgrund eines Gesetzes. Als den Vorbehalt ausfüllendes Gesetz kommt hier § 15 Abs. 3 VersG in Betracht, wonach die Polizei eine Versammlung bei Vorliegen eines Auflösungsgrundes auflösen kann.

116 Die Aufforderung verfolgt ersichtlich nicht den Zweck, die Sicherheit und Leichtigkeit des Straßenverkehrs zu schützen oder auf die fehlende Anmeldung zu reagieren. Sie können diese Zwecke zwar schon an dieser Stelle des Gutachtens nennen, müssten dann aber zu dem Ergebnis kommen, dass die Aufforderung jedenfalls nicht geeignet ist, um diese Gefahren abzuwehren. Die Versammlung wird ja durch die Aufforderung, das Schild zu entfernen, nicht beendet.

b) Verfassungsmäßigkeit des § 15 Abs. 3 VersG

aa) Formelle Verfassungsmäßigkeit

§ 15 Abs. 3 VersG ist formell verfassungsmäßig.

bb) Materielle Verfassungsmäßigkeit

(1) Anforderungen des Art. 19 Abs. 1 und 2 GG

§ 15 Abs. 3 VersG erfüllt die Anforderungen des Art. 19 Abs. 1 und 2 GG.

(2) Verhältnismäßigkeit

Soweit § 15 Abs. 3 VersG die Auflösung einer Versammlung aufgrund einer unmittelbaren Gefährdung der öffentlichen Sicherheit bei Fortsetzung der Versammlung erlaubt, ist die Vorschrift wie gezeigt auch verhältnismäßig.
Soweit die Vorschrift dazu ermächtigt, eine Versammlung *allein* wegen Verstoßes gegen die Anmeldungspflicht aufzulösen, bestehen erhebliche Bedenken hinsichtlich der Verhältnismäßigkeit. Die gemäß § 14 VersG vorgeschriebene Anmeldung einer Versammlung soll der Polizei ermöglichen, bereits im Vorfeld der Veranstaltung Maßnahmen zum Schutz der Versammlung und deren Teilnehmern sowie der Rechtsgüter Dritter zu treffen. Diese Zwecke sind legitim. Der Zweck des § 14 VersG besteht aber nicht darin, nicht angemeldete Versammlungen an sich zu unterbinden oder faktisch einen Erlaubnisvorbehalt einzuführen, Art. 8 Abs. 1 GG. Insofern liegt kein legitimer Zweck vor. Zur Erreichung des erstgenannten legitimen Zwecks ist die Ermächtigung zur Auflösung jedenfalls dann geeignet, wenn im konkreten Fall Gefährdungen der Versammlung, der Teilnehmer oder Dritter vorliegen. Mildere, aber gleich effektive Mittel als die Ermächtigung der Auflösung der Versammlung in diesen Fällen gibt es nicht, zumal § 15 Abs. 3 VersG auch sog. Minusmaßnahmen gegenüber einer Beendigung der Veranstaltung erlaubt. Die Ermächtigung ist insoweit auch erforderlich. In den Fällen, in denen Gefahren für die Versammlung, die Teilnehmer oder Dritter vorliegen, ist die Ermächtigung zur Auflösung oder zur Ergreifung eines milderen Mittels auch unter Berücksichtigung der Bedeutung der Versammlungsfreiheit für die Demokratie nicht unangemessen. Bei verfassungskonformer, restriktiver Auslegung ist § 15 Abs. 3 VersG nach allem verhältnismäßig.

(3) Bestimmtheit

Die Vorschrift ist so bestimmt, wie es mit Rücksicht auf den Normzweck möglich ist.

c) Verfassungsmäßigkeit der Auflösung

aa) Legitimer Zweck

Als legitime Zwecke kommen hier der Schutz privater Rechte und der Schutz der Rechtsordnung in Betracht.

Die Auflösung der Versammlung diente der Polizei subjektiv dazu, eine vorsätzliche sittenwidrige Schädigung des Betreibers des Traditionscafes zu verhindern. Objektiv lag in dem Mitführen des Schildes wie gezeigt aber keine gegen die Sitten verstoßende Meinungsäußerung, sodass die Auflösungsverfügung nicht auf einen Verstoß gegen § 826 BGB gestützt werden kann.

Die Auflösung diente auch dazu, die Fortdauer einer nicht gemäß § 14 Abs. 1 VersG angemeldeten Versammlung zu unterbinden. Dieser Zweck ist nur dann legitim, wenn im konkreten Fall überhaupt eine Anmeldungspflicht bestand. Gemäß § 14 Abs. 1 VersG ist derjenige, der die Absicht hat, eine öffentliche Versammlung unter freiem Himmel zu veranstalten, verpflichtet, dieses spätestens 48 Stunden vor der Bekanntgabe der zuständigen Behörde unter Angabe des Gegenstandes der Versammlung anzumelden. Die Teilnehmer der Versammlung entschieden sich erst am Abend des 17. 11. 2005, diese am Samstag, den 19. 11. 2005 um 12.00 Uhr, durchzuführen. Es war für den Veranstalter insoweit unmöglich, die Anmeldungsfrist von 48 Stunden einzuhalten. Folge daraus ist aber mit Rücksicht auf den Zweck des § 14 Abs. 1 VersG, den ungestörten Ablauf der Versammlung zu gewährleisten, nicht das gänzliche Entfallen der Anmeldungspflicht. Der Veranstalter ist vielmehr verpflichtet, die Versammlung überhaupt vor ihrem Beginn anzumelden[117]. Das ist nur bei Spontanversammlungen ausgeschlossen. Um eine solche handelte es sich hier nicht. Die – wenn auch kurzfristige – Anmeldung wäre möglich gewesen. Insoweit diente die Auflösung dem Zweck, die Fortdauer einer nicht angemeldeten Versammlung zu unterbinden. Dieser Zweck ist legitim, § 15 Abs. 3 VersG.

Infolge der Versammlung war ein Durchkommen für Passanten ungehindert kaum möglich. Insofern wurde die Leichtigkeit des Fußgängerverkehrs eingeschränkt. Die Auflösungsverfügung diente dazu, die Versammlungsteilnehmer zu zerstreuen und damit die Leichtigkeit des Fußgängerverkehrs wiederherzustellen. Sie verfolgte insofern einen legitimen Zweck, § 1 StVO.

117 Köhler/Dürig-Friedel, Demonstrations- und Versammlungsrecht, § 14 VersG Rn. 4.

bb) Eignung

Die Auflösung der Versammlung führte dazu, dass sich die Teilnehmer unverzüglich zu entfernen hatten, §§ 18 Abs. 1, 13 Abs. 2 VersG. Zur Erreichung der o. g. Zwecke war die Auflösung der Versammlung daher geeignet.

cc) Erforderlichkeit

Mildere, gleich geeignete Mittel zu Erreichung der o. g. Zwecke sind hier nicht ersichtlich. Insbesondere hätte die Sicherstellung des von F mitgeführten Schildes die Störungen im Übrigen nicht beseitigt. Die Auflösung war daher auch erforderlich.

dd) Angemessenheit

Die Schwere des Eingriffs in die Versammlungsfreiheit des F dürfte nicht außer Verhältnis zu den damit verfolgten Zwecken stehen. Die Auflösung der Versammlung führte dazu, dass F gehindert war, auf medienwirksame Weise seine Auffassung über die Schädlichkeit der in Spekulatius nachgewiesenen Acrylamide kollektiv zum Ausdruck zu bringen. Das wiegt umso schwerer, als die Versammlungsfreiheit elementarer Bestandteil der freiheitlich demokratischen Grundordnung ist, die ohne dieses Grundrecht nicht funktionsfähig wäre. Die Versammlungsfreiheit ermöglicht es Minderheiten, ihre Meinungen so öffentlichkeitswirksam an das Publikum zu bringen, dass sie mehrheitsfähig werden. Insofern dient die Versammlungsfreiheit nicht nur dem einzelnen Grundrechtsträger, sondern dem Schutz eines darüber hinausgehenden Gemeinschaftsguts. Dieser Bedeutung gegenüber erscheint das Interesse Einzelner an der uneingeschränkten Fortbewegungsfreiheit jedenfalls dann weniger schutzwürdig, wenn es sich wie hier nur um eine kurzzeitige Beeinträchtigung handelt. Dagegen spricht auch nicht die Tatsache, dass die Versammlung nicht angemeldet war. Denn auch bei einer Anmeldung zum frühestmöglichen Zeitpunkt, also am Vormittag des 18. 11. 2005, wäre nicht zu erwarten gewesen, dass die Polizei Vorsorgemaßnahmen gegen die (unvermeidliche) Behinderung des Fußgängerverkehrs getroffen hätte. Jede andere Auslegung hätte eine unangemessene Beschränkung der Versammlungsfreiheit zur Folge, zumal mit der Ausübung des Versammlungsrechts, gerade dann, wenn es um populäre Themen geht, häufig unvermeidbar gewisse Behinderungen Dritter verbunden sind. Die Auflösung war daher nicht angemessen und damit unverhältnismäßig.

4. Ergebnis

F wurde durch die Auflösung in seinem Grundrecht aus Art. 8 Abs. 1 GG verletzt.

J. TÜ

Sachverhalt

W betreibt eine Wäscherei. Er wäscht u. a. Geld. Dass er auf diese Weise die Einnahmen aus seinem Zweitberuf, dem Handel mit Betäubungsmitteln, verschleiert, vermutet aufgrund entsprechender Hinweise des Finanzamts und aufgrund von Beobachtungen der Polizei auch die Staatsanwaltschaft. Sie beschließt deshalb, die Telekommunikation des W eine Weile zu überwachen, um Beweismittel zur Erhärtung oder Widerlegung des Tatverdachts gegen W und ggf. Anhaltspunkte über weitere Beteiligte zu erlangen. Da sich W nicht ausschließlich in der Wäscherei und seiner eigenen Wohnung, sondern zeitweise auch bei seiner getrennt lebenden Ehefrau E aufhält, überwacht die Polizei nach Einholung des erforderlichen richterlichen Beschlusses das Telefon der E, um die Gespräche des W, die er von dort aus führt, abzuhören.

E führt von ihrem Anschluss aus stundenlange Gespräche mit ihrer Freundin F, der sie in vielen Einzelheiten schildert, wie W in seinem Unternehmen noch „weißer als andere" wasche. Diese Gespräche werden über einen Zeitraum von mehreren Wochen abgehört, ohne dass W oder E etwas merken. W kann aufgrund der mitgehörten Telefongespräche der E schließlich der Geldwäsche überführt werden.

E rügt eine Verletzung ihrer Grundrechte. Sie ist der Auffassung, dass die Bespitzelung durch den Staat verfassungswidrig sei. Insbesondere beanstandet sie, dass sie infolge des geheimen Abhörens nicht die Möglichkeit hatte, ihre Aussage zu verweigern. Diese hätte aber letztlich, was zutrifft, zu der Überführung des W beigetragen.

Wurde E in ihrem Grundrecht aus Art. 10 Abs. 1 GG verletzt? Wurde W in seinem Grundrecht aus Art. 12 Abs. 1 GG verletzt?

✔ Falllösung

I. Verletzung der E in ihrem Grundrecht aus Art. 10 Abs. 1 GG durch Anordnung der Telefonüberwachung

E wurde in ihrem Grundrecht aus Art. 10 Abs. 1 GG verletzt, wenn durch die Anordnung der Telefonüberwachung rechtswidrig in das Grundrecht eingegriffen wurde[118].

118 Die Anordnung der Überwachung erfolgt durch den Richter, § 100b StPO, die Durchführung obliegt der Polizei als Ermittlungsbeamte der Staatsanwaltschaft, §§ 100b Abs. 3, 36 Abs. 2 StPO. Sowohl bei der Anordnung als auch bei der Art und Weise der Durchführung der Überwachung können Grundrechte verletzt werden. Aus diesem Grund werden hier beide Maßnahmen getrennt geprüft.

1. Betroffenheit des Schutzbereichs

Art. 10 Abs. 1 GG schützt u. a. das Fernmeldegeheimnis, also jede Art von Fernmeldeverkehr vor Eingriffen der öffentlichen Gewalt[119]. Durch die richterliche Anordnung der Telefonüberwachung wurden die Voraussetzungen dafür geschaffen, dass die Staatsanwaltschaft und ihre Ermittlungsbeamten die Inhalte der Kommunikationsvorgänge zwischen E und anderen Teilnehmern zur Kenntnis nehmen konnten. Das Fernmeldegeheimnis wurde daher durch die Maßnahme betroffen.

2. Eingriff

Die Anordnung der Telefonüberwachung geschah hier ohne die Kenntnis und den Willen der E. Aus diesem Grund wurde der Schutzbereich hier nachteilig betroffen. Ein Eingriff lag vor.

3. Verfassungsrechtliche Rechtfertigung

Der Eingriff war verfassungsrechtlich gerechtfertigt, wenn Art. 10 Abs. 1 GG unter dem Vorbehalt eines einschränkenden Gesetzes steht und das den Vorbehalt ausfüllende Gesetz sowie das Ablauschen selbst verfassungsmäßig waren.

a) Gesetzesvorbehalt, Art. 10 Abs. 2 GG

Gemäß Art. 10 Abs. 2 Satz 1 GG dürfen Beschränkungen des Fernmeldegeheimnisses auf Grund eines Gesetzes angeordnet werden (einfacher Gesetzesvorbehalt). Als den Vorbehalt ausfüllendes Gesetz kam hier § 100a Satz 1 Nr. 2 und 4 StPO in Betracht. Danach darf die Überwachung der Telekommunikation angeordnet werden, wenn bestimmte Tatsachen den Verdacht begründen, dass jemand als Täter oder Teilnehmer eine Geldwäsche, eine Verschleierung unrechtmäßig erlangter Vermögenswerte nach § 261 Abs. 1, 2 oder 4 StGB oder eine Straftat nach einer in § 29 Abs. 3 Satz 2 Nr. 1 Betäubungsmittelgesetz (BtMG) in Bezug genommenen Vorschrift unter den dort genannten Voraussetzungen begangen hat und wenn die Erforschung des Sachverhalts auf andere Weise aussichtslos oder wesentlich erschwert wäre.

119 Seifert/Hömig, GG, Art. 10 Rn. 4.

b) Verfassungsmäßigkeit des § 100a Satz 1 Nr. 2 und 4 StPO

§ 100a Satz 1 Nr. 2 und 4 StPO müsste formell und materiell verfassungsmäßig sein[120].

aa) Formelle Verfassungsmäßigkeit

Für den Erlass des § 100a Satz 1 Nr. 2 und 4 StPO ist der Bund gemäß Art. 74 Abs. 1 Nr. 1, 72 Abs. 2 GG, jedenfalls aber kraft Sachzusammenhangs des Strafverfahrensrechts mit den dort geregelten Materien zuständig. Fehler im Gesetzgebungsverfahren und bei der Form liegen nicht vor. § 100a Satz 1 Nr. 2 und 4 StPO ist formell verfassungsmäßig.

bb) Materielle Verfassungsmäßigkeit

(1) Anforderungen des Art. 19 Abs. 1 und 2 GG

§ 100a Satz 1 Nr. 2 und 4 StPO richtet sich an eine Vielzahl von Adressaten und regelt unbestimmt viele Sachverhalte. Die Vorschrift verstößt daher nicht gegen das Einzelfallgesetzverbot in Art. 19 Abs. 1 Satz 1 GG. Gemäß Art. 19 Abs. 1 Satz 2 GG muss das Gesetz das eingeschränkte Grundrecht unter Angabe des Artikels nennen. Das Zitiergebot gilt bei Beschränkungen des Art. 10 Abs. 1 GG. Es gilt allerdings nicht für Gesetze, die vor Inkrafttreten des Art. 19 Abs. 1 Satz 1 GG erlassen wurden[121]. Bei § 100a Satz 1 Nr. 2 und 4 StPO handelt es sich zwar um ein nachkonstitutionelles Gesetz. Dieses änderte aber lediglich mit geringen Abweichungen Bestimmungen, die in der Strafprozessordnung bereits bei deren Inkrafttreten enthalten waren. Aus diesem Grund brauchte der Gesetzgeber bei Erlass des § 100a Satz 1 Nr. 2 und 4 StPO das eingeschränkte Grundrecht nicht zu zitieren[122]. Die Ermächtigung in § 100a Satz 1 Nr. 2 und 4 StPO erlaubt keine Beschränkungen, die den Wesensgehalt des Art. 10 Abs. 1 GG antasten würden, Art. 19 Abs. 2 GG. Die Anforderungen des Art. 19 Abs. 1 und 2 GG sind damit erfüllt.

(2) Verhältnismäßigkeit

Die Ermächtigung, die Telekommunikation zu überwachen und aufzuzeichnen, dient der Strafverfolgung und damit einem legitimen Zweck.

120 Allein diese Vorschrift ist Rechtsgrundlage für den Eingriff in die Rechte der E. Deshalb ist es für die Falllösung unerheblich, ob möglicherweise andere Rechtsgrundlagen in § 100a StPO verfassungsmäßig oder möglicherweise sogar verfassungswidrig sind. Erst recht ist es für die Falllösung unerheblich, ob die anderen Vorschriften der Strafprozessordnung verfassungsmäßig sind.

121 Sog. vorkonstitutionelle Gesetze.

122 So die ganz herrschende Meinung, die faktisch dazu führt, dass Änderungen der Strafprozessordnung das eingeschränkte Grundrecht nicht zitieren müssen. Statt aller: Maunz/Dürig, GG, Art. 19 Rn. 52.

Die geheime Überwachung der Telekommunikation fördert Erkenntnisse zu Tage, die ohne die Ermächtigung in § 100a StPO nicht ohne Weiteres erlangt werden könnten. Der Zweck der Strafverfolgung wird daher gefördert. Die Rechtsgrundlage in § 100a StPO ist mithin auch zur Zweckerreichung geeignet. Erforderlich wäre die Ermächtigung dann, wenn es gegenüber dem geheimen Ablauschen der Telekommunikation keine milderen, gleich geeigneten Mittel zur Strafverfolgung gäbe. Die Strafprozessordnung enthält eine ganze Reihe von Befugnissen zur Strafverfolgung, die überwiegend milder sind als die Telefonüberwachung. Zu nennen sind hier z. B. die Durchsuchung von Wohnungen, die Beschlagnahme von Gegenständen oder die längerfristige Observation, weil sie mit Wissen des Beschuldigten geschehen. Diese Befugnisse ermöglichen jedoch nicht die Erlangung solcher Informationen, die der Beschuldigte nur in der Annahme, sie blieben vertraulich, an Dritte weitergibt. Hinzu kommt, dass Strafverfolgungsmaßnahmen in der Regel nicht alternativ, sondern zwecks Effektivität der Strafverfolgung kumulativ angewendet werden. Aus diesem Grund spricht allein die Existenz milderer Strafverfolgungsmöglichkeiten nicht gegen die Erforderlichkeit der Telefonüberwachung. Gemäß § 100a Satz 2 StPO kann die Anordnung auch gegen Personen gerichtet werden, von denen aufgrund bestimmter Tatsachen anzunehmen ist, dass sie für den Beschuldigten bestimmte oder von ihm herrührende Mitteilungen entgegennehmen oder weitergeben oder dass der Beschuldigte ihren Anschluss benutzt. Das führt dazu, dass zwangsläufig auch eine Vielzahl Unbeteiligter von den Folgen einer Telefonüberwachung betroffen sind und unwissentlich Informationen über persönliche Lebenssachverhalte preisgeben. Milder wäre insoweit die Beschränkung der Ermächtigung auf die Überwachung des Anschlusses des Beschuldigten. Sie wäre aber mit Rücksicht darauf, dass gerade im Bereich der organisierten Kriminalität auch von fremden Anschlüssen Straftaten verabredet und geplant werden, nicht gleichermaßen effektiv. Mildere, gleich geeignete Mittel als die in § 100a StPO geregelten Befugnisse zur Strafverfolgung gibt es daher nicht. Die Ermächtigung ist daher auch erforderlich.

Sie dürfte schließlich nicht außer Verhältnis zu dem damit verfolgten Zweck stehen. Die Intensität des durch § 100a StPO vermittelten Eingriffs folgt zum einen daraus, dass der Beschuldigte aus nahe liegenden Gründen vor der Durchführung der Maßnahme nicht angehört wird. Das führt dazu, dass er im Fall einer ihn belastenden Äußerung faktisch als Zeuge gegen sich selbst missbraucht wird, und widerspricht seinem Aussageverweigerungsrecht, § 136 Abs. 1 Satz 2 StPO. Hinzu kommt, dass die Anordnung zwar gemäß § 100b Abs. 2 Satz 4 StPO auf höchstens drei Monate zu befristen ist, sie kann aber

um jeweils drei weitere Monate verlängert werden, wenn die Voraussetzungen des § 100a StPO noch vorliegen. Eine Bekanntgabe der Maßnahme an den Beschuldigten erfolgt erst nach deren Beendigung, § 101 StPO, so dass gerichtlicher Rechtsschutz nicht erlangt und die Maßnahme nicht abgewendet werden kann. Sofern Anschlüsse von Angehörigen des Beschuldigten überwacht oder Gespräche des Beschuldigten mit Angehörigen abgehört werden, wird zudem das Zeugnisverweigerungsrecht dieser Personen unterlaufen, § 52 StPO. Schließlich ist zu berücksichtigen, dass durch das geheime Ablauschen der in § 100a StPO genannten Anschlüsse zwangsläufig auch personenbezogene Informationen Unbeteiligter abgehört werden. Die Eingriffsintensität der Rechtsgrundlage ist nach allem erheblich.
Der Gesetzgeber hat dem dadurch Rechnung getragen, dass die Befugnis nur zur Verfolgung der in § 100a Satz 1 Nr. 1 bis 5 StPO abschließend aufgezählten Straftaten eingesetzt werden darf. Soweit es die hier betroffenen Straftaten nach § 100a Satz 1 Nr. 2 und 4 StPO betrifft, handelt sich um Delikte, die zum einen hohe wirtschaftliche Schäden verursachen (Geldwäsche), zum anderen bedeutsame Rechtsgüter einer Vielzahl von Personen schädigen (Eigentum Dritter durch Beschaffungskriminalität und Gesundheitsschäden bei den Drogenkonsumenten). Ohne die Ermächtigung zur Telefonüberwachung würden die Strafverfolgungsbehörden von Informationen ausgeschlossen, die für die Überführung von Beschuldigten unerlässlich sind. Die aufgezählten Delikte ließen sich mit den ansonsten gegebenen Strafverfolgungsmaßnahmen nicht in gleicher Weise effektiv verfolgen. Neben der Beschränkung der Eingriffsermächtigung auf Katalogtaten dürfen Überwachungsmaßnahmen nur subsidiär, nämlich dann angewendet werden, wenn die Erforschung des Sachverhalts oder die Ermittlung des Aufenthaltsortes des Beschuldigten auf andere Weise aussichtslos oder wesentlich erschwert wäre[123], § 100a Satz 1 2. HS StPO. Die Überwachung der Telekommunikation ist mithin Ultima Ratio. Im Hinblick auf den fehlenden Rechtsschutz vor Beginn einer Überwachungsmaßnahme sieht das Gesetz vor, dass die beabsichtigte Maßnahme der Exekutive schon vor ihrer Durchführung von der Rechtsprechung überprüft und angeordnet, das gerichtliche Verfahren also vorgezogen wird, § 100 b Abs. 1 Satz 1 StPO. In zeitlicher Hinsicht schließt das Gesetz zudem aus, dass eine Telefonüberwachung ohne Überprüfung der Tatbestandsvoraussetzungen des § 100a StPO unbegrenzt andauert, § 100b

123 Zu diesem Merkmal s. Meyer-Goßner, StPO, § 100a Rn. 7 m. w. N.; Nack, in: Pfeiffer (Hrsg.), Karlsruher Kommentar zur Strafprozessordnung, 4. Auflage München 1999, § 100a StPO Rn. 25.

Abs. 2 Satz 4 f. StPO. Ferner ist sichergestellt, dass die erlangten Unterlagen nach Abschluss der Maßnahme unverzüglich zu vernichten sind, wenn sie zur Strafverfolgung nicht mehr erforderlich sind, § 100b Abs. 6 StPO. Aufgrund der genannten materiellen und verfahrensrechtlichen Sicherungen steht die Befugnis zur geheimen Telefonüberwachung nicht außer Verhältnis zu einer Strafverfolgung im Bereich der in § 100a Satz 1 Nr. 2 und 4 StPO genannten Delikte. § 100a Satz 1 Nr. 2 und 4 StPO ist daher auch angemessen. Die Vorschrift ist insgesamt verhältnismäßig.

(3) Bestimmtheit

Die Fälle, in denen eine Maßnahme nach § 100a StPO zulässig ist, sind durch die abschließende Aufzählung von Katalogtaten, die ihrerseits im Strafgesetzbuch und im Nebenstrafrecht bestimmt geregelt sind, hinreichend sicher feststellbar. § 100a Satz 1 Nr. 2 und 4 StPO verstößt daher nicht gegen den rechtsstaatlichen Bestimmtheitsgrundsatz.

(4) Ergebnis

§ 100a StPO ist auch materiell verfassungsmäßig.

c) Verfassungsmäßigkeit der Anordnung der Telefonüberwachung

aa) Verhältnismäßigkeit

Die Anordnung der Telefonüberwachung diente dem Zweck, den gegen W bestehenden Verdacht der Geldwäsche und des gewerbsmäßigen Handels mit Betäubungsmitteln zu erhärten oder zu widerlegen. Dieser Zweck dient dem in § 100a Satz 1 Nr. 2 und 4 StPO genannten Ziel der Strafverfolgung und ist daher legitim.

Die Anordnung müsste zur Zweckverfolgung geeignet gewesen sein. W hielt sich zeitweise auch in der Wohnung der E auf. Aus dieser Tatsache konnte die Polizei schließen, dass W auch den Telefonanschluss der E benutzen würde. Die Überwachung des Telefonanschlusses der E war daher geeignet, den W ggf. zu überführen.

Milderes Mittel gegenüber der Anordnung der Telefonüberwachung der E wäre hier u. U. die Observation des W gewesen. Zu berücksichtigen ist allerdings, dass bei strafprozessualen Ermittlungen regelmäßig alle in Betracht kommenden Ermächtigungen ausgeschöpft werden. Die Frage der Alternativität stellte sich daher nicht in gleicher Weise wie bei präventiven Maßnahmen. Hinzu kommt, dass die Telefonüberwachung regelmäßig für die Strafverfolgung bessere Informationen hervorbringt als die Observation einer Person, die sich außerhalb des häuslichen Bereichs aufhält und insofern weiß, dass sie der Kenntnisnahme durch Dritte ausgesetzt ist. Die Anordnung der Überwachung des Telefons der E war daher auch erforderlich.

Die Anordnung der Überwachung dürfte nicht außer Verhältnis zu dem damit verfolgten Zweck gestanden haben. Zweck der Anordnung war die Verfolgung von Straftaten nach § 261 Abs. 1, 2 oder 4 StGB und § 29 Abs. 3 Satz 2 Nr. 1 BtMG, also von Delikten, die insbesondere bei gewerbsmäßiger Begehung bedeutsame Rechtsgüter einer unüberschaubaren Vielzahl von Personen schädigen. Hinsichtlich der Intensität des Eingriffs in den Kernbereich der privaten Lebensgestaltung der E ist zu berücksichtigen, dass die gewonnenen Erkenntnisse vernichtet werden, wenn sie zur Strafverfolgung nicht mehr erforderlich sind, § 100b Abs. 6 StPO. Der Eingriff in die Privatsphäre der E durch die Anordnung der Überwachung ihres Telefons steht daher nicht von vornherein außer Verhältnis zu dem Interesse des Staates an der Verfolgung besonders schwerer Straftaten. Die Anordnung der Telefonüberwachung war daher verhältnismäßig.

bb) Bestimmtheit

Zweifel an der Bestimmtheit der Anordnung bestehen nicht.

4. Ergebnis

Der Eingriff in das Fernmeldegeheimnis ist verfassungsrechtlich gerechtfertigt. E wurde durch die Anordnung der Telefonüberwachung nicht in ihrem Grundrecht aus Art. 10 Abs. 1 GG verletzt.

II. Verletzung der E in ihrem Grundrecht aus Art. 10 Abs. 1 GG durch Ablauschen der Gespräche mit F

1. Betroffenheit des Schutzbereichs

Durch das Ablauschen der Gespräche zwischen E und F sind der Polizei die Inhalte der Kommunikationsvorgänge zwischen E und anderen Teilnehmern bekannt geworden. Das Fernmeldegeheimnis wurde daher durch die Maßnahme der Polizei betroffen.

2. Eingriff

Das Abhören der Gespräche mit F geschah ohne Wissen und ohne Zustimmung der E. Der Schutzbereich des Fernmeldegeheimnisses ist daher nachteilig betroffen. Ein Eingriff lag vor.

3. Verfassungsrechtliche Rechtfertigung[124]

a) Gesetzesvorbehalt

Art. 10 Abs. 1 GG steht unter einfachem Gesetzesvorbehalt. Als den Vorbehalt ausfüllendes Gesetz kommt auch hier § 100a Satz 1 Nr. 2 und 4 StPO in Betracht.

b) Verfassungsmäßigkeit des § 100a Satz 1 Nr. 2 und 4 StPO

§ 100 a Satz 1 Nr. 2 und 4 StPO ist, wie gezeigt, formell und materiell verfassungsmäßig.

c) Verfassungsmäßigkeit des Ablauschens der Gespräche zwischen E und F

Das Ablauschen der Gespräche zwischen E und F müsste einem legitimen Zweck dienen. Ziel der Maßnahme ist die Strafverfolgung des W hinsichtlich der in § 100a Satz 1 Nr. 2 und 4 StPO genannten Taten. Dieser Zweck ist legitim. Das Abhören der Gespräche zwischen E und F müsste zur Zweckerreichung geeignet gewesen sein. Bei der E handelte es sich um die getrennt lebende Ehefrau des W. Dieser hielt sich zeitweise bei ihr auf. Daraus ist zu schließen, dass der E möglicherweise auch Informationen aus den illegalen Geschäften des W bekannt waren und sie diese an Dritte weitergab. Das Abhören der Gespräche zwischen E und F förderte daher den Zweck der Strafverfolgung und war daher geeignet.
Mildere gleich geeignete Mittel als das Abhören der Gespräche zwischen E und F dürften nicht zur Verfügung gestanden haben. Milder wäre hier der Verzicht auf das Abhören gerade der zwischen E und F geführten Gespräche gewesen. Die Polizei hätte das Ablauschen unterbrechen können. Die Polizei hätte sich dadurch allerdings der Chance beraubt, Informationen über die Geschäftstätigkeit des W zu erlangen. Der Verzicht auf das Mithören gerade dieser Gespräche wäre gegenüber dem Mithören daher nicht gleich geeignet gewesen. Das Abhören der zwischen E und F geführten Gespräche war daher auch erforderlich.

124 BGH, Urteil vom 20. 6. 1979 – 2 StR 63/79 –, BGHSt. 29, 23, 24 f.; Nack, in: Pfeiffer (Hrsg.), aaO., § 100a Rn. 48, Meyer-Goßner, StPO, § 100a Rn. 8.

Die Maßnahme dürfte nicht außer Verhältnis zu dem Interesse an einer Strafverfolgung des W gestanden haben. Hier wurde nicht nur Kenntnis von den privaten, nicht den W betreffenden Gesprächen zwischen E und F genommen und dadurch in die Privatsphäre der E eingegriffen. Der E war es infolge der geheimen Überwachung darüber hinaus auch nicht möglich, von ihrem Zeugnisverweigerungsrecht gemäß § 52 StPO Gebrauch zu machen. Insoweit wurde durch die Maßnahme ihre freie Entscheidung unterlaufen, den W zu belasten oder nicht. Zweck des Zeugnisverweigerungsrechts ist allerdings, einen Konflikt des Zeugen hinsichtlich der Entscheidung, einen Angehörigen zu belasten oder die Unwahrheit sagen zu müssen, zu vermeiden. Dieser Konflikt besteht bei einer geheimen Telefonüberwachung nicht[125]. Das Zeugnisverweigerungsrecht der E führte daher für sich genommen nicht zur Unverhältnismäßigkeit des Belauschens ihrer Gespräche mit F[126]. Im Übrigen ist zu berücksichtigen, dass die Überwachung der Gespräche der Verfolgung schwerer Straftaten diente. Im Ergebnis stand sie daher nicht außer Verhältnis zu dem damit verfolgten Zweck. Die Maßnahme war verhältnismäßig.

4. Ergebnis

Der Eingriff ist verfassungsrechtlich gerechtfertigt. E wurde durch das Abhören der Gespräche mit F nicht in ihrem Grundrecht aus Art. 10 Abs. 1 GG verletzt.

III. Verletzung des W in seinem Grundrecht aus Art. 12 Abs. 1 Satz 1 GG

W könnte durch die Maßnahmen der öffentlichen Gewalt in seinem Grundrecht auf Berufsfreiheit verletzt worden sein. Voraussetzung dafür ist ein rechtswidriger Eingriff in den Schutzbereich des Art. 12 Abs. 1 Satz 1 GG.

125 Senge, in: Pfeiffer (Hrsg.), aaO., § 52 Rn. 1 m. w. N.; BGH, Urteil vom 11. 5. 1988 – 3 StR 563/87 –, NStZ 1988, 562, 563.

126 Dieses Ergebnis entspricht der herrschenden Rechtsprechung, s. BGH, Urteil vom 11. 5. 1988 – 3 StR 563/87 – , NStZ 1988, 563, Nack, in: Pfeiffer (Hrsg.), aaO., § 100a Rn. 29. Sie könnten hier aber auch mit guten Gründen vertreten, dass das Abhören dieses Gesprächs unverhältnismäßig war.

1. Betroffenheit des Schutzbereichs

a) Deutscher

Mangels entgegenstehender Angaben im Sachverhalt ist davon auszugehen, dass W Deutscher i. S. d. Art. 12 Abs. 1 Satz 1, 116 GG ist.

b) Beruf

Gemäß Art. 12 Abs. 1 Satz 1 GG haben alle Deutschen das Recht, Beruf, Arbeitsplatz und Ausbildungsstätte frei zu wählen. Geschützt ist sowohl die Freiheit der Berufswahl als auch die Berufsausübung. Unter einem Beruf versteht man jede auf Dauer angelegte, erlaubte Tätigkeit, die der Schaffung und Erhaltung einer Lebensgrundlage zu dienen bestimmt ist[127].
Bei dem Betrieb der Wäscherei handelt es sich um eine nicht nur vorübergehende, also auf Dauer angelegte Tätigkeit des W, die zumindest zum Teil der Schaffung und Erhaltung seiner Lebensgrundlage zu dienen bestimmt ist. Erlaubt ist jede Tätigkeit, die nicht sozialschädlich ist[128]. Das ist beim Waschen von Wäsche nicht der Fall. Insoweit übt W auch eine erlaubte Tätigkeit aus. Sein Verhalten ist insoweit von Art. 12 Abs. 1 Satz 1 GG geschützt.
Soweit W mit Betäubungsmitteln handelt und seinen Wäschereibetrieb dazu nutzt, Einnahmen aus seinen Drogengeschäften zu verschleiern, ist sein Verhalten sozialschädlich und nicht durch Art. 12 Abs. 1 Satz 1 GG geschützt. Insoweit kann von vornherein keine Verletzung des Art. 12 Abs. 1 Satz 1 GG vorliegen.

c) Auswirkungen der Abhörmaßnahme auf die Berufsfreiheit

Die Abhörmaßnahme hat keine Auswirkungen auf den Betrieb der Wäscherei. Die Berufsausübung ist nicht betroffen.

2. Ergebnis

Der Schutzbereich des Art. 12 Abs. 1 Satz 1 GG ist durch die Anordnung und Durchführung der Telefonüberwachung nicht betroffen. W wurde daher nicht in seinem Grundrecht aus Art. 12 Abs. 1 GG verletzt.

127 Seifert/Hömig, GG, Art. 12 Rn. 4. Aufgrund der Normenhierarchie dürfen Sie keinesfalls aus dem Umstand, dass eine Tätigkeit gesetzlich verboten ist, darauf schließen, dass diese nicht erlaubt sei und daher keinen Grundrechtsschutz genieße. Sie würden sonst den Inhalt eines Grundrechts durch einfaches Recht definieren und die Verfassung zur Disposition des Gesetzgebers stellen. Methodisch verfehlt wäre es daher, die Betroffenheit des Schutzbereichs mit der Begründung zu verneinen, dass W mit dem Handel mit Betäubungsmitteln und der Geldwäsche gegen Strafgesetze verstoßen hat.

128 Pieroth/Schlink, Grundrechte, Rn. 810.

K. Taugenichts

🕮 Sachverhalt

T ist ein Taugenichts. Er verbringt den Tag mit Umherstreichen und verdient sein Brot mit Bettelei. Auf Äußerlichkeiten legt er im Großen und Ganzen keinen Wert, auch Körperpflege ist für ihn nebensächlich. Kurzum, er ist eine unangenehme Erscheinung. Als er aber eines sommerlichen Tages durch die Bremer Innenstadt schlendert, wird er von dem eleganten Frisiersalon des bekannten Friseurs F angelockt und beschließt spontan, etwas gegen die inzwischen lästig, weil viel zu lang gewordenen Haare zu unternehmen. Er begibt sich also in den Salon und wartet auf Bedienung. Die Wartezeit verkürzt er sich, indem er Kundinnen um einen kleinen finanziellen Zuschuss für die geplante Maßnahme bittet. Man erklärt ihm alsdann, dass kein Termin frei sei, und bittet ihn zu gehen. Als er es später noch einmal versucht, untersagt ihm die Rezeptionistin, den Salon noch einmal zu betreten. T, der sich nicht entmutigen lassen will und die Sache sportlich sieht, kehrt in der nächsten Zeit wiederholt zurück, betritt gelegentlich den Salon und setzt sich gelegentlich auch eine Weile an das Schaufenster gelehnt auf den Bürgersteig, um doch noch eine günstige Gelegenheit für einen Termin abzupassen. Den Kundinnen macht er Komplimente wegen ihrer Frisuren und fragt an, ob sie „etwas für ihn übrig hätten".

Nachdem sich einige Kundinnen bei F über die Belästigungen durch T beschweren, wendet sich F an die zuständige Behörde. Er trägt vor, dass das Verhalten des T sein Geschäft schädige. Seine Kundinnen würden durch den Anblick und das Verhalten des T abgeschreckt. Jedenfalls gehe es zu weit, dass T trotz des Hausverbots immer wieder versuche, seinen Salon zu betreten.

Die Behörde[129] verbietet dem T daraufhin kurzerhand durch schriftlichen Bescheid für die Dauer von zwölf Monaten, sich dem Salon des F auf mehr als 50 m zu nähern. Gelegenheit zur Anhörung konnte aus Sicht der Behörde nicht gegeben werden, weil angeblich Gefahr im Verzug bestand. T, der von dem Bescheid völlig überrascht wird, hat etwas dagegen, weil er durch das Verbot gehindert wird, seinen Arzt, der seine Praxis drei Häuser neben dem Frisiersalon hat, aufzusuchen.

T erhebt nach Erschöpfung des Rechtswegs form- und fristgemäß Verfassungsbeschwerde gegen das Aufenthaltsverbot. Mit Erfolg?

War das Aufenthaltsverbot rechtmäßig?

129 Zuständig für den Erlass von Aufenthaltsverboten ist regelmäßig nicht die Vollzugspolizei, sondern die entsprechende Sonderordnungsbehörde. Das ist in Bremen das Stadtamt, das gemäß § 65 Abs. 1 BremPolG zu den allgemeinen Polizeibehörden gehört.

✔ Falllösung zu den Erfolgsaussichten der Verfassungsbeschwerde

Die Verfassungsbeschwerde des T hat Aussicht auf Erfolg, wenn sie zulässig und begründet ist[130].

A. Zulässigkeit

Die Verfassungsbeschwerde des T ist zulässig, wenn die in Art. 93 Abs. 1 Nr. 4a GG, §§ 13 Nr. 8a, 23, 90 ff. BVerfGG genannten Zulässigkeitsvoraussetzungen erfüllt sind[131].

1. Ordnungsgemäßer Antrag

T müsste die Verfassungsbeschwerde gemäß § 23 Abs. 1 Satz 1 BVerfGG schriftlich eingereicht und gemäß §§ 23 Abs. 1 Satz 2, 92 BVerfGG mit einer Begründung versehen haben. Das ist laut Sachverhalt der Fall. Der Antrag wurde daher ordnungsgemäß gestellt.

2. Beteiligtenfähigkeit

T müsste jedermann i. S. d. § 90 Abs. 1 BVerfGG sein. Das ist derjenige, der Träger der als verletzt gerügten Grundrechte ist[132]. T trägt sinngemäß vor, dass er durch das Verbot in seinem Recht auf Freizügigkeit gemäß Art. 11 Abs. 1 GG verletzt sei. Träger dieses Grundrechts ist er dann, wenn er Deutscher ist. Davon ist auszugehen. T ist daher jedermann i. S. d. § 90 Abs. 1 BVerfGG.

3. Prozessfähigkeit

T müsste in der Lage sein, Prozesshandlungen selbst oder durch einen Vertreter vorzunehmen. Das ist hier der Fall. T ist daher auch prozessfähig.

130 Obersatz für das gesamte Gutachten.

131 Obersatz für die Zulässigkeit.

132 Grundrechtsträger sind natürliche Personen und darüber hinaus inländische juristische Personen, soweit das Grundrecht wesensmäßig auf diese anwendbar ist, Art. 19 Abs. 3 GG. Bei Grundrechten ist zu berücksichtigen, dass diese natürliche Personen nur dann schützen, wenn diese Deutsche i. S. d. Art. 116 GG sind.

4. Beschwerdegegenstand

Die Verfassungsbeschwerde des T müsste sich gegen einen Akt der öffentlichen Gewalt richten, § 90 Abs. 1 BVerfGG. Darunter versteht man u. a. Handlungen der vollziehenden Gewalt, § 92 BVerfGG. T wendet sich hier gegen das Verbot der zuständigen Behörde, sich für die Dauer von zwölf Monaten dem Salon des F auf mehr als 50 m zu nähern. Bei dem Verbot handelt es sich um eine Maßnahme der vollziehenden Gewalt und damit um einen tauglichen Beschwerdegegenstand[133].

5. Beschwerdebefugnis

Gemäß § 90 Abs. 1 BVerfGG müsste T behaupten, durch die Maßnahme in einem seiner Grundrechte verletzt zu sein. Zweck dieser Bestimmung ist es, das Bundesverfassungsgericht von objektiv aussichtslosen Anträgen zu entlasten. Aus diesem Grund ist die Behauptung einer Grundrechtsverletzung gemäß § 90 Abs. 1 BVerfGG erst dann gegeben, wenn sich aus dem Vortrag des Beschwerdeführers objektiv zumindest die Möglichkeit einer Grundrechtsverletzung ergibt[134]. Die Verfügung, für einen Zeitraum von zwölf Monaten einen bestimmten Bereich der Innenstadt nicht mehr zu betreten, hat nachteilige Auswirkungen auf die Entscheidung des T, wo er seinen Aufenthalt nimmt. Hinzu kommt, dass der Arzt des T in diesem örtlichen Bereich seine Praxis hat, so dass T diesen bei Befolgung der Verfügung nicht mehr aufsuchen kann. Aus diesen Gründen erscheint eine Verletzung des T in seinem Grundrecht aus Art. 11 Abs. 1 GG nicht von vornherein ausgeschlossen. Die Möglichkeit einer Grundrechtsverletzung besteht. T wurde durch die Maßnahme der Behörde auch

133 Bei erfolgloser Beschreitung des Rechtswegs kann der Beschwerdeführer seine Verfassungsbeschwerde gegen mehrere Akte der öffentlichen Gewalt richten, gegen die Anordnung der vollziehenden Gewalt und gegen die ergangenen Gerichtsentscheidungen. Prüfen sollten Sie in diesen Fällen der Einfachheit halber die Maßnahme der vollziehenden Gewalt, es sei denn, durch das gerichtliche Verfahren selbst wurden Grundrechte verletzt (Art. 103 Abs. 1 GG). Das wird in Ihrer Ausbildung aber so gut wie nicht vorkommen. Wenn Sie sich dafür entscheiden, dass Beschwerdegegenstand eine gerichtliche Entscheidung ist, müssen Sie bei der Beschwerdebefugnis die Möglichkeit einer spezifischen Verfassungsverletzung prüfen. Das ist nicht einfach. S. dazu Pieroth/Schlink, Grundrechte, Rn. 1172.

134 Pieroth/Schlink, Grundrechte, Rn. 1129. Die Beschwerdebefugnis ist ein kleiner Ausblick in die Begründetheit der Verfassungsbeschwerde. Die Prüfung sollte allerdings nicht dazu verleiten, an dieser Stelle schon eine großartige Grundrechtsprüfung durchzuführen. Die Bearbeitung würde dann nämlich falsch gewichtet. Legen Sie daher nur oberflächlich dar, aus welchen Gründen eine Grundrechtsverletzung in Betracht kommt.

selbst, gegenwärtig und unmittelbar betroffen[135]. Auch die erforderliche Beschwer ist daher gegeben. T ist beschwerdebefugt.

6. Rechtswegerschöpfung

Gemäß § 90 Abs. 2 Satz 1 BVerfGG kann die Verfassungsbeschwerde, sofern gegen den Akt der öffentlichen Gewalt der Rechtsweg eröffnet ist, grundsätzlich erst nach Erschöpfung dieses Rechtswegs erhoben werden[136]. Gegen den Erlass eines Aufenthaltsverbots steht dem Adressaten der Rechtsweg zu den Verwaltungsgerichten offen, § 40 Abs. 1 VwGO. Dieser wurde von T vor Erhebung der Verfassungsbeschwerde auch beschritten.

7. Frist

Nach § 93 Abs. 1 Satz 1 BVerfGG ist die Verfassungsbeschwerde gegen einen Einzelakt der Exekutive innerhalb eines Monats zu erheben. T hat diese Frist gewahrt.

8. Allgemeines Rechtsschutzinteresse

Das allgemeine Rechtsschutzinteresse ist grundsätzlich gegeben. Es fehlt nur dann, wenn das Bundesverfassungsgericht rechtsmissbräuchlich in Anspruch genommen wird, insbesondere dann, wenn die Bescheidung der Verfassungs-

135 Das zusätzliche Merkmal der Beschwer hat das Bundesverfassungsgericht anlässlich von Verfassungsbeschwerden gegen Gesetze entwickelt. Es soll verhindern, dass Grundrechtsträger Verfassungsbeschwerde erheben, obwohl sie gar nicht Adressat des Gesetzes sind (keine eigene Beschwer), obwohl das Gesetz noch gar nicht in Kraft getreten ist (keine gegenwärtige Beschwer) oder obwohl das Gesetz keine unmittelbaren Auswirkungen auf die Rechte des Grundrechtsträgers hat, sondern es dazu noch eines Vollzugsaktes bedürfte (keine unmittelbare Beschwer). Bei Verfassungsbeschwerden gegen Exekutivakte und Gerichtsurteile handelt es sich um Hoheitsakte, die sich zwangsläufig an einen bestimmten Adressaten richten (eigene Beschwer), die bereits erlassen wurden (gegenwärtige Beschwer) und die keines weiteren Vollzugsaktes mehr bedürfen (unmittelbare Beschwer). Deshalb können Sie sich kurz fassen, wenn Beschwerdegegenstand kein Gesetz ist.

136 Es gibt auch Eilanträge zum Bundesverfassungsgericht. Gemäß § 90 Abs. 2 Satz 2 BVerfGG kann das Bundesverfassungsgericht über eine vor Erschöpfung des Rechtswegs erhobene Verfassungsbeschwerde sofort entscheiden, wenn sie von allgemeiner Bedeutung ist oder wenn dem Beschwerdeführer ein schwerer und unabwendbarer Nachteil entstünde, falls er auf den Rechtsweg verwiesen würde. Beispiele für Eilentscheidungen des Bundesverfassungsgerichts finden Sie in großer Anzahl im Versammlungsrecht. Wird eine für einen bestimmten Tag geplante Versammlung von der Versammlungsbehörde verboten, nimmt der Veranstalter in der Regel Eilrechtsschutz vor den Verwaltungsgerichten und sodann Verfassungsrechtsschutz vor dem Bundesverfassungsgericht in Anspruch. Als Beispiel: Versammlungsverbot der Stadt Lüneburg vom 19. 1. 2006; daraufhin: VG Lüneburg, Beschluss vom 20. 1. 2006 – 3 B 3/06 –; daraufhin: Nds. OVG, Beschluss vom 24. 1. 2006 – 11 ME 20/06 –; daraufhin: BVerfG, Beschluss vom 26. 1. 2006 – 1 BvQ 9/01 –.

beschwerde für den Beschwerdeführer keinen rechtlichen Nutzen hat. Aufgrund der Dauer der instanzgerichtlichen Verfahren ist davon auszugehen, dass die Zeit, für die das Aufenthaltsverbot ausgesprochen wurde, bei Erhebung der Verfassungsbeschwerde bereits abgelaufen war. Zu berücksichtigen ist aber, dass aufgrund des Lebensstils des T die Gefahr der Wiederholung solcher Maßnahmen besteht. Aus diesem Grund ist die Inanspruchnahme des Bundesverfassungsgerichts nicht rechtsmissbräuchlich. Das allgemeine Rechtsschutzinteresse des T liegt vor.

9. Ergebnis

Die Zulässigkeitsvoraussetzungen sind erfüllt[137]. Die Verfassungsbeschwerde des T ist daher zulässig[138].

B. Begründetheit

Die Verfassungsbeschwerde ist begründet, wenn T durch das Verbot, sich dem Salon des F für die Dauer von zwölf Monaten auf weniger als 50 m zu nähern, in seinen Grundrechten oder grundrechtsgleichen Rechten verletzt wurde. In Betracht kommt hier eine Verletzung seiner Grundrechte aus Art. 11 Abs. 1 und Art. 2 Abs. 1 und Art. 103 Abs. 1 GG.

I. Verletzung des T in seinem Grundrecht aus Art. 11 Abs. 1 GG

Eine Verletzung des Grundrechts auf Freizügigkeit liegt vor, wenn das Verbot rechtswidrig in den Schutzbereich eingreift. Dazu müsste zunächst der Schutzbereich der Freizügigkeit betroffen sein.

1. Betroffenheit des Schutzbereichs

Es ist davon auszugehen, dass T Deutscher ist.
Geschützt ist die Freiheit, an jedem Ort innerhalb des Bundesgebietes Aufenthalt und Wohnsitz zu nehmen. Unter Aufenthalt versteht man das Verweilen. Dieses wird jedenfalls dann von Art. 11 Abs. 1 GG geschützt, wenn es nach Dauer,

137 Untersatz für die Zulässigkeit.
138 Schlussfolgerung für die Zulässigkeit.

subjektivem Zweck und objektiver Bedeutung identitätsstiftend ist und damit dem gleich kommt, was mit dem Wort Heimat gemeint ist. Durch das Verbot wird dem T verwehrt, das bezeichnete Gebiet zu durchqueren, um in einem bestimmten Geschäft etwas zu kaufen. Er ist vom Zugang zu all denjenigen öffentlichen und privaten Einrichtungen ausgeschlossen, deren Vorhandensein je nach Betrachtungsweise für die individuelle Lebensführung als notwendig, nützlich oder angenehm angesehen wird und deren Frequentierung zur Identitätsbildung einer Person gehört. Der Aufenthalt in dem Gebiet von 50 m rund um den Salon des F wird daher von Art. 11 Abs. 1 GG geschützt. Das Verbot, diesen Bereich zu betreten, hat Auswirkungen auf dieses Verhalten. Der Schutzbereich des Art. 11 Abs. 1 GG ist daher betroffen.

2. Eingriff

Dem T wird der von Art. 11 Abs. 1 GG geschützte Aufenthalt unmöglich gemacht. Ein Eingriff liegt daher vor.

3. Verfassungsrechtliche Rechtfertigung

a) Gesetzesvorbehalt

Art. 11 Abs. 1 GG steht unter qualifiziertem Vorbehalt, Art. 11 Abs. 2 GG. Danach darf die Freizügigkeit durch oder auf Grund eines Gesetzes u. a. eingeschränkt werden, um strafbaren Handlungen vorzubeugen. Als Gesetz, das diesen Vorbehalt ausfüllt, kommt § 14 Abs. 2 BremPolG[139] in Betracht. Danach kann einer Person für eine bestimmte Zeit verboten werden, einen bestimmten örtlichen Bereich zu betreten oder sich dort aufzuhalten, wenn Tatsachen die Annahme rechtfertigen, dass sie dort eine Straftat begehen wird.

b) Verfassungsmäßigkeit des § 14 Abs. 2 BremPolG

§ 14 Abs. 2 BremPolG müsste die qualifizierten Anforderungen des Art. 11 Abs. 2 GG erfüllen sowie formell und materiell verfassungsmäßig sein.

139 § 34 Abs. 2 PolG NW, § 3 PolG BW (Generalklausel, weil keine ausdrückliche Ermächtigung für ein Aufenthaltsverbot normiert ist), Art. 7 Bay Landesstraf- und Verordnungsgesetz – LStrVG – (sehr problematisch, ob darauf auch Aufenthaltsverbote gestützt werden können), § 29 Abs. 2 ASOG Bln, § 16 Abs. 2 BbgPolG, § 12b Abs. 2 HmbSOG, § 31 Abs. 3 HSOG, § 52 Abs. 3 SOG MV, § 17 Abs. 4 Nds.SOG, § 13 Abs. 3 POG RP, § 12 Abs. 3 SPolG, § 21 Abs. 2 SächsPolG, § 36 Abs. 2 SOG LSA, § 174 LVwG SH (Generalklausel, weil keine ausdrückliche Ermächtigung für ein Aufenthaltsverbot normiert ist, dazu Schipper/Bock/Brenneisen/Schneider/Wilksen, Polizei- und Ordnungsrecht in Schleswig-Holstein, Rn. 399); § 18 Abs. 2 ThürPAG.

aa) Qualifizierte Anforderungen des Art. 11 Abs. 2 GG

Die Ermächtigung in § 14 Abs. 2 BremPolG ermöglicht die Verfügung von Aufenthaltsverboten nur, um die Begehung von Straftaten in einem bestimmten Bereich zu verhindern. Sie genügt daher den qualifizierten Anforderungen, die Art. 11 Abs. 2 GG an ein Gesetz zur Beschränkung der Freizügigkeit stellt.

bb) Formelle Verfassungsmäßigkeit

§ 14 Abs. 2 BremPolG ist formell verfassungsmäßig, wenn die Vorschriften über Zuständigkeit, Verfahren und Form eingehalten wurden. Gemäß Art. 70 Abs. 1 GG sind die Länder gesetzgebungsbefugt, soweit das Grundgesetz nicht dem Bund Gesetzgebungsbefugnisse verleiht. § 14 Abs. 2 BremPolG regelt die Gefahrenabwehr durch die Polizei, also einen Gegenstand, der nicht nach Art. 73, 74 oder 75 GG dem Bund zugewiesen ist. Das spricht für eine Zuständigkeit des Landes. Daneben regelt § 14 Abs. 2 BremPolG aber auch die Freizügigkeit i. S. d. Art. 11 Abs. 1 GG. Die Verfassung bestimmt in Art. 73 Nr. 3 GG, dass für die Regelung der Freizügigkeit ausschließlich der Bund zuständig ist. Das spricht für eine Zuständigkeit des Bundes. Für die Auflösung dieser Konkurrenz zugunsten der Länder spricht, dass die in § 14 Abs. 2 BremPolG geregelten Fälle des Aufenthaltsverbots ebenso wie die anderen Standardbefugnisse keine über das Bundesland hinausgehende Relevanz haben, die es rechtfertigen würde, sie von dem Grundsatz der Länderzuständigkeit auszunehmen. Aufenthaltsverbote betreffen den Adressaten der Verfügung vielmehr in gleicher Weise wie die anderen Polizeibefugnisse. Funktionsgerecht ist daher nur eine Kompetenzinterpretation zugunsten der Länder. Das Bundesland Bremen war demgemäß nach Art. 70 Abs. 1 GG für den Erlass des § 14 Abs. 2 BremPolG zuständig. Fehler beim Gesetzgebungsverfahren und bei der Form liegen nicht vor. § 14 Abs. 2 BremPolG ist daher formell verfassungsmäßig.

cc) Materielle Verfassungsmäßigkeit

(1) Anforderungen des Art. 19 Abs. 1 und 2 GG

§ 14 Abs. 2 BremPolG ist abstrakt-generell. Ein Verstoß gegen das Einzelfallgesetzverbot in Art. 19 Abs. 1 Satz 1 GG liegt nicht vor. Das Zitiergebot in Art. 19 Abs. 1 Satz 2 GG wurde beachtet, § 9 BremPolG[140]. Ein Verstoß gegen die Wesensgehaltsgarantie liegt nicht vor. Die Anforderungen des Art. 19 Abs. 1 und 2 GG sind daher erfüllt.

140 § 7 PolG NW, § 4 PolG BW, Art. 58 LStrVG (deckt keine Eingriffe in Art. 11 Abs. 1 GG!), § 66 ASOG Bln, § 8 BbgPolG, § 31 HmbSOG, § 10 HSOG, § 78 SOG MV, § 10 Nds.SOG, § 8 POG RP, § 7 SPolG, § 79 SächsPolG, § 11 SOG LSA, § 247 LVwG SH, § 11 ThürPAG.

(2) Verhältnismäßigkeit des § 14 Abs. 2 BremPolG

Verhältnismäßig ist ein Gesetz dann, wenn es einen legitimen Zweck verfolgt und zur Zweckerreichung geeignet, erforderlich und angemessen ist.

Die Ermächtigung zum Erlass eines Aufenthaltsverbotes dient dazu, die Begehung von Straftaten in einem bestimmten örtlichen Bereich zu verhindern. Der damit verfolgte Zweck der Gefahrenabwehr ist legitim. Die Ermächtigung ist geeignet, wenn die damit bezweckte Gefahrenabwehr zumindest gefördert wird. Die Ermächtigung erweitert die Befugnisse der Polizei in der Weise, dass Personen von bestimmten Bereichen ferngehalten werden können. Die Möglichkeit, dass diese Personen in diesem Bereich Straftaten begehen werden, wird dadurch verringert. Die Ermächtigung ist daher auch zur Zweckerreichung geeignet. Erforderlich ist sie dann, wenn es gegenüber der Befugnis zum Aufenthaltsverbot keine milderen, gleich geeigneten Mittel gibt. § 14 Abs. 2 BremPolG verpflichtet die Polizei nicht, Aufenthaltsverbote auszusprechen, sondern eröffnet Ermessen. § 3 Abs. 1 BremPolG begrenzt den Spielraum der Polizeibefugnisse in der Weise, dass von gleich effektiven nur das mildeste Mittel gewählt werden darf. Damit kommt ein Aufenthaltsverbot nach § 14 Abs. 2 BremPolG dann nicht in Betracht, wenn das Ziel schon durch einen Platzverweis oder andere, weniger beeinträchtigende Maßnahmen erreicht werden kann. Zweifel an der Erforderlichkeit bestehen deshalb nicht.

§ 14 Abs. 2 BremPolG ist angemessen, wenn die Schwere der dadurch ermöglichten Eingriffe nicht außer Verhältnis zu dem damit verfolgten Zweck der Verhinderung von Straftaten steht. Bei der Freizügigkeit handelt es sich um eines der elementarsten Grundrechte der Verfassung. Sie hat aufgrund ihrer verfassungsgeschichtlichen Tradition und aufgrund ihrer identitätsbildenden Funktion für den Einzelnen im Vergleich zu den anderen Gewährleistungen eine überragende Stellung und ist insbesondere gegenüber der Freiheit der Person (Art. 2 Abs. 2 Satz 2 GG) und der freien Entfaltung der Persönlichkeit (Art. 2 Abs. 1 GG) höherrangig. Dieser Bedeutung entsprechend regelt Art. 11 Abs. 2 GG, dass Einschränkungen, anders als bei Art. 2 Abs. 1 und 2 Satz 2 GG nicht bei jedem Verstoß gegen die Rechtsordnung zulässig sind, sondern nur bei erheblichen Gefährdungen für besonders wichtige Gemeinschaftsgüter, u. a. im Fall des inneren Notstandes, bei Naturkatastrophen oder zur Bekämpfung von Seuchengefahren. Für die Auslegung des Kriminalvorbehalts bedeutet das, dass nicht jede Straftat eine Beschränkung der Freizügigkeit rechtfertigen kann, sondern nur solche Taten, die in ihrer Bedeutung den ansonsten in Art. 11 Abs. 2 GG aufgezählten Vorbehalten zumindest gleichkommen. Das ist bei Bagatellstraftaten, zu denen insbesondere die Antrags- und Privatklagedelikte zählen, nicht der

Fall. § 14 Abs. 2 BremPolG wäre daher unangemessen, wenn er zum Erlass von Platzverweisen auch zur Vermeidung solcher Straftaten ermächtigen würde. Dem Wortlaut nach spricht § 14 Abs. 2 BremPolG nur von „Straftaten", ohne diese näher zu bezeichnen. Die Vorschrift ermöglicht daher nach ihrem Wortlaut auch den Erlass von Aufenthaltsverboten, um die Begehung von Bagatellstraftaten in einem bestimmten örtlichen Bereich zu verhindern. So verstanden wäre § 14 Abs. 2 BremPolG wegen Verstoßes gegen den qualifizierten Vorbehalt in Art. 11 Abs. 2 GG verfassungswidrig. Der Wortlaut schließt allerdings auch eine restriktive, nur auf erhebliche Straftaten von einigem Gewicht beschränkte Auslegung der Ermächtigung nicht aus. In dieser verfassungskonformen Auslegung ist § 14 Abs. 2 BremPolG angemessen und insoweit verhältnismäßig.

(3) Bestimmtheit

§ 14 Abs. 2 BremPolG ist so klar und präzise formuliert, wie es mit Rücksicht auf den Normzweck und die zu regelnden Lebenssachverhalte möglich ist, und damit hinreichend bestimmt.

c) Verfassungsmäßigkeit des Aufenthaltsverbots

Das Aufenthaltsverbot müsste den Anforderungen des Rechtsstaatsprinzips genügen, insbesondere verhältnismäßig und hinreichend bestimmt sein. Das gegenüber T ausgesprochene Aufenthaltsverbot soll den T daran hindern, in Zukunft den Salon des F gegen dessen Willen zu betreten und Hausfriedensbrüche zu begehen. Die Verhinderung von Straftaten nach § 123 Abs. 1 StGB ist ein legitimer Zweck, § 1 Abs. 1 BremPolG[141]. Zur Erreichung dieses Zwecks ist das Aufenthaltsverbot auch geeignet. Gegenüber dem Aufenthaltsverbot wäre die Erteilung von Platzverweisen ein milderes Mittel. Zweifel an der gleichen Eignung bestehen jedoch insoweit, als Platzverweise die Gefahr eines Hausfriedensbruchs im Gegensatz zu einem Aufenthaltsverbot jeweils nur vorübergehend abwenden können. Andere mildere und gleich geeignete Mittel bestehen nicht. Der Erlass des Aufenthaltsverbotes war daher auch erforderlich.
Angemessen ist es dann, wenn seine Auswirkungen auf den Betroffenen nicht außer Verhältnis zu dem damit verfolgten Zweck stehen. Dagegen spricht zunächst, dass das Aufenthaltsverbot nicht dazu bestimmt ist, Straftaten von einigem Gewicht zu verhindern, sondern nur die Begehung von Antragsdelikten

141 § 1 Abs. 1 PolG NW, § 1 Abs. 1 PolG BW, Art. 2 Abs. 1 BayPAG, § 1 Abs. 1 ASOG Bln, § 1 Abs. 1 BbgPolG, § 1 Abs. 1 HmbSOG, § 1 Abs. 1 HSOG, § 1 Abs. 1 SOG MV, § 1 Abs. 1 Nds.SOG, § 1 Abs. 1 POG RP, § 1 Abs. 1 SPolG, § 1 Abs. 2 SächsPolG, § 1 Abs. 1, 2 Abs. 1 SOG LSA, § 162 Abs. 1 LVwG SH, § 2 Abs. 1 ThürPAG.

(Hausfriedensbrüchen gemäß § 123 StGB). Zu diesem Zweck steht die Beschränkung der Freizügigkeit von vornherein außer Verhältnis. Hinzu kommt hier, dass T aufgrund des Aufenthaltsverbotes daran gehindert wird, seinen Arzt aufzusuchen. Schließlich ist zu berücksichtigen, dass das Aufenthaltsverbot für eine Dauer von 12 Monaten angeordnet wurde. Aufgrund des Umstandes, dass die Ereignisse, die zu dem Aufenthaltsverbot führten, im Sommer stattfanden und davon auszugehen ist, dass der sportliche Ehrgeiz des T vorübergehen würde, war ein Aufenthaltsverbot über 12 Monate nicht angemessen.

d) Ergebnis

Der in dem Aufenthaltsverbot liegende Eingriff in Art. 11 Abs. 1 GG ist verfassungsrechtlich nicht gerechtfertigt. T ist daher in seinem Grundrecht aus Art. 11 Abs. 1 GG verletzt.

II. Verletzung von Art. 2 Abs. 1 GG

Art. 2 Abs. 1 GG (allgemeine Handlungsfreiheit) tritt aus Gründen der Subsidiarität hinter Art. 11 Abs. 1 GG zurück.

III. Verletzung von Art. 103 Abs. 1 GG

Art. 103 Abs. 1 GG schützt lediglich das rechtliche Gehör vor Gericht. Eine Verletzung dieses grundrechtsgleichen Rechts kann sich daher nicht aus dem Umstand ergeben, dass dem T von der Behörde keine Gelegenheit zur Anhörung zu dem beabsichtigten Aufenthaltsverbot gegeben wurde.

C. Ergebnis

Die Verfassungsbeschwerde ist zulässig und begründet[142]. Sie hat daher Aussicht auf Erfolg[143].

142 Untersatz für die gesamte Prüfung.
143 Schlussfolgerung und Antwort auf die Fallfrage.

✔ Falllösung zur Rechtmäßigkeit des Aufenthaltsverbotes

Das Aufenthaltsverbot gegenüber T ist rechtmäßig, wenn es auf einer tauglichen Rechtsgrundlage beruht sowie formell und materiell rechtmäßig ist[144].

I. Rechtsgrundlage

Als Rechtsgrundlage für das Verbot, sich dem Salon des F auf mehr als 50 m zu nähern, kommt § 14 Abs. 2 Satz 1 BremPolG in Betracht. Danach kann einer Person für eine bestimmte Zeit verboten werden, einen bestimmten örtlichen Bereich zu betreten oder sich dort aufzuhalten, wenn Tatsachen die Annahme rechtfertigen, dass sie dort eine Straftat begehen wird[145].

II. Formelle Rechtmäßigkeit

Das Aufenthaltsverbot ist formell rechtmäßig, wenn die Vorschriften über Zuständigkeit, Verfahren und Form eingehalten wurden[146].

1. Zuständigkeit

Laut Sachverhalt wurde das Aufenthaltsverbot durch die nach §§ 64 Abs. 1 Satz 1, 78 Abs. 1, 79 Abs. 2 BremPolG zuständige Behörde erlassen.

144 Obersatz für die gesamte Prüfung der Rechtmäßigkeit des Aufenthaltsverbots. Der Leser erkennt anhand des Begriffs „Rechtmäßigkeit", dass Prüfungsmaßstab hier nur einfaches Recht ist, dass also im Gegensatz zum ersten Teil der Falllösung keine Grundrechte geprüft werden.

145 Die Rechtsgrundlage für den Eingriff wird benannt. Ob sie verfassungsmäßig ist, stellt sich für die vollziehende Gewalt grundsätzlich nicht, weil sie keine Prüfungs- und Verwerfungskompetenz hat. Sie ist aber von erheblicher Bedeutung für ihre Anwendung. Es kann sich nämlich herausstellen, dass eine Vorschrift nur bei restriktiver Auslegung mit dem Grundgesetz vereinbar ist. In diesem Fall würden Sie zu falschen Ergebnissen gelangen, wenn Sie die Vorschrift wörtlich nehmen. Dieser Fall gibt dafür ein Beispiel.

146 Obersatz für die formelle Rechtmäßigkeit.

2. Verfahren

a) Anhörung

Gemäß § 28 Abs. 1 BremVwVfG ist dem Betroffenen Gelegenheit zu geben, sich zu den für die Entscheidung erheblichen Tatsachen zu äußern, bevor ein Verwaltungsakt erlassen wird, der in seine Rechte eingreift[147].

aa) Belastender Verwaltungsakt

Bei dem Aufenthaltsverbot gegenüber T handelt es sich um die Regelung einer Behörde auf dem Gebiet des öffentlichen Rechts mit unmittelbarer Rechtswirkung nach außen und damit um einen Verwaltungsakt i. S. d. § 35 Satz 1 BremVwVfG[148]. Es führt dazu, dass T sich nicht mehr in dem bestimmten Bereich der Innenstadt aufhalten darf und greift daher in die Rechte des T ein. Vor Erlass des Aufenthaltsverbotes hätte daher vorbehaltlich der Ausnahmen in § 28 Abs. 2 und 3 BremVwVfG Gelegenheit zur Anhörung nach § 28 Abs. 1 BremVwVfG gegeben werden müssen.

bb) Ausnahme von der Anhörungspflicht gemäß § 28 Abs. 3 BremVwVfG[149]

Gemäß § 28 Abs. 3 BremVwVfG unterbleibt eine Anhörung, wenn ihr ein zwingendes öffentliches Interesse entgegensteht. Das ist dann der Fall, wenn besonders gewichtige öffentliche Interessen vorhanden sind, die gegenüber dem Zweck der Anhörung und dem Interesse des Betroffenen daran eindeutig und unzweifelhaft den Vorrang haben und die gerade durch die Anhörung verletzt würden[150]. Diese Voraussetzungen liegen hier nicht vor. Von der Anhörung des T musste nicht gemäß § 28 Abs. 3 BremVwVfG abgesehen werden.

cc) Ausnahme von der Anhörungspflicht gemäß § 28 Abs. 2 BremVwVfG

Gemäß § 28 Abs. 2 BremVwVfG kann von der Anhörung abgesehen werden, wenn sie nach den Umständen des Einzelfalls nicht geboten ist, insbesondere

147 Die Vorschrift enthält Tatbestand (Absicht der Behörde, einen belastenden Verwaltungsakt zu erlassen) und Rechtsfolge (Pflicht, Gelegenheit zur Anhörung zu geben). Beides wird nacheinander geprüft.

148 Das Ergebnis ist so offensichtlich, dass es genügt, abgekürzt zu subsumieren.

149 § 28 Abs. 3 BremVwVfG enthält eine gebundene Entscheidung. Wenn ein zwingendes öffentliches Interesse der Anhörung entgegensteht, *muss* sie unterbleiben. Demgegenüber enthält § 28 Abs. 2 BremVwVfG eine Ermessensentscheidung. Danach *kann* eine Anhörung unter bestimmten Voraussetzungen unterbleiben. Wenn ein Fall des § 28 Abs. 3 BremVwVfG vorliegt, wäre es verfehlt, über ein Ermessen nachzudenken. Deshalb ist bei den Ausnahmen zu § 28 Abs. 1 BremVwVfG immer zuerst zu prüfen, ob eine Anhörung unterbleiben muss.

150 Kopp/Ramsauer, VwVfG, § 28 Rn. 76.

wenn eine sofortige Entscheidung wegen Gefahr im Verzug oder im öffentlichen Interesse notwendig erscheint, § 28 Abs. 2 Nr. 1 BremVwVfG[151].

(1) Erfüllung eines Ausnahmetatbestandes nach § 28 Abs. 2 BremVwVfG

Im Hinblick auf die Bedeutung des rechtlichen Gehörs für ein rechtsstaatliches Verfahren sowie für den Rechtsschutz des Betroffenen sind die Ausnahmen in § 28 Abs. 2 BremVwVfG eng auszulegen[152]. Eine Gefahr im Verzug liegt daher erst dann vor, wenn durch die Anhörung als solche selbst bei Setzung einer kurzen Anhörungsfrist ein Zeitverlust eintreten würde, der mit hoher Wahrscheinlichkeit zur Folge hätte, dass die in der Sache gebotenen Maßnahmen zu spät kämen[153]. Eine vorherige Anhörung des T hätte dazu geführt, dass bis zur Entscheidung über den Erlass des Aufenthaltsverbotes weitere Zeit verstrichen wäre, in der T die Kundinnen des F weiter hätte belästigen und dessen Geschäft schädigen können. Insofern lag hier eine Gefahr im Verzug vor. Es stand daher im Ermessen der Behörde, von einer Anhörung des T abzusehen.

(2) Ermessen

Die Entscheidung, von einer Anhörung des T abzusehen, müsste ermessensfehlerfrei getroffen worden sein[154]. Gemäß § 40 BremVwVfG *hat* die Behörde ihr Ermessen *auszuüben*, wenn sie ermächtigt ist, nach Ihrem Ermessen zu handeln. Geschieht das nicht, ist die Entscheidung wegen Ermessensausfalls rechtswidrig. Hier ging die Behörde davon aus, dass sie aufgrund der Gefahr im Verzug keine Gelegenheit zur Anhörung geben konnte. Sie hielt sich vielmehr für gebunden. Insoweit liegt ein Ermessensausfall vor. Das Absehen von einer Anhörung war daher rechtswidrig[155].

b) Ergebnis

Das Aufenthaltsverbot ist wegen fehlender Anhörung formell rechtswidrig. Zu berücksichtigen ist allerdings, dass der Verstoß gegen § 28 Abs. 1 BremVwVfG unbeachtlich ist, wenn die Anhörung des T nachgeholt wird, § 45 Abs. 1 Nr. 3

151 Andere Ausnahmetatbestände nach § 28 Abs. 2 Nr. 2 bis 5 BremVwVfG kommen hier nicht in Betracht, auch keine anderen Gründe für ein Unterbleiben der Anhörung.

152 Vgl. Art. 103 Abs. 1 GG. Kopp/Ramsauer, VwVfG, § 28 Rn. 46.

153 Kopp/Ramsauer, VwVfG, § 28 Rn. 51.

154 Es ist ein in der Praxis beliebter Fehler, schon aus dem Vorliegen eines Ausnahmetatbestandes darauf zu schließen, dass eine Anhörung nicht stattfinden müsse. Tatsächlich ist es nach dem eindeutigen Wortlaut des Gesetzes aber so, dass die Behörde auch in diesen Fällen eine Anhörung durchführen könnte. Dieser Möglichkeit muss sich die Behörde bewusst sein und entscheiden.

155 Es wäre auch ohne den Ermessensfehler rechtswidrig gewesen. Das Absehen von einer Anhörung muss nämlich auch verhältnismäßig sein, Kopp/Ramsauer, VwVfG, § 28 Rn. 54. Das war hier aufgrund der überragenden Bedeutung der Freizügigkeit ebenfalls nicht der Fall.

BremVwVfG. Die Heilung kann bis zum Abschluss der letzten Tatsacheninstanz eines verwaltungsgerichtlichen Verfahrens erfolgen, § 45 Abs. 2 BremVwVfG.

3. Form

Verwaltungsakte können gemäß § 37 Abs. 2 BremVwVfG u. a. schriftlich erlassen werden. Das ist hier geschehen. Das Aufenthaltsverbot wurde dem T auch bekannt gegeben, § 41 BremVwVfG. Ein Verstoß gegen die Form liegt daher nicht vor.

4. Ergebnis

Fehler bei Zuständigkeit und Form liegen nicht vor. Das Aufenthaltsverbot wurde allerdings unter Verstoß gegen die Verfahrensvorschrift aus § 28 Abs. 1 BremVwVfG erlassen[156]. Das Aufenthaltsverbot ist daher bis zum Eintritt einer Heilung gemäß § 45 Abs. 1 Nr. 3 BremVwVfG formell rechtswidrig[157].

III. Materielle Rechtmäßigkeit

Das Aufenthaltsverbot ist materiell rechtmäßig, wenn die Tatbestandsvoraussetzungen des § 14 Abs. 2 Satz 1 BremPolG erfüllt sind, wenn T ordnungspflichtig und das Aufenthaltsverbot ermessensfehlerfrei und verhältnismäßig ist[158].

1. Tatbestandsvoraussetzungen des § 14 Abs. 2 Satz 1 BremPolG

Der Erlass eines Aufenthaltsverbotes setzt das Vorliegen von Tatsachen voraus, die die Annahme rechtfertigen, T werde in einem bestimmten örtlichen Bereich eine Straftat begehen.

a) Vorliegen von Tatsachen

Unter Tatsachen versteht man beweiskräftige, objektive Fakten, aus denen unmittelbar auf das Vorliegen von Sachverhalten geschlossen werden kann. Dazu gehören auch Hinweise aus der Bevölkerung[159]. Hier lag der Behörde die Aussage des F vor, der darüber berichtete, dass T seit längerer Zeit trotz Hausverbots seinen Salon

156 Untersatz für die formelle Rechtmäßigkeit.

157 Schlussfolgerung für die formelle Rechtmäßigkeit.

158 Obersatz für die materielle Rechtmäßigkeit.

159 Zu den Tatsachen zählen dagegen nicht Vermutungen, Ahnungen, Kaffeesatzleserei. Diese Abgrenzung gelingt, wenn Sie Ihre Ausführungen gliedern und sich zunächst Klarheit darüber verschaffen, welche Fakten überhaupt vorliegen.

betrete und darüber hinaus mit seinem unangenehmen Äußeren und seinen Bemerkungen seine Kundinnen verschrecke. Folge davon sei eine Schädigung seines Geschäfts. Tatsachen i. S. d. § 14 Abs. 2 BremPolG lagen also vor.

b) Prognose künftiger Straftaten i. S. d. § 14 Abs. 2 BremPolG

Diese Tatsachen müssten die Prognose rechtfertigen, T werde im Umkreis des Salons des F eine Straftat[160] begehen. Eine Straftat wird in § 2 Nr. 4 BremPolG als rechtswidrige Tat definiert, die den objektiven Tatbestand eines Strafgesetzes verwirklicht[161]. Zu diesen Taten gehört auch der Hausfriedensbruch gemäß § 123 StGB. Da T das Hauverbot des F schon mehrfach missachtet hat, war zu erwarten, dass er auch in Zukunft den Salon betreten und gegen § 123 StGB verstoßen würde. Würde man den Begriff der Straftat i. S. d. § 2 Nr. 4 BremPolG auslegen, würden hier Tatsachen die Annahme rechtfertigen, dass T Straftaten begehen wird[162]. Gegen die weite Auslegung des Begriffs Straftat im o. g. Sinn spricht, dass der Erlass eines Aufenthaltsverbots aufgrund der längeren zeitlichen Dauer und der Erstreckung auf einen größeren örtlichen Bereich zu einem Eingriff in die Freizügigkeit gemäß Art. 11 Abs. 1 GG führt. Solche Eingriffe sind aber nur dann zulässig, wenn sie der Abwehr von Gefahren für die in Art. 11 Abs. 2 GG abschließend genannten Rechtsgüter dienen. Dazu gehört zwar auch der Zweck, die Freizügigkeit zu beschränken, um strafbaren Handlungen vorzubeugen. Darunter sind aber nur solche Straftaten gemeint, die in ihrer Bedeutung mit den anderen in Art. 11 Abs. 2 GG aufgezählten Schutzgütern vergleichbar sind. Hausfriedensbrüche sind nach dem Willen des Gesetzgebers keine Delikte, deren Verfolgung ohne Weiteres im öffentlichen Interesse steht. Sie werden nicht von Amts wegen verfolgt, sondern sind Antragsdelikte. Ihre Bedeutung ist daher in keiner Weise mit dem Schutz vor Seuchengefahren, Naturkatastrophen oder besonders schweren Unglücksfällen zu vergleichen, die vom Verfassungsgeber für eine Beschränkung der Freizügigkeit verlangt werden. Aus diesen Gründen ist der Begriff der Straftat in § 14 Abs. 2 BremPolG nur dann mit dem Grundgesetz vereinbar, wenn er restriktiv ausgelegt und auf solche rechtswidrigen Taten beschränkt wird, die in ihrer Bedeutung den in Art. 11 Abs. 2 GG genannten anderen Rechtsgütern vergleichbar sind[163]. Zu diesen Rechtsgütern gehört der Hausfriedensbruch nicht[164].

160 Benennung des Rechtsbegriffs.

161 Systematische Auslegung. Systemzusammenhang ist das Bremische Polizeigesetz.

162 Auswirkung der ersten Auslegungsmöglichkeit auf den Fall.

163 Das Aufenthaltsverbot wurde im Übrigen in die Landespolizeigesetze aufgenommen, um offene Drogenszenen und illegale Prostitution zu bekämpfen, also zweifellos Straftaten, die aufgrund ihres großen Schadenspotentials mit den anderen Rechtsgütern in Art. 11 Abs. 2 GG vergleichbar sind.

164 Ergebnis der zweiten Auslegung.

2. Ergebnis

Die Tatbestandsvoraussetzungen des § 14 Abs. 2 Satz 1 BremPolG liegen nicht vor. Das Aufenthaltsverbot ist damit materiell rechtswidrig.

L. Tschüss!

Sachverhalt

F hat ihren Mann (M) satt. Nicht genug damit, dass er sich ständig betrinkt und das Geld verpulvert, er schlägt sie auch grundlos, wenn ihm danach ist. Als F ihn eines freitags nachts auch noch mit einer anderen Frau in der gemeinsamen Wohnung erwischt, ist das Maß voll. F teilt M mit, er solle sich zum Teufel scheren und die Schlampe (S) gleich mitnehmen. M erwidert nur, F solle die Schnauze halten und Zigaretten holen gehen. Auch S macht keine Anstalten, die Wohnung zu verlassen, sondern geht ins Bad. F und M geraten derweil in lautstarken Streit, in den sich auch noch S einmischt, nachdem sie fertig ist. Als schließlich die Tassen fliegen und die Nachbarn Schläge und danach Schreie der F hören, machen sie sich Sorgen und rufen die Polizei.

Diese erscheint vor der Wohnungstür, klingelt mehrfach und ruft dann: „Aufmachen, Polizei!“ M reißt wutschnaubend die Tür auf, brüllt die Beamten an, sie sollten sich nicht in Privatangelegenheiten einmischen und ganz schnell verschwinden, sonst würde es ihnen wie seiner Frau ergehen. Zur Glaubhaftmachung zeigt er ihnen die geballte Faust. Im Hintergrund prügelt sich währenddessen S mit F, die offenbar schon einige Niederlagen hat einstecken müssen und der Polizei zuruft, sie solle endlich etwas tun.

Um weitere Tätlichkeiten zu verhindern, verweisen die Beamten M aus seiner Wohnung und untersagen ihm, vor dem kommenden Montag zurückzukehren. S fordern sie auf, die Wohnung zu verlassen. M fragt die Beamten, ob sie nicht ganz bei Trost seien, ihn aus seiner eigenen Wohnung zu werfen, und fordert sie auf, mal lieber seine hysterische Frau mitzunehmen. Auch mit gutem Zureden und dem warnenden Hinweis auf eine Strafverfolgung ist er nicht bereit, das Feld zu räumen, und versucht stattdessen, den Beamten die Wohnungstür vor der Nase zuzuschlagen. Die Beamten betreten daraufhin die Wohnung und nehmen M zur Wache mit.

Werden M und S durch die Maßnahmen der Polizei in Grundrechten verletzt?

Bearbeitervermerk: Das Klingeln und die Aufforderung, die Tür zu öffnen, sind nicht zu prüfen.

✔ Falllösung

I. Verletzung des M in seinem Grundrecht aus Art. 11 Abs. 1 GG durch die Wohnungsverweisung und die Untersagung der Rückkehr

Eine Verletzung des Art. 11 Abs. 1 GG liegt vor, wenn die Wohnungsverweisung und das Rückkehrverbot durch die Polizei rechtswidrig in den Schutzbereich eingreifen.

1. Betroffenheit des Schutzbereichs

Es ist davon auszugehen, dass M Deutscher ist. Der persönliche Schutzbereich ist damit eröffnet.
Art. 11 Abs. 1 GG schützt die Freizügigkeit. Darunter versteht man die Freiheit, an jedem Ort innerhalb des Bundesgebietes Aufenthalt und Wohnsitz zu nehmen. Aufenthalt bedeutet Verweilen. Dieses wird jedenfalls dann von Art. 11 Abs. 1 GG geschützt, wenn es nach Dauer, subjektivem Zweck und objektiver Bedeutung identitätsstiftend ist und damit dem gleichkommt, was mit dem Wort Heimat gemeint ist[165]. Durch die Weisung, seine Wohnung zu verlassen und dorthin nicht vor dem kommenden Montag zurückzukehren, wurde M verwehrt, für einen Zeitraum von mindestens zwei Tagen seine Wohnung zu betreten und zu benutzen. Er war damit für einen nicht nur unerheblichen Zeitraum von dem getrennt, was seine persönliche Lebensumgebung ausmacht, wo er persönliche Dinge aufbewahrt, seinen privaten Interessen nachgeht, Bekannte empfangen und sich ausruhen und andere Personen ausschließen kann, was also in der Summe identitätsstiftend ist. Der Aufenthalt des M in der eigenen Wohnung für die Dauer eines Wochenendes gehört damit zu dem von Art. 11 Abs. 1 GG geschützten Aufenthalt. Das Gebot der Polizei, die Wohnung zu verlassen und einstweilen nicht zurückzukehren, hatte Auswirkungen auf dieses Recht. Der sachliche Schutzbereich des Art. 11 Abs. 1 GG ist daher ebenfalls betroffen.

165 An dieser Stelle war zwischen Art. 11 Abs. 1 GG und Art. 2 Abs. 2 Satz 2 GG abzugrenzen. Beide Grundrechte schützen das Recht, sich an einem Ort aufzuhalten. Der gegenüber Art. 2 Abs. 2 Satz 2 GG stärkere Schutz durch Art. 11 Abs. 1 GG wird indes nur dann vermittelt, wenn die konkrete Freiheitsbetätigung für den Grundrechtsträger eine über die bloße Bewegungsfreiheit hinausgehende Bedeutung hat. Ob das der Fall ist, hängt vom Einzelfall ab.

2. Eingriff

Ein Eingriff liegt dann vor, wenn ein grundrechtlich geschütztes Verhalten erschwert oder unmöglich gemacht wird. Die Aufforderung der Polizei hatte hier zur Folge, dass M jedenfalls für die Dauer des Wochenendes sein Zuhause verlor. Die Voraussetzungen eines Eingriffs liegen damit vor.

3. Verfassungsrechtliche Rechtfertigung

Der Eingriff ist verfassungsrechtlich gerechtfertigt, wenn Art. 11 Abs. 1 GG unter dem Vorbehalt eines einschränkenden Gesetzes steht und dieses Gesetz sowie der darauf beruhende Einzelakt verfassungsmäßig sind.

a) Gesetzesvorbehalt

Nach Art. 11 Abs. 2 GG darf die Freizügigkeit durch oder auf Grund eines Gesetzes u. a. eingeschränkt werden, um strafbaren Handlungen vorzubeugen (sog. Kriminalvorbehalt). Als Gesetz, das diesen Vorbehalt ausfüllt, kommt § 14a Abs. 1 BremPolG[166] in Betracht. Danach darf der Polizeivollzugsdienst eine Person (betroffene Person) zur Abwehr einer von ihr ausgehenden Gefahr für Leib, Leben oder Freiheit einer anderen Person aus einer Wohnung, in der die gefährdete Person wohnt, verweisen und ihr die Rückkehr in diesen Bereich untersagen.

b) Verfassungsmäßigkeit des § 14a Abs. 1 BremPolG

§ 14a Abs. 1 BremPolG müsste die qualifizierten Anforderungen des Art. 11 Abs. 2 GG erfüllen sowie formell und materiell verfassungsmäßig sein.

aa) Qualifizierte Anforderungen des Art. 11 Abs. 2 GG

Die Ermächtigung in § 14a Abs. 1 BremPolG ermöglicht die Wohnungsverweisung nur, um die Begehung von Straftaten gegen Leib, Leben oder Freiheit zu verhindern. Sie genügt daher den qualifizierten Anforderungen, die Art. 11 Abs. 2 GG an ein Gesetz zur Beschränkung der Freizügigkeit stellt.

bb) Formelle Verfassungsmäßigkeit

§ 14a Abs. 1 BremPolG ist formell verfassungsmäßig, wenn die Vorschriften über Zuständigkeit, Verfahren und Form eingehalten wurden. Gemäß Art. 70 Abs. 1

166 § 34a PolG NW, § 3 PolG BW (Generalklausel mangels einer speziellen Eingriffsermächtigung), Art. 11 BayPAG (Generalklausel mangels einer speziellen Eingriffsermächtigung), § 29a ASOG Bln, § 16a BbgPolG, § 12b Abs. 1 HmbSOG, § 31 Abs. 2 HSOG, § 52 Abs. 2 SOG MV, § 17 Abs. 2 Nds.SOG, § 13 Abs. 2, Abs. 4 POG RP, § 12 Abs. 2 SPolG, § 21 Abs. 3 SächsPolG, § 36 Abs. 3 SOG LSA, § 201a LVwG SH, § 12 Abs. 1 ThürPAG (Generalklausel mangels einer speziellen Eingriffsermächtigung).

GG sind die Länder gesetzgebungsbefugt, soweit das Grundgesetz nicht dem Bund Gesetzgebungsbefugnisse verleiht. § 14a Abs. 1 BremPolG regelt die Gefahrenabwehr durch die Polizei, also einen Gegenstand, der nicht nach Art. 73, 74 oder 75 GG dem Bund zugewiesen ist. Das spricht für eine Zuständigkeit des Landes. Daneben regelt § 14a Abs. 1 BremPolG aber auch die Freizügigkeit i. S. d. Art. 11 Abs. 1 GG. Die Verfassung bestimmt in Art. 73 Nr. 3 GG, dass für die Regelung der Freizügigkeit ausschließlich der Bund zuständig ist. Das spricht für eine Zuständigkeit des Bundes. Für die Auflösung dieser Konkurrenz zugunsten der Länder spricht, dass die in § 14a Abs. 1 BremPolG geregelten Fälle des Aufenthaltsverbots ebenso wie die anderen Standardbefugnisse keine über das Bundesland hinausgehende Relevanz haben, die es rechtfertigen würde, sie von dem Grundsatz der Länderzuständigkeit auszunehmen. Wohnungsverweisungen betreffen den Adressaten der Verfügung vielmehr in gleicher Weise wie die anderen Polizeibefugnisse. Funktionsgerecht ist daher nur eine Kompetenzinterpretation zugunsten der Länder. Die Freie Hansestadt Bremen war demgemäß nach Art. 70 Abs. 1 GG für den Erlass des § 14a Abs. 1 BremPolG zuständig. Fehler beim Gesetzgebungsverfahren und bei der Form liegen nicht vor. § 14a Abs. 1 BremPolG ist daher formell verfassungsmäßig.

cc) Materielle Verfassungsmäßigkeit

(1) Anforderungen des Art. 19 Abs. 1 und 2 GG

§ 14a Abs. 1 BremPolG ist abstrakt-generell. Ein Verstoß gegen das Einzelfallgesetzverbot in Art. 19 Abs. 1 Satz 1 GG liegt nicht vor. Das Zitiergebot in Art. 19 Abs. 1 Satz 2 GG wurde beachtet, § 9 BremPolG[167]. Ein Verstoß gegen die Wesensgehaltsgarantie liegt nicht vor. Die Anforderungen des Art. 19 Abs. 1 und 2 GG sind daher erfüllt.

(2) Anforderungen des Rechtsstaatsprinzips

§ 14a Abs. 1 BremPolG müsste verhältnismäßig und hinreichend bestimmt sein.

(3) Verhältnismäßigkeit

Verhältnismäßig ist ein Gesetz dann, wenn es einen legitimen Zweck verfolgt und zur Zweckerreichung geeignet, erforderlich und angemessen ist.
Die Ermächtigung zum Erlass einer Wohnungsverweisung und eines Rückkehrverbotes dient dazu, Gefahren für Leib, Leben oder Freiheit von Personen abzuwenden, die mit der betroffenen Person in häuslicher Gemeinschaft leben.

167 § 7 PolG NW, § 4 PolG BW, Art. 74 BayPAG, § 66 ASOG Bln, § 8 BbgPolG, § 31 HmbSOG, § 10 HSOG, § 78 SOG MV, § 10 Nds.SOG, § 8 POG RP, § 7 SPolG, § 79 SächsPolG, § 11 SOG LSA, § 247 LVwG SH, § 11 ThürPAG.

Der damit verfolgte Zweck der Gefahrenabwehr ist legitim. Die Ermächtigung ist geeignet, wenn die damit bezweckte Gefahrenabwehr zumindest gefördert wird. Die Ermächtigung erweitert die Befugnisse der Polizei in der Weise, dass die Person, die häusliche Gewalt gegen eine andere Person ausübt, von der Wohnung ferngehalten werden kann. Die Möglichkeit, dass der Adressat der Maßnahme die häusliche Gewalt fortsetzt, wird dadurch verringert. Die Ermächtigung ist daher auch zur Zweckerreichung geeignet.

Erforderlich ist sie dann, wenn es gegenüber der Befugnis zur Wohnungsverweisung keine milderen, gleich geeigneten Mittel gibt. Als gleich effektives Mittel kommt die Befugnis zur Ingewahrsamnahme des Störers in Betracht. Diese ist allerdings darauf gerichtet, die Freiheit des Betroffenen zu entziehen, während die Wohnungsverweisung nur zu einer Freiheitsbeschränkung führt. Die Ingewahrsamnahme ist daher gerade kein milderes Mittel. Im Übrigen verpflichtet § 14a Abs. 1 BremPolG die Polizei nicht, eine Wohnungsverweisung auszusprechen, sondern eröffnet Ermessen. Im Rahmen des Erschließungsermessens kann die Polizei daher im Einzelfall entscheiden, ob sie die Gefahr durch weniger belastende Maßnahmen (Zureden, Hinweis auf die Strafbarkeit etc.) bzw. durch ein zeitlich und räumlich begrenztes Rückkehrverbot abwendet. Zweifel an der Erforderlichkeit bestehen deshalb nicht.

§ 14a Abs. 1 BremPolG ist angemessen, wenn die Schwere der dadurch ermöglichten Eingriffe nicht außer Verhältnis zu dem damit verfolgten Zweck der Verhinderung von Straftaten steht. Bei der Freizügigkeit handelt es sich um eines der elementarsten Grundrechte der Verfassung. Sie hat aufgrund ihrer verfassungsgeschichtlichen Tradition und aufgrund ihrer identitätsbildenden Funktion für den Einzelnen im Vergleich zu den anderen Gewährleistungen eine überragende Stellung und ist insbesondere gegenüber der Freiheit der Person (Art. 2 Abs. 2 Satz 2 GG) und der freien Entfaltung der Persönlichkeit (Art. 2 Abs. 1 GG) höherrangig. Dieser Bedeutung entsprechend regelt Art. 11 Abs. 2 GG, dass Einschränkungen, anders als bei Art. 2 Abs. 1 und 2 Satz 2 GG nicht bei jedem Verstoß gegen die Rechtsordnung zulässig sind, sondern nur bei erheblichen Gefährdungen für besonders wichtige Gemeinschaftsgüter, u. a. im Fall des inneren Notstandes, bei Naturkatastrophen oder zur Bekämpfung von Seuchengefahren. Das bedeutet, dass nicht alle Straftaten eine Beschränkung der Freizügigkeit rechtfertigen können, sondern nur solche Taten, die in ihrer Bedeutung den ansonsten in Art. 11 Abs. 2 GG aufgezählten Vorbehalten zumindest gleichkommen. § 14a Abs. 1 BremPolG nennt als Tatbestandsmerkmal für ein Einschreiten das Vorliegen einer gegenwärtigen Gefahr für Leib, Leben oder Freiheit einer Person. Damit ist ausgeschlossen, dass eine Wohnungsverweisung wegen

Bagatelldelikten ausgesprochen wird. Darüber hinaus bestimmt § 14a Abs. 2 BremPolG, dass der betroffenen Person Gelegenheit zu geben ist, dringend benötigte Gegenstände mitzunehmen, und dass die Dauer des Rückkehrverbots auf zehn Tage beschränkt ist, § 14a Abs. 4 BremPolG. Die Ermächtigung in § 14a Abs. 1 BremPolG ist nach allem auch angemessen.
Die Verhältnismäßigkeit ist gegeben.

(4) Bestimmtheit

§ 14a Abs. 1 BremPolG ist so klar und präzise formuliert, wie es mit Rücksicht auf den Normzweck und die zu regelnden Lebenssachverhalte möglich ist, und damit hinreichend bestimmt.

c) Verfassungsmäßigkeit der Wohnungsverweisung und des Rückkehrverbots

Die Wohnungsverweisung und das Rückkehrverbot müssten den Anforderungen des Rechtsstaatsprinzips genügen, insbesondere verhältnismäßig und hinreichend bestimmt sein.

aa) Verhältnismäßigkeit

Beide Verfügungen sollten M daran hindern, seine Angriffe auf Leib und Leben der F fortzusetzen. Die Maßnahmen dienten daher einem legitimen Zweck. Zur Erreichung dieses Zwecks waren die Maßnahmen auch geeignet.
Gegenüber der Wohnungsverweisung und dem Rückkehrverbot wäre es weniger belastend gewesen, dem M gut zuzureden und ihn unter Hinweis auf die strafrechtlichen Folgen seines Verhaltens von weiteren Taten abzuhalten. Zweifel an der gleichen Eignung bestehen jedoch insoweit, als diese Maßnahmen aufgrund des gewalttätigen Auftretens des M gegenüber der Polizei nicht ebenso sicher wie die Wohnungsverweisung eine Beendigung der Gewalttätigkeiten hätten erwarten lassen. Andere mildere und gleich geeignete Mittel bestehen nicht. Die Wohnungsverweisung und das Rückkehrverbot waren daher auch erforderlich.
Angemessen ist eine Maßnahme dann, wenn ihre Auswirkungen auf den Betroffenen nicht außer Verhältnis zu dem damit verfolgten Zweck stehen. Dem Eingriff in die Freizügigkeit des M steht hier die körperliche Unversehrtheit der F gegenüber, die bereits dadurch beeinträchtigt wurde, dass M sie anlässlich der konkreten Situation verprügelte, und zudem dadurch gefährdet ist, dass sich die Gewalttätigkeiten nach Abrücken der Polizei fortsetzen könnten. Die dahin gehende Prognose erscheint vor dem Hintergrund, dass sich M ständig betrinkt und die F in der Vergangenheit sogar ohne Anlass auch wiederholt geschlagen hat, berechtigt. Hinzu kommt, dass das Wochenende bevorstand, an dem sich

die Beteiligten regelmäßig zu Hause aufhalten. Die Gefahr, dass es bei dieser Sachlage zu weiteren Auseinandersetzungen und Rechtsgutsverletzungen der F kommen würde, war daher erheblich. Aus diesen Gründen stand auch das Rückkehrverbot bis zum kommenden Montag nicht außer Verhältnis zu dem Eingriff in die Freizügigkeit des M.

bb) Bestimmtheit

Zweifel an der Bestimmtheit der Verfügungen bestehen nicht.

4. Ergebnis

Der Eingriff in die Freizügigkeit des M ist verfassungsrechtlich gerechtfertigt. Eine Verletzung des Art. 11 Abs. 1 GG durch die Wohnungsverweisung und das Rückkehrverbot liegt daher nicht vor.

II. Verletzung des M in seinem Grundrecht aus Art. 13 Abs. 1 GG durch das Betreten der Wohnung

Dadurch, dass die Polizei die Wohnung betritt, um M zur Wache mitnehmen zu können, könnte dieser in seinem Grundrecht aus Art. 13 Abs. 1 GG verletzt sein.

1. Betroffenheit des Schutzbereichs

Der Begriff Wohnung umfasst alle Räume, die der Berechtigte nach außen erkennbar der allgemeinen Zugänglichkeit entzogen und zur Stätte seines Lebens und Wirkens gemacht hat. Der Aufenthaltsort des M erfüllte diese Voraussetzungen. Die Maßnahme der Polizei führte dazu, dass Bestandteile der Privatsphäre des M Außenstehenden zugänglich wurden, und hatte damit Auswirkungen auf die Unverletzlichkeit der Wohnung. Der Schutzbereich ist daher durch das Betreten der Wohnung betroffen.

2. Eingriff

Ein Eingriff liegt vor, wenn das geschützte Verhalten nachteilig betroffen wird. Kein Eingriff liegt dagegen dann vor, wenn der Berechtigte in das Betreten der Wohnung einwilligt. Wohnungsinhaber sind hier F und M. Eine Einwilligung für das Betreten lag nur seitens der F vor, während M den Beamten keinen Zutritt zu der Wohnung gewähren wollte. Durch das Betreten gegen seinen Willen wurde der Schutzbereich nachteilig betroffen. Ein Eingriff liegt daher vor.

3. Verfassungsrechtliche Rechtfertigung

Der Eingriff in Art. 13 Abs. 1 GG ist verfassungsrechtlich gerechtfertigt, wenn das Grundrecht unter einem Gesetzesvorbehalt steht und das den Vorbehalt ausfüllende Gesetz sowie der darauf beruhende Einzelakt selbst verfassungsmäßig sind.

a) Gesetzesvorbehalt

Art. 13 Abs. 7 GG erlaubt unter den dort geregelten Voraussetzungen Eingriffe und Beschränkungen im Übrigen, also solche Beeinträchtigungen, die nicht Durchsuchungen i. S. d. Art. 13 Abs. 2 GG sind und die auch nicht unter Art. 13 Abs. 3 bis 6 GG fallen. Solche Beschränkungen dürfen aufgrund eines Gesetzes u. a. zur Verhütung dringender Gefahren für die öffentliche Sicherheit vorgenommen werden. Als den Vorbehalt ausfüllendes Gesetz kommt hier § 21 Abs. 2 BremPolG[168] in Betracht, der zum Betreten von Wohnungen zur Nachtzeit ermächtigt[169].

b) Verfassungsmäßigkeit des § 21 Abs. 2 BremPolG

aa) Formelle Verfassungsmäßigkeit

Die Gesetzgebungszuständigkeit beruht auf Art. 70 Abs. 1 GG. Fehler bei dem Gesetzgebungsverfahren und der Form liegen nicht vor.

bb) Materielle Verfassungsmäßigkeit

(1) Anforderungen des Art. 19 Abs. 1 und 2 GG

§ 21 Abs. 2 BremPolG ist abstrakt-generell. Ein Verstoß gegen das Einzelfallgesetzverbot in Art. 19 Abs. 1 Satz 1 GG liegt nicht vor. Das Zitiergebot in Art. 19 Abs. 1 Satz 2 GG wurde beachtet, § 9 BremPolG[170]. Ein Verstoß gegen die Wesensgehaltsgarantie liegt nicht vor. Die Anforderungen des Art. 19 Abs. 1 und 2 GG sind daher erfüllt.

168 § 41 Abs. 2 PolG NW, § 31 Abs. 1 Satz 2 PolG BW, Art. 23 Abs. 2 BayPAG, § 36 Abs. 3 ASOG Bln, § 23 Abs. 2 BbgPolG, § 16 Abs. 3 HmbGesDatVPolG, § 38 Abs. 5 HSOG, § 59 Abs. 4 SOG MV, § 24 Abs. 4 Nds.SOG, § 20 Abs. 2 POG RP, § 19 Abs. 2 SPolG, § 25 Abs. 1 Satz 2 SächsPolG, § 43 Abs. 5 SOG LSA, § 208 Abs. 4 LVwG SH, § 25 Abs. 2 ThürPAG.

169 § 21 Abs. 2 BremPolG ist lex specialis gegenüber § 21 Abs. 1 BremPolG. Die besondere Rechtsgrundlage für das Betreten von Wohnungen zur Nachtzeit beruht darauf, dass die Eingriffsintensität zu diesen Zeiten höher ist als bei Eingriffen tagsüber. Unzutreffend ist es daher, wenn Sie die Rechtsgrundlage für das Betreten hier auf § 21 Abs. 1 Nr. 3 oder 4 BremPolG stützen.

170 § 7 PolG NW, § 4 PolG BW, Art. 74 BayPAG, § 66 ASOG Bln, § 8 BbgPolG, § 31 HmbSOG, § 10 HSOG, § 78 SOG MV, § 10 Nds.SOG, § 8 POG RP, § 7 SPolG, § 79 SächsPolG, § 11 SOG LSA, § 247 LVwG SH, § 11 ThürPAG.

(2) Verhältnismäßigkeit

Der Gesetzgeber verfolgt mit der Ermächtigung in § 21 Abs. 2 BremPolG den Zweck, gegenwärtige Gefahren für Leib, Leben oder Freiheit einer Person oder für Sachen von bedeutendem Wert abzuwehren. Dieser Zweck wird von der Rechtsordnung gebilligt (§ 1 Abs. 1 BremPolG[171]) und ist daher legitim. Zur Erreichung des Zwecks ist die Ermächtigung auch geeignet, indem sie die ansonsten bestehenden Befugnisse der Polizei zur Gefahrenabwehr erweitert. Das Bremische Polizeigesetz lässt Maßnahmen nach § 21 Abs. 2 BremPolG nur dann zu, wenn es im Einzelfall keine gleich effektiven, milderen Mittel zur Gefahrenabwehr gibt, § 4 Abs. 2 BremPolG. Aus diesem Grund ist die Ermächtigung auch erforderlich. Angemessen ist die Ermächtigung dann, wenn die Schwere der dadurch ermöglichten Eingriffe nicht außer Verhältnis zu dem damit verfolgten Zweck steht. Die Eingriffsintensität ist bei den Maßnahmen nach § 21 Abs. 2 BremPolG mit Blick darauf, dass es sich um Maßnahmen während der Nachtzeit handelt, besonders hoch. Dem hat der Gesetzgeber dadurch Rechnung getragen, dass die Tatbestandsvoraussetzungen für ein Einschreiten gegenüber den ansonsten für das Betreten von Wohnungen geltenden Voraussetzungen deutlich enger gefasst wurden. Grundsätzlich genügen nicht einfache Gefahren für beliebige Rechtsgüter, erforderlich sind vielmehr gegenwärtige Gefahren für bedeutsame Rechtsgüter wie Leib oder Leben. Die Schwere des Eingriffs in das Grundrecht aus Art. 13 Abs. 1 GG steht nicht außer Verhältnis zu dem Schutz dieser Rechtsgüter. § 21 Abs. 2 BremPolG ist daher auch angemessen.

(3) Bestimmtheit

Zweifel an der Bestimmtheit der Vorschrift bestehen nicht.

cc) Qualifikation

Art. 13 Abs. 7 GG erlaubt Eingriffe aufgrund eines verfassungsmäßigen Gesetzes nur zu dem Zweck, eine gemeine Gefahr oder Lebensgefahr für einzelne Personen oder dringende Gefahren für die öffentliche Sicherheit abzuwehren. Diesem Zweck dient § 21 Abs. 2 BremPolG.

dd) Ergebnis

§ 21 Abs. 2 BremPolG ist formell und materiell verfassungsmäßig und erfüllt die Anforderungen der Qualifikation.

171 § 1 Abs. 1 PolG NW, § 1 Abs. 1 PolG BW, Art. 2 Abs. 1 BayPAG, § 1 Abs. 1 ASOG Bln, § 1 Abs. 1 BbgPolG, § 1 Abs. 1 Hmb SOG, § 1 Abs. 1 HSOG, § 1 Abs. 1 SOG MV, § 1 Abs. 1 Nds.SOG, § 1 Abs. 1 POG RP, § 1 Abs. 1 SPolG, § 1 Abs. 2 SächsPolG, § 1 Abs. 1, 2 Abs. 1 SOG LSA, § 162 Abs. 1 LVwG SH, § 2 Abs. 1 ThürPAG.

c) Verfassungsmäßigkeit des Betretens

Das Betreten verfolgte einen legitimen Zweck, nämlich die Vorbereitung weiterer Maßnahmen zur Gefahrenabwehr (Ingewahrsamnahme), die ohne das vorherige Betreten nicht hätten durchgeführt werden können. Das Betreten diente insofern der Gefahrenabwehr. Zur Zweckerreichung war die Maßnahme geeignet. Mildere, gleich effektive Mittel kamen hier nicht in Betracht, nachdem M der Aufforderung, die Wohnung zu verlassen, nicht freiwillig nachgekommen war. Zweifel an der Angemessenheit bestehen nicht, zumal die Eingriffsintensität beim bloßen Betreten der Wohnung noch gering ist und das Betreten hier dazu diente, Gesundheitsgefahren von der F abzuwenden.

4. Ergebnis

Eine Verletzung von Art. 13 Abs. 1 GG durch das Betreten der Wohnung liegt nicht vor.

III. Verletzung des M in seinem Grundrecht aus Art. 2 Abs. 2 Satz 2 GG durch die Mitnahme zur Wache

Durch die Mitnahme zur Wache könnte M in seinem Grundrecht aus Art. 2 Abs. 2 Satz 2 GG verletzt sein.

1. Betroffenheit des Schutzbereichs

Art. 2 Abs. 2 Satz 2 GG schützt die Freiheit der Person. Darunter versteht man die körperliche Bewegungsfreiheit, also auch das Recht, sich an jedem beliebigen Ort aufzuhalten. Bestandteil dieses Rechts ist auch die Entscheidung des M, in seiner Wohnung zu bleiben. Die Mitnahme des M zur Wache hat Auswirkungen auf diese Freiheit. Daher ist der Schutzbereich des Art. 2 Abs. 2 Satz 2 GG betroffen.

2. Eingriff

Die Mitnahme führte dazu, dass M nicht mehr über seinen Aufenthaltsort entscheiden konnte. Das grundrechtlich geschützte Verhalten wurde damit unmöglich gemacht. Ein Eingriff liegt in Gestalt einer Freiheitsentziehung vor.

3. Verfassungsrechtliche Rechtfertigung

a) Gesetzesvorbehalt

Art. 2 Abs. 2 Satz 2 GG steht unter qualifiziertem Gesetzesvorbehalt, Art. 2 Abs. 2 Satz 3, 104 Abs. 2 GG. Danach darf die Freiheit der Person nur aufgrund eines Gesetzes entzogen werden, das die besonderen Anforderungen des Art. 104 Abs. 2 GG an Freiheitsentziehungen erfüllt. Als den Vorbehalt ausfüllendes Gesetz kommt hier § 15 Abs. 1 Nr. 4 BremPolG[172] in Betracht[173]. Danach darf die Polizei eine Person u. a. dann in Gewahrsam nehmen, wenn das unerlässlich ist zur Durchsetzung einer Wohnungsverweisung oder eines Rückkehrverbotes.

b) Verfassungsmäßigkeit des § 15 Abs. 1 Nr. 4 BremPolG

aa) Formelle Verfassungsmäßigkeit

§ 15 Abs. 1 Nr. 4 BremPolG ist formell verfassungsmäßig.

bb) Materielle Verfassungsmäßigkeit

(1) Anforderungen aus Art. 19 Abs. 1 und 2 GG

§ 15 Abs. 1 Nr. 4 BremPolG verstößt weder gegen das Einzelfallgesetzverbot noch gegen die Wesensgehaltsgarantie. Das Zitiergebot wurde in § 9 BremPolG[174] erfüllt.

(2) Verhältnismäßigkeit

§ 15 Abs. 1 Nr. 4 BremPolG verfolgt den Zweck, die Wohnungsverweisung nach § 14a BremPolG in den Fällen, in denen die betroffene Person die Wohnung nicht freiwillig verlässt und in den Fällen, in denen das Rückkehrverbot nicht beachtet wird, durchzusetzen und damit Gefahren für Leib und Leben einer anderen Person abzuwehren. Dieser Zweck ist legitim. Zur Erreichung des Zwecks ist die Ermächtigung zur Ingewahrsamnahme auch geeignet. Die Ermächtigung besteht nach dem Wortlaut der Vorschrift nur dann, wenn die Ingewahrsamnahme zur Gefahrenabwehr unerlässlich ist, wenn also keine anderen, milderen Mittel zur Erreichung des angestrebten Zwecks in Betracht kommen. Aus diesem Grund ist § 15 Abs. 1 Nr. 4 BremPolG auch erforderlich. Die Schwere des durch

172 § 35 Abs. 1 Nr. 4 PolG NW, § 28 Abs. 1 Nr. 1 PolG BW, Art. 17 Abs. 1 Nr. 2 BayPAG, § 30 Abs. 1Nr. 3 ASOG Bln, § 17 Abs. 1 Nr. 4 BbgPolG, § 13 Abs. 1 Nr. 4 HmbSOG, § 32 Abs. 1 Nr. 2, 3 HSOG, § 55 Abs. 1 Nr. 2, 5 SOG MV, § 18 Abs. 1 Nr. 2, 3 Nds.SOG, § 14 Abs. 1 Nr. 2, 3 POG RP, § 13 Abs. 1 Nr. 2 SPolG, § 22 Abs. 1 Nr. 1, 4 SächsPolG, § 37 Abs. 1 Nr. 2, 3 SOG LSA, § 204 Abs. 1 Nr. 2 LVwG SH, § 19 Abs. 1 Nr. 2 ThürPAG.

173 § 15 Abs. 1 Nr. 4 BremPolG sollte als lex specialis gesehen werden. Vertretbar ist es im Ergebnis auch, die Ingewahrsamnahme auf § 15 Abs. 1 Nr. 2 BremPolG zu stützen.

174 § 7 PolG NW, § 4 PolG BW, Art. 74 BayPAG, § 66 ASOG Bln, § 8 BbgPolG, § 31 HmbSOG, § 10 HSOG, § 78 SOG MV, § 10 Nds.SOG, § 8 POG RP, § 7 SPolG, § 79 SächsPolG, § 11 SOG LSA, § 247 LVwG SH, § 11 ThürPAG.

die Vorschrift vermittelten Eingriffs dürfte nicht außer Verhältnis zu dem damit verfolgten Zweck stehen. Dem Entzug der Freiheit der betroffenen Person steht der Schutz des Lebens und der Gesundheit der Person gegenüber, die von der betroffenen Person gefährdet wird. Diese Rechtsgüter können das Interesse an der Fortbewegungsfreiheit überwiegen. § 15 Abs. 1 Nr. 4 BremPolG ist daher auch angemessen.

(3) Bestimmtheit

§ 15 Abs. 1 Nr. 4 BremPolG ist hinreichend bestimmt.

cc) Qualifikation

Gemäß Art. 104 Abs. 2 GG sind Freiheitsentziehungen nur dann zulässig, wenn unverzüglich eine richterliche Entscheidung herbeigeführt wird. Das Bremische Polizeigesetz entspricht diesen qualifizierten Anforderungen durch § 16 BremPolG[175].

c) Verfassungsmäßigkeit der Ingewahrsamnahme

aa) Verhältnismäßigkeit

Die Ingewahrsamnahme des M müsste verhältnismäßig gewesen sein. Sie diente dazu, die Wohnungsverweisung durchzusetzen und ihn von einer Fortsetzung der Aggressionen gegen F abzuhalten. Das ist ein legitimer Zweck. Zur Zweckerreichung war die Maßnahme auch geeignet. Mildere, gleich geeignete Mittel kamen nicht in Betracht, nachdem sich M geweigert hatte, der zuvor ausgesprochenen Wohnungsverweisung Folge zu leisten. Die Ingewahrsamnahme war daher auch erforderlich. Die dadurch bewirkte Freiheitsentziehung stand nicht außer Verhältnis zu dem damit bezweckten Schutz der F. Die Maßnahme war daher auch angemessen. Die Verhältnismäßigkeit ist gegeben.

bb) Anforderungen des Art. 104 Abs. 2 GG

Anhaltspunkte dafür, dass die Polizei bei der Ingewahrsamnahme gegen Art. 104 Abs. 2 GG verstoßen, also nicht unverzüglich eine richterliche Entscheidung eingeholt hat, sind nicht ersichtlich[176].

175 § 36 PolG NW, § 28 Abs. 3 PolG BW, Art. 18 Abs. 1 BayPAG, § 31 Abs. 1 ASOG Bln, § 18 BbgPolG, § 13a HmbSOG, § 33 HSOG, § 55 Abs. 5, 56 Abs. 5 SOG MV, § 19 Nds.SOG, § 15 POG RP, § 14 SPolG, § 22 Abs. 7 Satz 1 SächsPolG, § 38 SOG LSA, §§ 204 Abs. 6, 181 Abs. 4 LVwG SH, § 20 ThürPAG.

176 Der Sachverhalt endet mit der Fahrt zur Wache. Bis dahin konnte keine richterliche Entscheidung eingeholt werden. Ob das danach erfolgen musste, hing von der Dauer der Ingewahrsamnahme ab. Auch dazu sagt der Sachverhalt nichts.

4. Ergebnis

Eine Verletzung des M in seinem Grundrecht auf Freiheit der Person durch die Mitnahme zur Wache liegt nicht vor.

IV. Verletzung der S in ihrem Grundrecht aus Art. 2 Abs. 2 Satz 2 GG durch die Aufforderung, die Wohnung zu verlassen

Durch die Aufforderung, die Wohnung zu verlassen, könnte S in ihrem Grundrecht aus Art. 2 Abs. 2 Satz 2 GG verletzt sein.

1. Betroffenheit des Schutzbereichs

Die Aufforderung führt dazu, dass S nicht mehr ihren Entschluss, in der Wohnung zu bleiben, betätigen kann und hat damit Auswirkungen auf die von Art. 2 Abs. 2 Satz 2 GG geschützte Freiheit der Person.

2. Eingriff

Das grundrechtlich geschützte Verhalten wird unmöglich gemacht. Ein Eingriff in Form einer Freiheitsbeschränkung liegt vor.

3. Verfassungsrechtliche Rechtfertigung

a) Gesetzesvorbehalt

Das Grundrecht auf Freiheit der Person steht unter qualifiziertem Gesetzesvorbehalt, Art. 2 Abs. 2 Satz 3, 104 Abs. 1 GG. Danach kann in das Recht auf Grund eines förmlichen Gesetzes eingegriffen werden. Als den Vorbehalt ausfüllendes Gesetz kommt hier § 14 Abs. 1 BremPolG[177] in Betracht[178]. Danach darf die Polizei jede Person vorübergehend von einem Ort verweisen, soweit das zur Abwehr einer Gefahr erforderlich ist.

177 § 34 PolG NW, § 3 PolG BW (Generalklausel, weil keine spezielle Eingriffsermächtigung für einen Platzverweis normiert ist), Art. 16 BayPAG, § 29 Abs. 1 ASOG Bln, § 16 Abs. 1 BbgPolG, § 12a HmbSOG, § 31 Abs. 1 HSOG, § 52 Abs. 1 SOG MV, § 17 Abs. 1 Nds.SOG, § 13 Abs. 1 POG RP, § 12 Abs. 1 SPolG, § 21 Abs. 1 SächsPolG, § 36 Abs. 1 SOG LSA, § 201 LVwG SH, § 18 Abs. 1 ThürPAG.

178 Hier musste erkannt werden, dass die Maßnahme gegen S im Gegensatz zu der gegen M nur vorübergehend war. Deshalb kommt als Rechtsgrundlage nur § 14 Abs. 1 BremPolG in Betracht. Das liegt daran, dass S keinen Anlass hat, ohne den M in die Wohnung der F zu gehen, und dass aus diesem Grund jede weitergehende Maßnahme, insbesondere ein Platzverweis, unverhältnismäßig wäre.

b) Verfassungsmäßigkeit des § 14 Abs. 1 BremPolG

aa) Formelle Verfassungsmäßigkeit

§ 14 Abs. 1 BremPolG ist formell verfassungsmäßig.

bb) Materielle Verfassungsmäßigkeit

(1) Anforderungen des Art. 19 Abs. 1 und 2 GG

Verstöße des § 14 Abs. 1 BremPolG gegen das Einzelfallgesetz und die Wesensgehaltsgarantie sind nicht gegeben. Das bei Art. 2 Abs. 2 Satz 2 GG geltende Zitiergebot wurde beachtet, § 9 BremPolG[179].

(2) Verhältnismäßigkeit

§ 14 Abs. 1 BremPolG verfolgt den Zweck der Gefahrenabwehr. Dieser Zweck ist legitim. Die Ermächtigung der Polizei ggf. Personen des Ortes zu verweisen, erweitert die polizeilichen Befugnisse zur Gefahrenabwehr und ist damit zur Zweckerreichung geeignet. Mildere Mittel als die Einräumung einer Ermächtigung zum Einschreiten sind in den Fällen, in denen die Erteilung eines Platzverweises i. S. d. § 14 Abs. 1 BremPolG erforderlich ist, nicht ersichtlich. Die Vorschrift gewährt der Polizei Ermessen und damit auch die Möglichkeit, im Einzelfall von einem Einschreiten abzusehen. Die Vorschrift ist daher auch angemessen.

(3) Bestimmtheit

§ 14 Abs. 1 BremPolG ist hinreichend bestimmt.

cc) Qualifikation

§ 14 Abs. 1 BremPolG ist ein formelles Gesetz und erfüllt damit die qualifizierten Anforderungen des Art. 104 Abs. 1 GG an Freiheitsbeschränkungen.

c) Verfassungsmäßigkeit des Platzverweises

aa) Verhältnismäßigkeit

Mit dem Platzverweis verfolgte die Polizei das Ziel, die Prügelei zwischen F und S nachhaltig zu beenden und dadurch weitere Gesundheitsbeeinträchtigungen zu verhindern. Dieser Zweck ist legitim. Zur Erreichung des Zwecks war der Platzverweis auch geeignet, weil die Prügelei, nachdem S die Wohnung verlassen hat, nicht fortgesetzt werden konnte. Mildere, gleich effektive Mittel kamen nicht in Betracht. Insbesondere wäre bei Zureden nicht in gleicher Weise gewährleistet gewesen, dass die Prügelei nach Abzug der Polizei nicht wieder begann. Der

179 § 7 PolG NW, § 4 PolG BW, Art. 74 BayPAG, § 66 ASOG Bln, § 8 BbgPolG, § 31 HmbSOG, § 10 HSOG, § 78 SOG MV, § 10 Nds.SOG, § 8 POG RP, § 7 SPolG, § 79 SächsPolG, § 11 SOG LSA, § 247 LVwG SH, § 11 ThürPAG.

Platzverweis war daher auch erforderlich. Die dadurch bewirkte Freiheitsbeschränkung der S stand auch nicht außer Verhältnis zu dem damit verfolgten Zweck, der Gesundheit der F. Sie war daher auch angemessen. Der Platzverweis war verhältnismäßig.

bb) Bestimmtheit

S wusste, was von ihr verlangt wurde. Der Platzverweis war hinreichend bestimmt.

4. Ergebnis

S wurde durch den Platzverweis nicht in ihrem Grundrecht aus Art. 2 Abs. 2 Satz 2 GG verletzt.

M. Wikinger a. D.

🕮 Sachverhalt

N, ehemaliger Vorsitzender des vor kurzem bestandskräftig verbotenen, rechtsradikalen „Wikinger e. V." und Frohnatur, hat Geburtstag. Es versteht sich also von selbst, dass er sich durch das Verbot nicht die Laune verderben lässt und eine große Geburtstagsfeier organisiert, die abends als „geschlossene Gesellschaft" in seiner Stammkneipe, dem ehemaligen Vereinslokal, stattfindet. Der „Eintritt" ist selbstverständlich frei. Als Überraschung für seine Gäste, unter denen zahlreiche „Wikinger" sind, hat er die in der Szene bekannte Musikgruppe „Die Patrioten" engagiert, die am Tag des Ereignisses nach einem kurzen Agitationsvorspann mit Parolen wie „Die Straße frei!" ihre musikalische Darbietung beginnt. Vorgetragen werden zunächst lyrische Texte („Wo sind all diese Werte, all die Namen, die man einst ehrte ..."), die von langen Instrumentalsequenzen abgewechselt werden, später geht es dann um gemütsschwere Schnulzen („Der Sieg wird unser sein ..."). Indizierte Musik wird nicht vorgetragen. Alles scheint beim Alten, wenngleich kein Rednerpult aufgebaut ist, keine Reden gehalten werden und auch nur geladene Gäste erschienen sind. Auch Symbole des „Wikinger e. V." sind zwischen den schwarz-rot-goldenen Papiergirlanden und dem Buffet nirgends zu sehen.

Irgendwann des Nachts erscheint zur großen Überraschung der Anwesenden die Vollzugspolizei, der die Gaststätte als ehemaliger Treffpunkt des „Wikinger e. V." hinlänglich bekannt ist und die von der Straße aus die Musik gehört hat. Die Beamten betreten den Schankraum und erklären, nachdem sie sich einen Eindruck von den Teilnehmern und deren Aktivitäten verschafft haben, die Veranstaltung unter Hinweis auf die fehlende

Anmeldung und den Verstoß gegen das Vereinsgesetz und das Strafgesetzbuch für beendet. Das enttäuschte Geburtstagskind kann noch gerade einwenden, dass man Partys doch nicht anmelden müsse, wird aber von den Beamten mit den Worten, irgendjemand würde sich in diesen Kreisen ja immer finden, der gerade Geburtstag hätte, es ginge doch offensichtlich nur um die Fortsetzung des verbotenen Vereinslebens und die gemeinsame Verbreitung rechtsradikaler Ideen, von jeder weiteren Äußerung abgehalten.
Werden N und der Gastwirt in ihren Grundrechten verletzt?

✔ Falllösung

I. Verletzung des Gastwirts in Art. 13 Abs. 1 GG durch das Betreten der Gaststätte

Der Gastwirt könnte durch das Betreten des Schankraums seiner Gaststätte in seinem Grundrecht auf Unverletzlichkeit der Wohnung verletzt sein. Voraussetzung dafür ist ein rechtswidriger Eingriff in den Schutzbereich.

1. Betroffenheit des Schutzbereichs

Der Schutzbereich des Art. 13 Abs. 1 GG ist betroffen, wenn das Verhalten der Beamten Auswirkungen auf das geschützte Rechtsgut hat. Art. 13 Abs. 1 GG schützt die Wohnung. Darunter versteht man jedenfalls diejenigen abgeschlossenen Räume, die dem Aufenthalt von Menschen zu dienen bestimmt sind und die der Einzelne der Allgemeinheit entzogen und zur Stätte seines Lebens und Wirkens gemacht hat. Bei dem Schankraum einer Gaststätte handelt es sich um einen abgeschlossen Raum, der zum Aufenthalt von Menschen bestimmt ist. Während des Gaststättenbetriebs ist er allerdings gerade nicht der Allgemeinheit entzogen. Der Gastwirt zeigt durch die Öffnung vielmehr, dass er während dieser Zeit nicht den von Art. 13 Abs. 1 GG bezweckten Schutz, in Ruhe gelassen zu werden, beansprucht. Das spricht dafür, dass der Schankraum einer Gaststätte jedenfalls während der allgemeinen Öffnungszeiten nicht durch Art. 13 Abs. 1 GG geschützt ist. Folge dieser Auffassung wäre aber, dass ggf. eine Durchsuchung solcher Räume während der Öffnungszeiten nicht die Anforderungen des Art. 13 Abs. 2 GG erfüllen müsste. Mit der Öffnung eines Geschäftsraums für das Publikum verfolgt der Grundrechtsinhaber aber nur den Zweck, eine bestimmte geschäftliche Tätigkeit zu entfalten, hier, den Besuchern entgeltlich Speisen und Getränke zu verabreichen. Er will sich mit der allgemeinen Zugänglichkeit aber nicht des Schutzes gegen staatliche Eingriffe begeben. Das spricht dafür, dass der Schankraum einer Gaststätte auch während der allgemeinen Öffnungszeiten den Schutz des Art. 13 Abs. 1 GG genießt[180]. Hier ist darüber hinaus zu berücksichtigen, dass der Gastwirt das Lokal für die Dauer der Geburtstagsfeier der allgemeinen Zugänglichkeit entzogen hat. Es handelte sich um eine „geschlossene Gesellschaft". Nach allem stellt der Schankraum der Gaststätte eine Wohnung i. S. d. Art. 13 Abs. 1 GG dar. Das Betreten durch die Beamten hatte Auswirkungen auf dieses Schutzgut. Der Schutzbereich ist daher betroffen.

2. Eingriff

Ein Eingriff liegt vor, wenn der Schutzbereich nachteilig betroffen ist. Das Betreten der Gaststätte erfolgte hier ohne Rücksicht auf den Willen des Gastwirts. Die Beamten gehörten auch nicht zu den geladenen Gästen. Ein Eingriff ist daher gegeben.

3. Verfassungsrechtliche Rechtfertigung

Der Eingriff ist gerechtfertigt, wenn Art. 13 Abs. 1 GG unter dem Vorbehalt eines Gesetzes steht und das einschränkende Gesetz sowie das Betreten selbst verfassungsmäßig gewesen sind.

a) Gesetzesvorbehalt

Art. 13 Abs. 7 GG erlaubt unter den dort genannten, qualifizierten Voraussetzungen Eingriffe in die Wohnung, die nicht Durchsuchungen sind. Kennzeichnend für die Durchsuchung einer Wohnung ist das ziel- und zweckgerichtete Suchen durch staatliche Organe, um in der Wohnung planmäßig etwas aufzuspüren, was der Inhaber von sich aus nicht offen legen oder herausgeben will, etwas nicht zu Tage Liegendes, vielleicht Verborgenes aufzudecken oder ein Geheimnis zu lüften, mithin die Ausforschung eines für die freie Entfaltung der Persönlichkeit wesentlichen Lebensbereichs[181]. Dem Auffinden in diesem Sinne verborgener Personen oder Sachen diente die Maßnahme der Beamten hier nicht. Aus diesem Grund ist Art. 13 Abs. 7 GG der hier einschlägige Gesetzes-

180 Vgl. zu diesem Problemkreis: Lisken/Denninger, Handbuch des Polizeirechts, F 613 ff. m. w. N.; OVG Bremen, Urteil vom 2. 9. 2003 – 1 A 26/03; OVG Bremen, Urteil vom 2. 9. 2003 – 1 A 445/02.

181 Pieroth/Schlink, Grundrechte, Rn. 878.

vorbehalt. Als den Vorbehalt ausfüllendes Gesetz kommt hier § 21 Abs. 3 Nr. 1 BremPolG[182] in Betracht. Danach darf die Polizei eine Wohnung zur Verhütung dringender Gefahren jederzeit betreten, wenn Tatsachen die Annahme rechtfertigen, dass dort bestimmte Personen oder Personengruppen Straftaten von erheblicher Bedeutung verüben[183].

b) Verfassungsmäßigkeit des § 21 Abs. 3 Nr. 1 BremPolG

§ 21 Abs. 3 Nr. 1 BremPolG müsste formell und materiell verfassungsmäßig sein und die qualifizierten Anforderungen des Art. 13 Abs. 7 GG erfüllen.

aa) Formelle Verfassungsmäßigkeit

Die Gesetzgebungskompetenz für den Erlass des § 21 Abs. 3 Nr. 1 BremPolG ergibt sich aus Art. 70 Abs. 1 GG. Fehler im Gesetzgebungsverfahren und bei der Form liegen nicht vor. Die Vorschrift ist formell verfassungsmäßig.

bb) Materielle Verfassungsmäßigkeit

(1) Anforderungen des Art. 19 Abs. 1 und 2 GG

§ 21 Abs. 3 Nr. 1 BremPolG ist abstrakt-generell. Ein Verstoß gegen das Einzelfallgesetzverbot in Art. 19 Abs. 1 Satz 1 GG liegt nicht vor. Das Zitiergebot in Art. 19 Abs. 1 Satz 2 GG wurde beachtet, § 9 BremPolG. Ein Verstoß gegen die Wesensgehaltsgarantie liegt nicht vor. Die Anforderungen des Art. 19 Abs. 1 und 2 GG sind daher erfüllt.

(2) Verhältnismäßigkeit

Der Gesetzgeber verfolgt mit der Ermächtigung in § 21 Abs. 3 Nr. 1 BremPolG den Zweck, die Begehung oder Fortsetzung von Straftaten von erheblicher Bedeutung zu verhindern (präventive Kriminalitätsbekämpfung). Dieser Zweck wird von der Rechtsordnung gebilligt und ist daher legitim. Zur Erreichung des Zwecks ist die Ermächtigung auch geeignet, indem sie die ansonsten bestehenden Befugnisse der Polizei zur Gefahrenabwehr erweitert. Das Bremische Polizeigesetz lässt Maßnahmen nach § 21 Abs. 2 BremPolG nur dann zu, wenn es im Einzelfall keine gleich effektiven, milderen Mittel zur Gefahrenabwehr gibt, § 4 Abs. 2 BremPolG. Aus diesem Grund ist die Ermächtigung auch erforderlich.

182 § 41 Abs. 3 PolG NW, ggf. § 31 Abs. 1, Abs. 6 PolG BW, Art. 23 Abs. 3 Nr. 1 BayPAG, § 36 Abs. 4 Nr. 1 ASOG Bln, § 23 Abs. 3 Nr. 1 BbgPolG, § 16 Abs. 4 HmbSOG, § 38 Abs. 6 HSOG, § 59 Abs. 4 Nr. 2 SOG MV, § 24 Abs. 5 Nds.SOG, ggf. § 20 Abs. 1 Nr. 1 POG RP, § 19 Abs. 3 SPolG, § 25 Abs. 1 SächsPolG, § 43 Abs. 6 SOG LSA, § 208 Abs. 4 Satz 1, 2 Nv. 2a) LVwG SH, § 25 Abs. 3 Nr. 1 ThürPAG.

183 § 102 StPO kommt als Rechtsgrundlage für das Betreten nicht in Betracht, weil die darin genannten Tatbestandsvoraussetzungen hier offensichtlich nicht gegeben sind. Aus diesem Grund würde auch kein Erst-recht-Schluss helfen, die Rechtsfolge „Durchsuchung“ in ein bloßes „Betreten“ auszulegen. S. dazu oben S. 39.

Angemessen ist die Ermächtigung dann, wenn die Schwere der dadurch ermöglichten Eingriffe nicht außer Verhältnis zu dem damit verfolgten Zweck steht. Die Eingriffsintensität ist bei den Maßnahmen nach § 21 Abs. 3 Nr. 1 BremPolG mit Blick darauf, dass das Betreten zu jeder Tages- und Nachtzeit erfolgen kann, besonders hoch. Dem hat der Gesetzgeber dadurch Rechnung getragen, dass die Tatbestandsvoraussetzungen für ein Einschreiten gegenüber den ansonsten für das Betreten von Wohnungen geltenden Voraussetzungen deutlich enger gefasst wurden. Grundsätzlich genügen nicht einfache Gefahren für beliebige Rechtsgüter, erforderlich ist vielmehr die Prognose, dass in der Wohnung Straftaten von erheblicher Bedeutung, also u. a. Straftaten der Gefährdung des demokratischen Rechtsstaats, verabredet oder verübt werden. Die Schwere des Eingriffs in das Grundrecht aus Art. 13 Abs. 1 GG steht daher nicht außer Verhältnis zu dem Schutz dieser Rechtsgüter. § 21 Abs. 3 Nr. 1 BremPolG ist daher auch angemessen.

(3) Bestimmtheit

Zweifel an der Bestimmtheit der Vorschrift bestehen mit Rücksicht auf die im Gesetz enthaltenen Legaldefinitionen nicht.

cc) Qualifikation

Art. 13 Abs. 7 GG erlaubt Eingriffe aufgrund eines verfassungsmäßigen Gesetzes nur zu dem Zweck, eine gemeine Gefahr oder Lebensgefahr für einzelne Personen oder dringende Gefahren für die öffentliche Sicherheit abzuwehren. Dringend ist eine Gefahr dann, wenn bei ungehindertem Ablauf des objektiv zu erwartenden Geschehens mit hinreichender Wahrscheinlichkeit ein wichtiges Rechtsgut geschädigt wird[184]. Dazu gehören solche Rechtsgüter, die den in Art. 13 Abs. 7 GG aufgezählten vergleichbar sind, jedenfalls aber der Bestand der freiheitlich demokratischen Grundordnung. § 21 Abs. 3 Nr. 1 BremPolG dient diesem Zweck insoweit, als das Betreten von Wohnungen nur zur Verhinderung von Straftaten von erheblicher Bedeutung erlaubt wird. Diese sind in § 2 Nr. 5 BremPolG legal definiert und entsprechen den Anforderungen des Art. 13 Abs. 7 BremPolG jedenfalls soweit, als die Aufzählung Staatsschutzdelikte umfasst. Die Anforderungen der Qualifikation sind erfüllt.

dd) Ergebnis

§ 21 Abs. 3 Nr. 1 BremPolG ist formell und materiell verfassungsmäßig und erfüllt die Anforderungen an die Qualifikation.

184 Lisken/Denninger, Handbuch des Polizeirechts, F Rn. 626.

c) Verfassungsmäßigkeit des Betretens

Das Betreten selbst müsste verhältnismäßig gewesen sein. Ein legitimer Zweck der Maßnahme kommt gemäß § 21 Abs. 3 Nr. 1 BremPolG nur in Betracht, wenn Tatsachen die Annahme rechtfertigen, dass in der Wohnung Straftaten von erheblicher Bedeutung verabredet, vorbereitet oder verübt werden. Zu diesen Straftaten gehören gemäß § 2 Nr. 5 b) BremPolG die Betätigung in einer Vereinigung und die Unterstützung einer unanfechtbar verbotenen Vereinigung sowie die Verbreitung von Propagandamitteln einer solchen Vereinigung, §§ 85 Abs. 2, 86 Abs. 1 Nr. 2 StGB. Tatsachen sind objektive Umstände, konkrete Hinweise, sichere Informationen oder Erkenntnisse aus optischen oder akustischen Wahrnehmungen[185]. Nach den Erkenntnissen der einschreitenden Beamten handelte es sich bei der Gaststätte um das ehemalige Vereinslokal des „Wikinger e. V.", der aufgrund der Verfolgung verfassungsfeindlicher Ziele bestandskräftig verboten wurde. Zum Zeitpunkt des Einschreitens ertönte Musik rechtsradikalen Inhalts nach draußen. Es handelte sich zudem um eine „geschlossene Gesellschaft". Diese Umstände rechtfertigten aus ex-ante-Sicht die Annahme, dass die Aktivitäten einer verbotenen Vereinigung fortgesetzt und u. U. auch Propagandamittel verfassungsfeindlicher Organisationen verwendet würden. Das Betreten des Schankraums diente daher dem in § 21 Abs. 3 Nr. 1 BremPolG genannten legitimen Zweck[186]. Es war Voraussetzung für die Ergreifung weiterer Maßnahmen zur Gefahrenabwehr und damit zur Zweckerreichung auch geeignet. Mildere Mittel als das Betreten des Schankraums, die zur Zweckerreichung gleich geeignet gewesen wären, kamen hier nicht in Betracht. Die Maßnahme war daher auch erforderlich. Sie dürfte nicht außer Verhältnis zu dem damit verfolgten Zweck gestanden haben. Die Maßnahme der Polizei beschränkte sich hier auf den grundsätzlich für die Allgemeinheit zugänglichen Schankraum. Durch das Betreten erhielten die Beamten Kenntnis von der Anzahl und den Aktivitäten der Anwesenden, ferner Kenntnisse über die Beschaffenheit des Schankraums selbst. Diese Informationen lassen nur sehr begrenzt Schlüsse auf die von Art. 13 Abs. 1 GG geschützte Privatsphäre des Gastwirts zu. Soweit es die Beschaffenheit des Schankraums betrifft, handelt es sich um Informationen, die der Polizei schon bekannt sein dürften. Soweit es um die

185 Tegtmeyer/Vahle, PolG NRW, § 41 Rn. 14.

186 Mit guter Begründung ist hier auch ein anderes Ergebnis vertretbar, je nachdem, welche Anforderungen Sie an die hinreichende Wahrscheinlichkeit eines Schadenseintritts stellen. Zu berücksichtigen ist hier aber, dass es nicht um das Betreten eines privaten Wohnraums im engeren Sinne, sondern um einen Betriebsraum geht, bei dem das Schutzbedürfnis des Berechtigten von vornherein schwächer ist.

Anwesenden und deren Verhalten ging, war das Integritätsinteresse des Gastwirts nur insoweit betroffen, als er deren Aktivitäten durch die Bereitstellung des Raumes und die Bewirtung unterstützte. Gegenüber diesem Interesse überwiegt der mit dem Betreten verfolgte Zweck, die Fortsetzung einer Straftat von erheblicher Bedeutung zu verhindern. Das Betreten war daher auch angemessen. Die Maßnahme war insgesamt verhältnismäßig[187].

4. Ergebnis

Ein rechtswidriger Eingriff in den Schutzbereich des Art. 13 Abs. 1 GG ist nicht gegeben. Der Gastwirt ist durch das Betreten des Schankraums nicht in seinem Grundrecht auf Unverletzlichkeit der Wohnung verletzt.

II. Verletzung des N in Art. 8 Abs. 1 GG durch die Erklärung, die Veranstaltung sei jetzt beendet

N könnte durch die Erklärung der Beamten, die Veranstaltung sei jetzt beendet, in seinem Grundrecht aus Art. 8 Abs. 1 GG verletzt sein.

1. Betroffenheit des Schutzbereichs

Eine Verletzung setzt voraus, dass die hoheitliche Maßnahme Auswirkungen auf das von Art. 8 Abs. 1 GG geschützte Verhalten hat.

a) Deutscher

N ist Deutscher. Der persönliche Schutzbereich ist daher betroffen.

b) Versammlung

N müsste an einer Versammlung, also an einer Zusammenkunft mehrerer Personen zum Zwecke der gemeinsamen Meinungsbildung und -kundgabe teilgenommen haben. Bei der Veranstaltung des N handelt es sich um eine Zusammenkunft mehrerer Personen.
Dafür, dass die Veranstaltung auch der gemeinsamen Meinungsbildung und -kundgabe dient, spricht, dass die geladenen Gäste überwiegend ehemalige Mitglieder des verbotenen „Wikinger e. V." sind und dieselbe rechtsradikale Gesinnung haben. Auf der Veranstaltung wird zudem Musik rechtsradikalen Inhalts vorgetragen, mit der sich die Anwesenden offenkundig identifizieren.

187 Die Prüfung der Bestimmtheit entfällt hier, weil es sich bei dem Betreten um einen Realakt handelt. Realakte sind der Prüfung der Bestimmtheit nicht zugänglich.

Auch Musik ist eine Form der Meinungskundgabe und kann, soweit nicht nur sinnentleerte Schlagworte vorgetragen werden, Gegenstand einer kollektiven Meinungsäußerung sein. Auf der Veranstaltung des N werden nicht nur Parolen ausgegeben („Die Straße frei!"), die Texte der Musikgruppe wenden sich auch gegen den Werteverfall in der Gesellschaft und beschwören ein Umdenken („Wo sind all diese Werte, all die Namen, die man einst ehrte ..." und „Der Sieg wird unser sein ..."). Insoweit erscheint es zumindest vertretbar, die Veranstaltung als Versammlung anzusehen.

Zu berücksichtigen ist allerdings, dass das Grundrecht der Versammlungsfreiheit seine besondere verfassungsrechtliche Bedeutung in der freiheitlichen demokratischen Ordnung des Grundgesetzes gerade wegen des Bezugs auf den Prozess der öffentlichen Meinungsbildung erhält. Das Grundrecht gewährleistet Minderheitenschutz und verschafft auch denjenigen die Möglichkeit zur Äußerung in einer größeren Öffentlichkeit, denen der direkte Zugang zu den Medien versperrt ist[188]. Dementsprechend genießt die Versammlungsfreiheit einen gegenüber der allgemeinen Handlungsfreiheit aus Art. 2 Abs. 1 GG gesteigerten Schutz. Insbesondere unterliegt sie wegen der konstitutiven Bedeutung des Grundrechts für die Demokratie nur den in Art. 8 Abs. 2 GG vorgesehenen Schranken. Für die Betroffenheit des Schutzbereichs des Art. 8 Abs. 1 GG reicht es daher weder aus, dass die Teilnehmer bei ihrem gemeinschaftlichen Verhalten durch irgendeinen Zweck miteinander verbunden sind, noch genügt es, wenn die kollektive Meinungsäußerung nur beiläufiger Nebenakt einer Veranstaltung ist, deren Schwerpunkt auf dem Gebiet der Unterhaltung oder des Tanzes liegt[189]. Anlass für die Veranstaltung des N war sein Geburtstag. Auf der Veranstaltung wurden keine Reden gehalten, es war kein Rednerpult aufgebaut und es erschienen nur geladene Gäste. Auch nach dem Bekunden des N war lediglich eine Party im Gange. Der Schwerpunkt der Veranstaltung lag damit gerade nicht in der Fortsetzung der Vereinstätigkeit und der Verbreitung rechtsradikalen Gedankenguts, sondern in Tanz und Vergnügen. Aus diesem Grund sind die Voraussetzungen einer Versammlung nicht erfüllt.

188 BVerfG, Beschluss vom 12. 7. 2001 – 1 BvQ 28/01 und 1 BvQ 30/01 – Absatz-Nr. 16 (zur Love-Parade in Berlin); BVerfG, Beschluss vom 14. 5. 1985 – 1 BvR 233, 341/81 –, BVerfGE 69, 315, 346; VG Lüneburg, Urteil vom 27. 6.2006 – 3 A 413/05.

189 BVerfG, Beschluss vom 12. 7. 2001 – 1 BvQ 28/01 und 1 BvQ 30/01 –, Absätze 18 ff.

2. Ergebnis

Die Erklärung der Beamten, die Veranstaltung sei jetzt beendet, hat keine Auswirkungen auf die Versammlungsfreiheit. Der Schutzbereich des Art. 8 Abs. 1 GG ist nicht betroffen. Eine Verletzung des N in seinem Grundrecht auf Versammlungsfreiheit liegt nicht vor.

III. Verletzung des N in Art. 2 Abs. 1 GG durch die Erklärung, die Veranstaltung sei jetzt beendet

N könnte durch die Beendigung der Party in seinem Grundrecht auf freie Entfaltung der Persönlichkeit verletzt sein[190].

1. Betroffenheit des Schutzbereichs

Bestandteil der freien Entfaltung der Persönlichkeit ist u. a. die allgemeine Handlungsfreiheit. Darunter versteht man das Recht zu tun und zu lassen, was man will, soweit dieses nicht durch ein spezielles Grundrecht geschützt ist. Bei der Veranstaltung einer Geburtstagsparty ist das nicht der Fall. Diese ist daher Bestandteil der allgemeinen Handlungsfreiheit und wird damit von Art. 2 Abs. 1 GG geschützt. Die Erklärung der Beamten, die Veranstaltung sei jetzt beendet, führt dazu, dass die Party nicht mehr fortgesetzt werden kann, jedenfalls aber unterbrochen wird. Sie hat damit Auswirkungen auf das geschützte Verhalten. Die freie Entfaltung der Persönlichkeit ist daher betroffen.

2. Eingriff

Die Maßnahme der Beamten betrifft das Feiern der Party und damit die freie Entfaltung der Persönlichkeit des N nachteilig. Ein Eingriff liegt vor.

3. Verfassungsrechtliche Rechtfertigung

a) Gesetzesvorbehalt

Gemäß Art. 2 Abs. 1 GG hat jeder das Recht auf freie Entfaltung der Persönlichkeit, soweit er nicht gegen die verfassungsmäßige Ordnung, also die Gesamtheit aller Rechtsnormen, verstößt (einfacher Gesetzesvorbehalt). Als den Vorbehalt

190 Art. 2 Abs. 1 GG tritt hier als Auffanggrundrecht in Erscheinung, nachdem festgestellt wurde, dass ein Merkmal des Schutzbereichs des speziellen Art. 8 Abs. 1 GG nicht erfüllt ist; so auch: VG Lüneburg, Urteil vom 27. 6. 2006 – 3 A 413/05.

ausfüllendes Gesetz kommt hier allenfalls § 10 Abs. 1 Satz 1 BremPolG[191] in Betracht. Danach darf die Polizei die notwendigen Maßnahmen treffen, um eine im einzelnen Fall bestehende Gefahr für die öffentliche Sicherheit abzuwehren, soweit die Befugnisse nicht besonders geregelt sind. Das ist hier nicht der Fall[192].

b) Verfassungsmäßigkeit des § 10 Abs. 1 BremPolG

aa) Formelle Verfassungsmäßigkeit

Die Gesetzgebungsbefugnis für den Erlass des § 10 Abs. 1 BremPolG liegt gemäß Art. 70 Abs. 1 GG bei der Freien Hansestadt Bremen. Es ist davon auszugehen, dass das Gesetzgebungsverfahren ordnungsgemäß durchgeführt wurde und auch die Ausfertigung und Verkündung fehlerfrei erfolgt sind. § 10 Abs. 1 BremPolG ist deshalb formell verfassungsmäßig.

bb) Materielle Verfassungsmäßigkeit

(1) Anforderungen des Art. 19 Abs. 1 und 2 GG

Die Ermächtigung in § 10 Abs. 1 BremPolG gilt für eine unbestimmte Vielzahl von Personen und Sachverhalten. Sie ist abstrakt-generell und verstößt aus diesem Grund nicht gegen das Einzelfallgesetzverbot in Art. 19 Abs. 1 Satz 1 GG.

Soweit ein Grundrecht durch oder aufgrund eines Gesetzes eingeschränkt werden kann, muss das einschränkende Gesetz das Grundrecht unter Angabe des Artikels nennen, Art. 19 Abs. 1 Satz 2 GG. Art. 2 Abs. 1 GG spricht nach seinem Wortlaut nicht von einer Beschränkung durch oder aufgrund eines Gesetzes. Hinzu kommt, dass allein die Existenz eines Gesetzes irgendwie geartete Auswirkungen auf die allgemeine Handlungsfreiheit hat. Bei Geltung des Zitiergebots wäre der Gesetzgeber daher gehalten, gleichsam vorsorglich immer auch Art. 2 Abs. 1 GG zu zitieren. Art. 19 Abs. 1 Satz 2 GG verkäme dadurch zu einem bloßen Formalismus. Die dadurch bezweckte Appell- und Warnfunktion würde nicht erreicht. Aus diesen Gründen gilt das Zitiergebot bei einer Beschränkung des Art. 2 Abs. 1 GG nicht.

Die Regelung in § 10 Abs. 1 BremPolG dürfte ferner den Wesensgehalt der allgemeinen Handlungsfreiheit nicht antasten. Unter dem Wesensgehalt versteht man den Mindestgehalt eines Grundrechts als eine feste, vom einzelnen Fall

191 § 8 Abs. 1 PolG NW, § 3 PolG BW, Art. 11 Abs. 1 BayPAG, § 17 Abs. 1 ASOG Bln, § 10 Abs. 1 BbgPolG, § 3 Abs. 2 Hmb SOG, § 11 HSOG, § 13 SOG MV, § 11 Nds.SOG, § 9 Abs. 1 POG RP, § 8 Abs. 1 SPolG, § 3 Abs. 1 SächsPolG, § 13 SOG LSA, § 176 Abs. 1 LVwG SH, § 12 Abs. 1 ThürPAG.

192 Etwas anderes gälte nur dann, wenn man die Erklärung als Platzverweis auffassen würde, was der Sachverhalt nicht ohne Weiteres zulässt.

losgelöste Größe. Diese wird dann angetastet, wenn Eingriffe in das Grundrecht so intensiv sind, dass dessen vollständige Preisgabe droht. § 10 Abs. 1 BremPolG ermächtigt weder im Einzelfall noch für die Allgemeinheit zu Beschränkungen, die zur völligen Preisgabe der allgemeinen Handlungsfreiheit führen würden. Ein Verstoß gegen die Wesensgehaltsgarantie liegt daher nicht vor.

(2) Verhältnismäßigkeit

Die Regelung in § 10 Abs. 1 BremPolG müsste verhältnismäßig sein. Das ist dann der Fall, wenn sie einen legitimen Zweck verfolgt und zur Erreichung dieses Zwecks geeignet, erforderlich und angemessen ist.

§ 10 Abs. 1 BremPolG ist auf die Abwehr von Gefahren für Rechtsgüter der öffentlichen Sicherheit gerichtet. Der Schutz dieser Rechtsgüter ist ein legitimer Zweck. Um geeignet zu sein, müsste § 10 Abs. 1 BremPolG diesen Zweck zumindest fördern. Durch die Ermächtigung der Polizei, im Einzelfall die notwendigen Maßnahmen zu ergreifen, werden die Eingriffsbefugnisse der Polizei erweitert. Damit wird die Gefahrenabwehr gefördert. § 10 Abs. 1 BremPolG ist daher zur Gefahrenabwehr geeignet. Erforderlich ist die Regelung dann, wenn sie unter mehreren gleich geeigneten Maßnahmen das mildeste Mittel ist. § 10 Abs. 1 BremPolG ermächtigt die Polizei nur zur Ergreifung der *notwendigen* Maßnahmen. Notwendig ist eine Maßnahme aber nur dann, wenn keine anderen, gleich geeigneten Mittel zur Gefahrenabwehr in Betracht kommen, wenn also eine effektive Gefahrenabwehr ohne die Ermächtigung der Polizei nicht gewährleistet wäre. Insofern ist die Ermächtigung in § 10 Abs. 1 BremPolG auch erforderlich. Angemessen ist die Ermächtigung dann, wenn sie nicht außer Verhältnis zu dem damit verfolgten Zweck steht. § 10 Abs. 1 BremPolG verpflichtet die Polizei nicht zum Einschreiten, sondern eröffnet Ermessen. Dadurch wird gewährleistet, dass eine belastende Maßnahme trotz Vorliegens der tatbestandlichen Voraussetzungen für ein Einschreiten der Polizei unterbleibt, wenn sie im Einzelfall außer Verhältnis zu dem verfolgten Zweck steht. Darüber hinaus bestimmt das Gesetz in § 3 Abs. 2 BremPolG für alle Eingriffsermächtigungen, dass eine darauf gestützte Maßnahme nicht außer Verhältnis zu dem damit verfolgten Zweck stehen darf. Die Angemessenheit ist daher gegeben. Die Ermächtigung in § 10 Abs. 1 BremPolG ist verhältnismäßig.

(3) Bestimmtheit

Die in § 10 Abs. 1 BremPol enthaltenen Rechtsbegriffe sind in § 2 BremPolG legaldefiniert. Die Vorschrift ist daher auch so bestimmt gefasst, wie es mit Rücksicht auf den zu regelnden Lebenssachverhalt möglich ist. Ein Verstoß gegen den Bestimmtheitsgrundsatz ist nicht gegeben.

c) Verfassungsmäßigkeit der Erklärung, die Veranstaltung sei jetzt beendet

Die Erklärung der Beamten müsste einen legitimen Zweck i. S. d. § 10 Abs. 1 BremPolG verfolgen. Dieser kann nur in der Abwehr einer Gefahr für die öffentliche Sicherheit bestehen. Die öffentliche Sicherheit wäre durch die Veranstaltung dann betroffen, wenn ihre weitere Durchführung gegen Schutzgüter der öffentlichen Sicherheit verstoßen würde.

Die Erklärung der Beamten könnte hier den Zweck verfolgt haben, die Fortsetzung eines Verstoßes gegen § 8 VereinsG zu verhindern. Danach ist verboten, Organisationen zu bilden, die verfassungswidrige Bestrebungen eines nach § 3 VereinsG verbotenen Vereins an dessen Stelle weiterverfolgen. Ob die Veranstaltung des N Ausdruck der Fortsetzung verbotener Vereinsaktivitäten ist oder lediglich eine private Party darstellt, ist nach dem Erscheinungsbild der Veranstaltung im Wege der Auslegung zu ermitteln[193]. Auf die Fortsetzung des verbotenen Vereins deutet hin, dass die Veranstaltung in dem ehemaligen Vereinslokal des „Wikinger e. V." stattfand. Zudem trat die Musikgruppe „Die Patrioten" auf, die Texte rechtsradikalen Inhalts vortrug. Hinzu kommt, dass sich unter den Gästen zahlreiche „Wikinger" befanden. Daraus könnte geschlossen werden, dass die Behauptung des N, es handele sich nur um eine Geburtstagsfeier, lediglich der Umgehung des Vereinsverbots diente[194]. Demgegenüber ist allerdings zu berücksichtigen, dass N tatsächlich Geburtstag hatte und die anwesenden Gäste aus seinem Bekanntenkreis stammten. Das Veranstalten einer Geburtstagsfeier ist aber, auch wenn Mitglieder eines verbotenen Vereins feiern, nicht per se gesetzeswidrig. Anderenfalls wäre es den Mitgliedern eines verbotenen Vereins gänzlich unmöglich, sich in privater Runde zu treffen. Diese Reichweite hat ein Vereinsverbot nicht. Gegen die Umgehung des Vereinsverbots spricht hier zudem, dass an der Veranstaltung nicht nur ehemalige Vereinsmitglieder teilnahmen, sondern auch andere Bekannte des N. Es wurden keine Vereinsaktivitäten entfaltet, indem Reden geschwungen wurden. Auch Symbole des verbotenen Vereins wurden nicht verwendet. Auch ein Eintrittsgeld wurde

193 S. dazu auch: VG Lüneburg, Urteil vom 27. 6. 2006 – 3 A 413/05 –.

194 Das ist bei vielen sog. Geburtstagsfeiern in der rechtsradikalen Szene der Fall, insbesondere dort, wo sich gleich mehrere Jubilare zusammentun, um „gemeinsam" mit ihren „Freunden" aus dem ganzen Bundesgebiet zu feiern. Sie dienen in vielen Fällen der Umgehung der Rechtsfolgen eines Vereinsverbotes. Daher kommt es im Einzelfall darauf an, den Sachverhalt sorgfältig zu untersuchen (§ 24 VwVfG) und ggf. Tatsachen zu ermitteln, die für die Umgehung eines Vereinsverbots sprechen, damit ggf. eine Auflösungsverfügung oder ein Platzverweis einer gerichtlichen Überprüfung standhält (Findet die Feier an einem nationalsozialistischen Gedenktag statt? Muss Eintritt gezahlt werden? Wurden Redner geladen? Ist die Veranstaltung auch für nicht geladene Teilnehmer zugänglich? Um welche Themen geht es? In welcher Aufmachung erscheinen die Gäste? Erscheinen mehr „Gäste", als für eine Geburtstagsfeier zu erwarten sind?).

von N nicht erhoben. Aus diesen Gründen ist es nicht überzeugend, hier einen Verstoß gegen § 8 VereinsG anzunehmen.
In Betracht kommt aber möglicherweise ein Verstoß gegen § 9 Abs. 1 VereinsG, wonach Kennzeichen eines verbotenen Vereins nicht mehr öffentlich in einer Versammlung oder in Schriften, Ton- oder Bildträgern, Abbildungen oder Darstellungen, die verbreitet werden oder zur Verbreitung bestimmt sind, verwendet werden dürfen. Bei der Veranstaltung des N handelt es sich jedoch, wie gezeigt, nicht um eine Versammlung. Die Veranstaltung findet auch nicht öffentlich statt, es erscheinen nur geladene Gäste. Auf der Feier werden auch keine Kennzeichen des verbotenen „Wikinger e. V." verbreitet. Die Erklärung, die Veranstaltung sei jetzt beendet, verfolgt daher objektiv nicht den Zweck, einen weiteren Verstoß gegen § 9 Abs. 1 VereinsG zu verhindern.
Zweck der Erklärung, die Veranstaltung sei jetzt beendet, könnte die Verhinderung von Straftaten nach §§ 84 ff. StGB (Gefährdung des demokratischen Rechtsstaats) oder nach § 130 StGB (Volksverhetzung) sein. Voraussetzung dafür ist aber das Vorliegen von Tatsachen, die die Prognose erlauben, bestimmte Teilnehmer würden die entsprechenden Tatbestände der genannten Strafvorschriften erfüllen. Die hier bekannten Tatsachen bestehen darin, dass Personen u. a. rechtsradikaler Gesinnung zusammengekommen sind und eine Geburtstagsparty feiern. Selbst für den Fall, dass sich darunter Gäste befinden, die in polizeilichen Datenbanken gespeichert sind, begründete das noch keine Automatik in dem Sinne, dass sie auch bei der hier in Rede stehenden Veranstaltung Straftaten begehen würden[195]. Aus dem Sachverhalt ergeben sich auch keine Tatsachen, die die Prognose gerechtfertigt hätten, es würden indizierte Texte gespielt oder die Musikgruppe werde gegen Strafvorschriften verstoßen[196].
Zweck der Erklärung, die Veranstaltung sei jetzt beendet, könnte schließlich die Verhinderung von Gefahren sein, die aus dem Auftreten gewaltbereiter Gegner der Veranstaltung ausgehen. Für das Vorliegen solcher Gefahren gibt der Sachverhalt allerdings keine Anhaltspunkte.
Die Maßnahme der Polizei verfolgte daher keinen legitimen Zweck. Sie war unverhältnismäßig.

195 VG Lüneburg, Urteil vom 27. 6. 2006 – 3 A 413/05 –.

196 Selbst wenn das der Fall gewesen wäre, wäre die Beendigung der gesamten Veranstaltung nicht erforderlich und damit unverhältnismäßig gewesen. Es hätte in diesem Fall ausgereicht, den Auftritt der Band zu untersagen.

4. Ergebnis

Der durch die Beendigung der Veranstaltung vermittelte Eingriff in die allgemeine Handlungsfreiheit des N ist verfassungsrechtlich nicht gerechtfertigt. N wurde durch die Maßnahme in seinem Grundrecht aus Art. 2 Abs. 1 GG verletzt.

IV. Verletzung des Gastwirts in Art. 12 Abs. 1 GG durch die Erklärung, die Veranstaltung sei jetzt beendet

Der Gastwirt könnte durch die Erklärung der Beamten, die Party sei jetzt beendet, in seinem Grundrecht aus Art. 12 Abs. 1 GG verletzt sein.

1. Schutzbereich

Art. 12 Abs. 1 GG schützt die Berufsfreiheit. Unter Beruf versteht man jede erlaubte und auf Dauer angelegte Tätigkeit, die der Schaffung und Erhaltung der Lebensgrundlage zu dienen bestimmt ist[197]. Geschützt wird dabei auch die Berufsausübung, also die gesamte berufliche oder gewerbliche Tätigkeit einschließlich des Umfangs und des Inhalts der Betätigung[198]. Bei dem Betrieb der Gaststätte durch den Gastwirt handelt es sich um eine nicht sozialschädliche und damit um eine erlaubte Tätigkeit. Sie ist nicht nur vorübergehender Art, sondern auf Dauer angelegt und trägt auch zur Schaffung bzw. Erhaltung der Lebensgrundlage des Gastwirts bei. Dieser übt also einen Beruf i. S. d. Art. 12 Abs. 1 Satz 1 GG aus. Die Erklärung der Beamten, die Veranstaltung sei jetzt beendet, führt dazu, dass der Gastwirt an diesem Abend nicht mehr in dem Umfang Speisen und Getränke verabreichen kann, wie er ursprünglich geplant hatte. Insofern hatte die Maßnahme der Polizei Auswirkungen auf die Berufsfreiheit des Gastwirts. Der Schutzbereich des Art. 12 Abs. 1 Satz 1 GG ist daher betroffen.

197 Jarass/Pieroth, GG, Art. 12 Rn. 4; Pieroth/Schlink, Grundrechte, Rn. 809 ff.; v. Münch/Kunig, GG, Art. 12 Rn. 8 jeweils m. w. N.

198 v. Münch/Kunig, GG, Art. 12 Rn. 38.

2. Eingriff

Die Beendigung der Veranstaltung zielt zwar nicht gerade auf die Beschränkung der Berufsausübung des Gastwirts. Sie wirkt sich aber unmittelbar und nachteilig auf diese aus[199]. Ein Eingriff liegt daher vor.

3. Verfassungsrechtliche Rechtfertigung

a) Gesetzesvorbehalt

Gemäß Art. 12 Abs. 1 Satz 2 GG kann die Berufsausübung durch oder aufgrund eines Gesetzes geregelt werden (einfacher Gesetzesvorbehalt). Als den Vorbehalt ausfüllendes Gesetz kommt hier § 10 Abs. 1 BremPolG in Betracht. Danach darf die Polizei die notwendigen Maßnahmen treffen, um eine im Einzelfall bestehende Gefahr für die öffentliche Sicherheit abzuwenden.

b) Verfassungsmäßigkeit des § 10 Abs. 1 BremPolG

§ 10 Abs. 1 BremPolG ist wie gezeigt verfassungsmäßig.

c) Verfassungsmäßigkeit der Erklärung, die Veranstaltung sei beendet

Die Maßnahme der Polizei verfolgte wie gezeigt bereits gegenüber den Teilnehmern der Veranstaltung keinen legitimen Zweck. Ein darüber hinausgehender, den Betrieb der Gaststätte betreffender Zweck, der die Beendigung der Veranstaltung rechtfertigen könnte, liegt nicht vor. Die Erklärung, die Veranstaltung sei beendet, war daher unverhältnismäßig.

4. Ergebnis

Der Eingriff in die Berufsfreiheit des Gastwirts ist nicht gerechtfertigt. Der Gastwirt ist in seinem Grundrecht aus Art. 12 Abs. 1 GG verletzt.

199 Für einen Eingriff in die Berufsfreiheit ist erforderlich, dass eine Maßnahme nicht nur irgendwie geartete, entfernte Folgen für die berufliche Tätigkeit hat. Vielmehr muss ihr subjektiv oder objektiv eine berufsregelnde Tendenz eigen sein, d. h. sie muss entweder gerade auf die Beschränkung der Berufsfreiheit zielen oder – bei berufsneutraler Zielsetzung (berufsunspezifische Maßnahmen) – sich unmittelbar auf die berufliche Tätigkeit auswirken oder in ihren mittelbaren Auswirkungen von einigem Gewicht sein.

V. Verletzung des Gastwirts in Art. 14 Abs. 1 GG durch die Erklärung, die Veranstaltung sei jetzt beendet

1. Schutzbereich

Art. 14 Abs. 1 GG schützt das Eigentum, also die Summe aller vermögenswerten Rechte des Privatrechts[200]. Zu diesen Rechten gehört auch das Recht am eingerichteten und ausgeübten Gewerbebetrieb mit allem, was den wirtschaftlichen Wert des Betriebs ausmacht[201]. Nicht dagegen geschützt sind bloße Umsatz- oder Gewinnchancen, Erwartungen oder Aussichten[202]. Durch die bloße Beendigung der Party wird der Bestand des Gaststättenbetriebs nicht berührt. Die Maßnahme hatte lediglich Auswirkungen auf den künftigen Erwerb. Dieser und damit auch das Vertrauen in zukünftige Geschäfte ist aber von der Eigentumsfreiheit nicht geschützt. Der Schutzbereich des Art. 14 Abs. 1 GG ist daher nicht betroffen.

2. Ergebnis

Der Gastwirt ist nicht in seinem Grundrecht aus Art. 14 Abs. 1 GG verletzt.

N. Schnell weg hier!

🕮 Sachverhalt

„Schnell weg hier!“, denkt der bei einem Drogengeschäft ertappte M und läuft dabei, den Blick noch zurückgewandt und in einer Hand die Ware, um die Ecke und dem Polizeibeamten P direkt in die Arme. „Was für ein Zufall!“, denkt dieser und nimmt dem M mit routinierter Bewegung das Päckchen mit dem Rauschgift ab. Er durchsucht den M und findet einen dicken Siegelring mit den Initialen A.C., den M von Ü gekauft hat. Der Ring stammte aus einem Überfall auf den Juwelierladen des J, wovon M allerdings nichts gewusst hat. P erklärt das Rauschgift für beschlagnahmt und nimmt es mit. Den Siegelring stellt er sicher. Nach Abschluss des Strafverfahrens gegen M wird das Rauschgift, dessen Herkunft nicht geklärt werden konnte, eingezogen. Der Ring wird dem J zurückgegeben.

Wurde M durch die Maßnahmen in seinem Grundrecht aus Art. 14 Abs. 1 GG verletzt?

200 v. Münch/Kunig, GG, Art. 14 Rn. 11.
201 Statt aller: v. Münch/Kunig, GG, Art. 14 Rn. 18 m. w. N.
202 Pieroth/Schlink, Grundrechte, Rn. 912 m. w. N.

✔ Falllösung

I. Verletzung des M in seinem Grundrecht aus Art. 14 Abs. 1 GG durch die Beschlagnahme und Mitnahme des Rauschgifts

M könnte dadurch, dass P das Päckchen mit dem Rauschgift beschlagnahmt und mitgenommen hat, in seinem Grundrecht aus Art. 14 Abs. 1 GG verletzt worden sein.

1. Betroffenheit des Schutzbereichs

Der Schutzbereich des Art. 14 Abs. 1 Satz 1 GG ist durch die Beschlagnahme und Mitnahme des Rauschgifts dann betroffen, wenn diese Maßnahmen Auswirkungen auf das Eigentum des M hatten. Das setzt voraus, dass Rauschgift überhaupt eigentumsfähig ist und dass M tatsächlich Eigentümer ist[203].

a) Eigentumsfähigkeit von Betäubungsmitteln

Der Inhalt des Eigentums wird gemäß Art. 14 Abs. 1 Satz 2 GG durch das Gesetz bestimmt. Geschützt ist daher alles, was das einfache Recht zu einem bestimmten Zeitpunkt als Eigentum definiert[204]. Das sind alle vermögenswerten privaten Rechte[205]. Zu diesen Rechten gehört gemäß § 903 Abs. 1 des Bürgerlichen Gesetzbuchs (BGB) die Befugnis, mit einer Sache nach Belieben zu verfahren, soweit nicht das Gesetz oder Rechte Dritter entgegenstehen.

Der Befugnis, mit Betäubungsmitteln nach Belieben zu verfahren, könnte das Gesetz entgegenstehen[206]. Gemäß § 29 Abs. 1 Betäubungsmittelgesetz (BtMG) ist nämlich der Umgang mit Betäubungsmitteln in nahezu jeder Hinsicht mit

203 Es besteht kein Grund zur Sorge, wenn Sie auf diesen Obersatz nicht gekommen sind. Man muss dazu überhaupt erst einmal wissen, dass es Sachen gibt, die nicht eigentumsfähig sind (z. B. Luft der Atmosphäre, frei fließendes Wasser), und die Frage stellen, ob dazu möglicherweise auch Betäubungsmittel gehören. Die Chance auf die richtige Beantwortung der zweiten Frage, ob M Eigentümer der Drogen ist, haben Sie nur, wenn Sie sich etwas im Zivilrecht auskennen. Das sollten Sie, weil Sie bei Ihrer praktischen Tätigkeit immer wieder mit dem Eigentum von Bürgern zu tun haben werden. Denken Sie nur an Maßnahmen im Zusammenhang mit der Verwaltungsvollstreckung (Einschlagen einer Tür, Erschießen eines Hundes, Inanspruchnahme von Gegenständen im Eigentum von Notstandspflichtigen) oder an Maßnahmen aus Anlass nachbarschaftlicher, meist zivilrechtlicher Auseinandersetzungen.

204 BVerfG, Urteil vom 15. 7. 1981 – 1 BvL 77/78 –, BVerfGE 58, 300, 336; Pieroth/Schlink, Grundrechte, Rn. 899 ff.

205 Pieroth/Schlink, Grundrechte, Rn. 903.

206 Benennung des Problems. Zum Umgang mit problematischen Rechtsfragen s. o. S. 32.

Strafe bedroht[207]. Bei dieser Vorschrift handelt es sich daher um ein gesetzliches Verbot, das gemäß § 134 BGB zur Nichtigkeit etwaiger Rechtsgeschäfte führt[208]. Daraus könnte man schließen, dass überhaupt kein Eigentum an Betäubungsmitteln erworben werden kann, diese also nicht eigentumsfähig sind[209]. Das hätte hier zur Folge, dass das Rechtsgut Eigentum von vornherein nicht betroffen sein kann, eine Grundrechtsverletzung des M insoweit also ausschiede[210]. Gegen diese Auslegung spricht allerdings, dass § 29 Abs. 1 BtMG die Befugnis, mit einem Betäubungsmittel nach Belieben zu verfahren, nicht vollständig ausschließt. Unberührt bleibt von der Vorschrift nämlich das Recht auf Aufgabe und auf Vernichtung der Betäubungsmittel. Darüber hinaus wird durch § 29 Abs. 1 BtMG nicht der Verbrauch selbst, sondern nur der vorausgehende Besitz verboten. Daraus folgt, dass von der das Eigentum kennzeichnenden Befugnis, mit einer Sache nach Belieben zu verfahren, trotz des § 29 Abs. 1 BtMG noch etwas übrig bleibt. Gegen die erstgenannte Auslegung, wonach ein Eigentum an Betäubungsmitteln nicht begründet werden könne, spricht zudem, dass in diesem Fall der strafrechtliche Eigentumsschutz versagen und eine Strafverfolgung z. B. wegen schweren Raubes ausscheiden würde. Dem kann man zwar entgegenhalten, dass eine Bestrafung schon nach den Vorschriften des Betäubungsmittelgesetzes möglich sei. Zu berücksichtigen ist aber, dass dieses Gesetz ungleich geringere Strafandrohungen enthält als die Bestimmungen des Strafgesetzbuchs. § 29 Abs. 1 BtMG sieht einen Strafrahmen von Freiheitsstrafe bis zu fünf Jahren oder Geldstrafe vor, § 250 Abs. 2 StGB immerhin Freiheitsstrafe von fünf bis fünfzehn Jahren. Nach allem sind daher auch Betäubungsmittel eigentumsfähig[211].

207 § 29 Abs. 1 Nr. 1 BtMG: „Mit Freiheitsstrafe bis zu fünf Jahren oder mit Geldstrafe wird bestraft, wer Betäubungsmittel unerlaubt anbaut, herstellt, mit ihnen Handel treibt, sie, ohne Handel zu treiben, einführt, ausführt, veräußert, abgibt, sonst in den Verkehr bringt ..."

208 So auch BGH, Beschluss vom 20. 9. 2005 – 3 StR 295/05 –, NJW 2006, 72 und Zeitschrift für Internationale Strafrechtsdogmatik ZIS 2006, 36.

209 So: Engel, NStZ 1991, 520 ff.; Schmitz, in: Münchener Kommentar zum StGB, 2005, § 242 Rn. 14.

210 Darstellung der ersten Lösungsmöglichkeit und Auswirkung auf den Fall. Die Alternative zu dieser Lösung, dass nämlich auch Betäubungsmittel eigentumsfähig sind, ist klar, ebenso wie die Auswirkung auf den Fall. Der Schutzbereich könnte dann nämlich betroffen sein. Aus diesem Grund folgt bei dieser Falllösung sofort die Auseinandersetzung mit der ersten Lösungsmöglichkeit, die einer absoluten Mindermeinung entspricht und der im Ergebnis nicht gefolgt werden soll.

211 Ende der Argumentation und Ergebnis, das der ganz herrschenden Meinung entspricht: BGH, Beschluss vom 4. 12. 1981 – 3 StR 408/81 –, NJW 1982, 708; BGH, Urteil vom 20. 1. 1982 – 2 StR 593/81 –, NJW 1982, 1337; BGH, Beschluss vom 20. 9. 2005 – 3 StR 295/05 –, NJW 2006, 72; BVerfG, Beschluss vom 14. 1. 2004 – 2 BvR 564/95 – Absatz-Nr. 88; Lackner/Kühl, StGB, § 242 Rn. 7.

b) Eigentum des M an dem Rauschgift

M kann nur dann das Eigentum an dem Rauschgift erlangt haben, wenn er es anders als auf rechtsgeschäftliche Weise erlangt hätte[212]. Das wäre dann der Fall, wenn M das Rauschgift selbst angebaut hätte, wenn es herrenlos gewesen ist und M es sich angeeignet hätte (§§ 958 – 964 BGB), wenn er es nach einer Besitzdauer von zehn Jahren ersessen hätte (§§ 937 – 945 BGB), wenn er es gefunden hätte (§§ 965 ff. BGB) oder wenn er es ersteigert hätte (§ 817 Zivilprozessordnung). Keiner dieser Erwerbstatbestände liegt hier vor. Daher ist davon auszugehen, dass M das beschlagnahmte Rauschgift selbst aus illegalen Betäubungsmittelstraftaten erlangt und damit kein Eigentum erworben hat[213].

2. Ergebnis

Der Schutzbereich des Art. 14 Abs. 1 GG ist nicht betroffen. M wurde daher durch die Beschlagnahme des Rauschgifts nicht in seinem Grundrecht aus Art. 14 Abs. 1 GG verletzt.

II. Verletzung des M in seinem Grundrecht aus Art. 14 Abs. 1 GG durch die Einziehung des Rauschgifts

1. Betroffenheit des Schutzbereichs

Das Rauschgift stand, wie gezeigt, nicht im Eigentum des M. Die Einziehung konnte damit nicht den Schutzbereich des Art. 14 Abs. 1 GG betreffen.

2. Ergebnis

M wurde durch die Vernichtung des Rauschgifts nicht in seinem Grundrecht aus Art. 14 Abs. 1 GG verletzt.

212 Rechtsgeschäfte mit Betäubungsmitteln sind ja, wie gezeigt, wegen Verstoßes gegen § 29 Abs. 1 BtMG gemäß § 134 BGB nichtig und können demzufolge nicht zu einem Eigentumsübergang führen.

213 Das nehmen in vergleichbaren Fällen auch die Gerichte an: BVerfG, Beschluss vom 14. 1. 2004 – 2 BvR 564/95 – Absatz-Nr. 87; OLG Stuttgart, Beschluss vom 26. 4. 2000 – 4 Ws 65/2000 –, NJW 2000, 2598, 2599; Gradowski/Ziegler, Geldwäsche, Gewinnabschöpfung, 1997, S. 82 ff.

III. Verletzung des M in seinem Grundrecht aus Art. 14 Abs. 1 GG durch die Sicherstellung des Siegelrings

1. Betroffenheit des Schutzbereichs

Die Betroffenheit des Schutzbereichs des Art. 14 Abs. 1 GG durch die Mitnahme des Siegelrings setzt voraus, dass dieser im Eigentum des M stand. Ursprünglich war J Eigentümer des Rings. Er könnte das Eigentum daran jedoch an M verloren haben. Dazu ist erforderlich, dass sich M und Ü gemäß § 929 BGB über den Eigentumsübergang an dem Ring geeinigt haben, dass eine Übergabe des Rings an M erfolgt ist, dass Ü verfügungsberechtigt war oder – wenn nicht – M den Ring jedenfalls gutgläubig gemäß § 932 BGB erworben hat[214]. M und Ü waren sich hier über den Eigentumsübergang einig. Auch eine Übergabe des Rings an M hat stattgefunden. Ü hatte jedoch keine gesetzliche[215] oder von J abgeleitete, rechtsgeschäftliche[216] Berechtigung, über den Ring zu verfügen. Daher ist für den Eigentumserwerb entscheidend, ob M das Eigentum gemäß § 932 Abs. 1 Satz 1 BGB gutgläubig erworben hat. Danach wird der Erwerber einer nach § 929 BGB veräußerten Sache auch dann Eigentümer, wenn die Sache nicht dem Veräußerer gehört, es sei denn, dass er zu der Zeit, zu der er nach diesen Vorschriften das Eigentum erwerben würde, nicht in gutem Glauben war. Gemäß § 935 Abs. 1 Satz 1 BGB[217] gilt das allerdings nicht, wenn die Sache dem Eigentümer gestohlen worden ist. Hier wurde der Siegelring dem J gestohlen. Daher konnte M trotz seiner Gutgläubigkeit kein Eigentum an ihm erlangen. M ist damit nicht Eigentümer des Siegelrings geworden. Aus diesem Grund ist der Schutzbereich des Art. 14 Abs. 1 GG nicht betroffen.

2. Ergebnis

M wurde durch die Mitnahme des Siegelrings nicht in seinem Grundrecht aus Art. 14 Abs. 1 GG verletzt.

214 Lesen Sie dazu in Ruhe §§ 929 ff. BGB. Näheres zum Verständnis dieser Vorschriften erfahren Sie bei Bedarf in der Kommentierung von Bassenge, in: Palandt, BGB, 64. Auflage München 2006, §§ 929 ff.

215 Eine gesetzliche Berechtigung hat z. B. der Insolvenzverwalter oder der Testamentsvollstrecker.

216 Eine durch Rechtsgeschäft verliehene Berechtigung hat z. B. der Geschäftsführer eines Unternehmens oder ein Vertreter.

217 § 935 Abs. 1 Satz 1 BGB lautet: „Der Erwerb des Eigentums auf Grund der §§ 932 bis 934 tritt nicht ein, wenn die Sache dem Eigentümer gestohlen worden, verloren gegangen oder sonst abhanden gekommen war.“

Nachwort

Wenn Sie das Buch von vorne gelesen haben, ist es jetzt geschafft. Prima. Zeit, Ihnen zu verraten, dass die Fälle so nicht Gegenstand von Prüfungen gewesen sind. Sie sind schwieriger und vor allem viel umfangreicher gewesen, als es im Ernstfall zu erwarten ist. Das liegt daran, dass ich sie erweitert habe, um Ihnen noch mehr Stoff zum Üben und Lernen zu geben. Noch etwas muss gesagt werden. Die Lösungen haben eine Argumentationstiefe, wie sie jedenfalls in Klausuren nicht erreicht werden kann und deshalb auch nicht erwartet wird. Falls Sie sich trotzdem angestrengt haben, werden Ihnen die schriftlichen Arbeiten im Verfassungsrecht sicherlich nicht mehr schwer fallen.

Viel Freude und Erfolg für Ihr Studium! *Dr. Regina Weiß*

Sachverzeichnis

Dr. jur. Regina Weiß

Professorin für das Fachgebiet Verfassungsrecht und Europarecht im Hauptfach sowie allgemeines Verwaltungsrecht und Polizeirecht im Nebenfach an der Hochschule für Öffentliche Verwaltung in Bremen. Dozentin im Master-Studiengang „Public Administration-Police Management" an der Deutschen Hochschule der Polizei. ERASMUS-Hochschulbeauftragte und Auslandsbeauftragte der Hochschule für Öffentliche Verwaltung. Prüferin im 1. Juristischen Staatsexamen bei dem OLG Bremen. Rechtsanwältin und Fachanwältin für Verwaltungsrecht bis 2005.

Bremen, den 1. 9. 2006